国家出版基金项目
NATIONAL PUBLICATION FOUNDATION

陝西碑刻文獻萃編

明清卷（上）

吴敏霞等 編著

中華書局

本册目録

538.1371　洪武四年周文王陵御製祝文碑

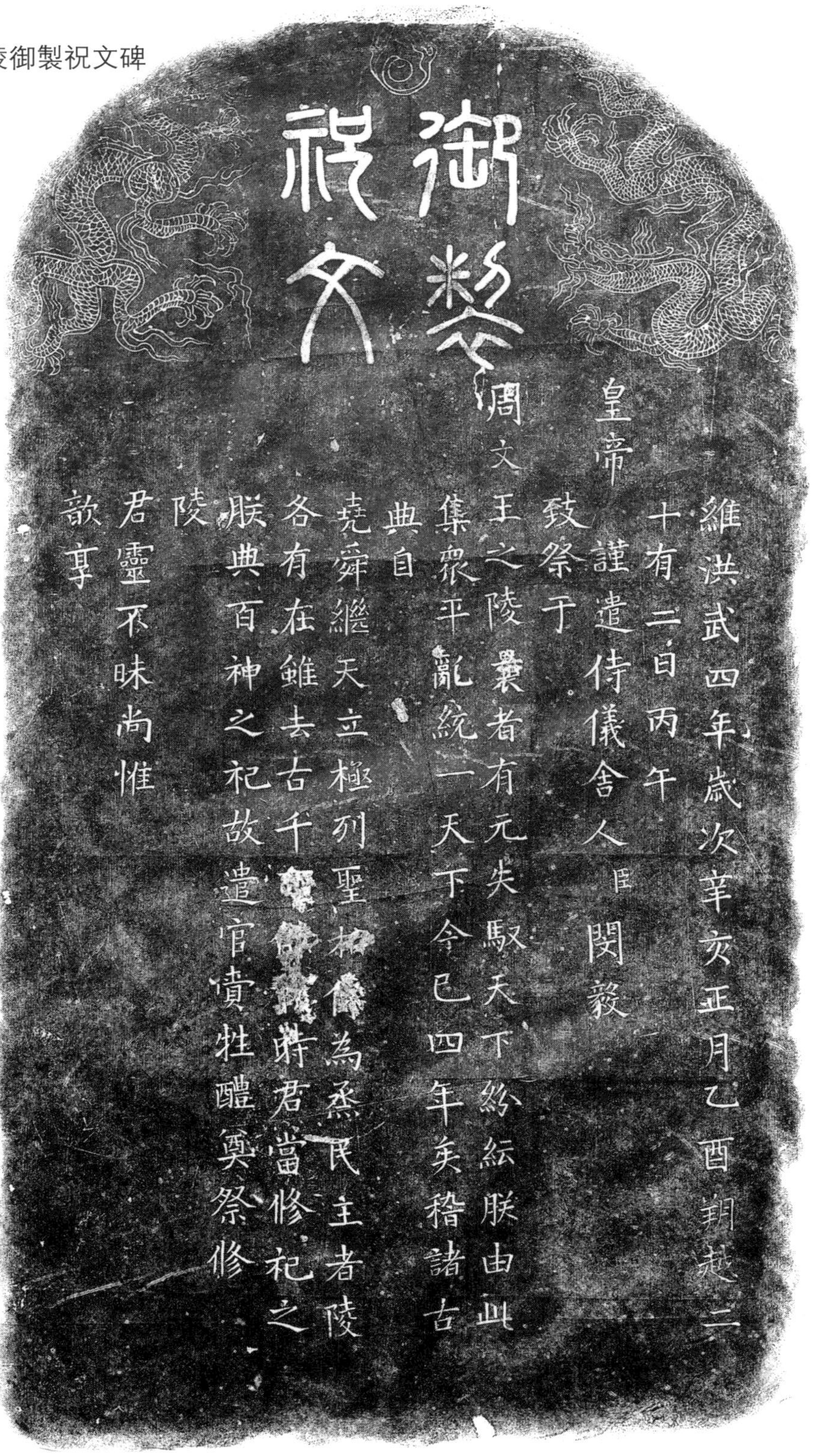
御製
祝文
維洪武四年歲次辛亥正月乙酉朔越二
十有二日丙午
皇帝謹遣侍儀舍人臣閔毅
致祭于
周文王之陵曩者有元失馭天下紛紜朕由此
集衆平亂統一天下今已四年矣稽諸古
典自
堯舜繼天立極列聖相傳爲烝民主者陵
各有在雖去古千百餘載時君當修祀之
朕典百神之祀故遣官賫牲醴奠祭修
陵
君靈不昧尚惟
歆享

説 明

明洪武四年（1371）正月刻。碑圓首方額。通高122厘米，寬67厘米。額文2行，滿行2字，篆書“御製」祝文」”。正文楷書13行，滿行16字。碑額飾雙龍紋。現存咸陽市渭城區周陵中學。《咸陽碑石》著録。

釋 文

維洪武四年歲次辛亥正月乙酉朔越二」十有二日丙午」，皇帝謹遣侍儀舍人臣閔毅」致祭于」周文王之陵。曩者有元失馭，天下紛紜。朕由此」集衆平亂，統一天下，今已四年矣。稽諸古」典，自」堯舜繼天立極，列聖相傳，爲烝民主者，陵」各有在。雖去古千百餘載，時君當修祀之」。朕典百神之祀，故遣官賫牲醴奠祭修」陵」。君靈不昧，尚惟」歆享」！

按

明朝建立後，明太祖朱元璋命人訪求古代帝王陵寢。河南、陝西各行省上報帝王諸陵凡七十九處。洪武三年十二月，朱元璋遣使致祭歷代帝王陵寢，并親製祝文。咸陽周文王陵的記載見於宋敏求《長安志》卷一三《咸陽》：“周文王陵，在縣北十五里。”後世多依此説，今於此有争議。現咸陽市北周陵崔家村有清代陝西巡撫畢沅所撰、書“周文王陵”碑刻一通。

539.1382　大明西安贍學田頌

皇帝即位十有五年功成治定益用游精太平乃
敕天下郡縣學復修
先聖先師廟祀歸贍學田官有祿師生廩膳取給焉著爲令
於戲聖人之道因乎萬世與神上昭乎天
皇帝建國道以致治誠以格神宜乎聖人之教彌久而彌彰也濟
旅盛典頌曰　功成治定萬國寧　郡縣廟祀絕復興　禮
修樂備昭
聖明　聖明天子於穆清　微臣作頌歌昇平
洪武十五年八月上丁陝西布政使司左布政使梧蒼王廉
撰并書西安府知府王從周傳學教授番易程彥初立石

説明

明洪武十五年（1382）八月刻。碑螭首方座。通高252厘米，寬61厘米。額文2行，滿行4字，篆書“大明西安」贍學田頌”。正文隸書10行，滿行23字。王廉撰文并書丹。碑陰上部爲明秦簡王朱誠詠繪、永壽莊僖王朱誠淋詩《瑞蓮詩圖》，下部刻康乃心行草《青門帖》。原在西安府學。現存西安碑林博物館。《西安碑林全集》著録。

釋文

皇帝即位十有五年，功成治定，益用游精太平，乃」敕天下郡縣學，復修」先聖先師廟祀，歸贍學田。官有禄，師生廩膳取給焉。著爲令」。於戲！聖人之道，因于萬世，其神上昭于天」。皇帝建國，道以致治，誠以格神，宜乎聖人之教，彌久而彌彰也。猗」欤盛哉！頌曰：

功成治定萬國寧，郡縣廟祀絶復興。禮」修樂備昭」聖明，聖明天子於穆清，微臣作頌歌昇平」。

洪武十五年八月上丁

陝西布政使司左布政使栝蒼王廉」撰并書

西安府知府王從周、儒學教授番易程彦初立石」

按

自唐以後，歷代王朝規定每年二月、八月的上丁之日爲祭祀孔子之日。《明太祖實録》卷一四四載，洪武十五年四月丙戌，“詔天下通祀孔子，賜學糧，增師生廩膳”。陝西布政使司左布政使王廉，有感於此而創作頌聖之辭，并於洪武十五年仲秋上丁各地文廟祀孔之日勒石紀念。

撰書者王廉，字希陽，浙江麗水人，官至陝西左布政使。

540.1382　洪武學校禁例榜文卧碑

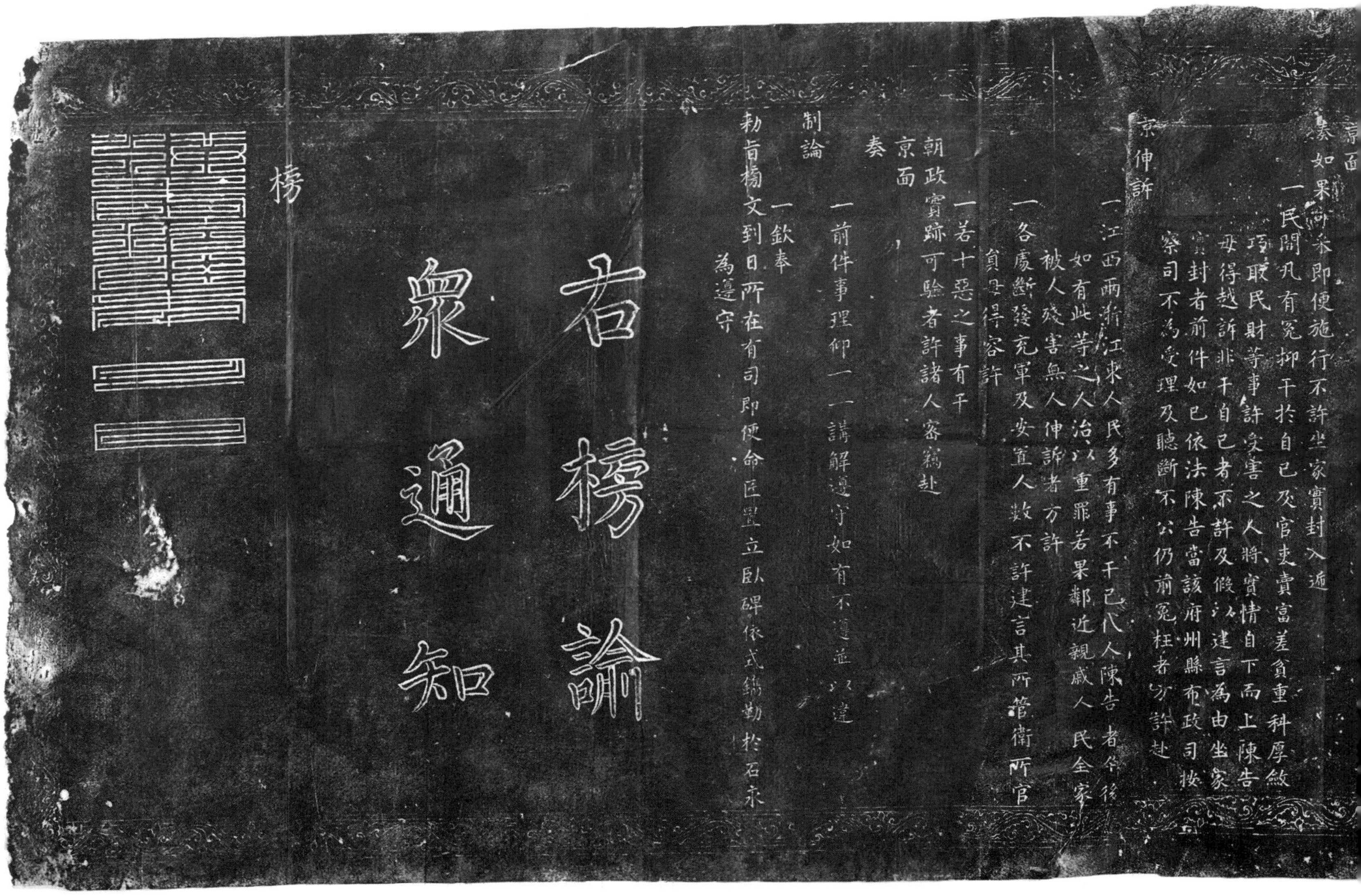
右榜諭
衆通知
榜

説 明

明洪武十五年（1382）刻。碑高102厘米，寬232厘米。正文楷書64行，滿行23字。正文之後楷書雙勒大字“右榜諭」衆通知」”，末行爲九疊篆文“洪武拾伍年月日”。四周飾蔓草紋。1996年發現於户縣文廟明倫堂東次間後檐墻中。現存西安市鄠邑區文廟。《户縣碑刻》著録。

釋 文

禮部欽依，出榜曉示郡邑學校生員爲建言事理，本部照得」：學校之設，本欲教民爲善。其良家子弟入學，必志在薰陶德」性，以成賢人。近年以來，諸府州縣生員，父母有失家教之方」，不以尊師學業爲重，保身惜行爲先，方知行文之意，眇視師」長，把持有司，恣行私事，少有不從，即以虚詞徑赴」京師，以惑」聖聽。或又暗地教唆他人爲詞者有之。似此之徒，縱使學成文章」，後將何用？况爲人必不久同人世，何也？蓋先根殺身之禍於」身，豈有長生善終之道！所以不得其善終者，事不爲己而訐」人過失，代人報讎，排陷有司。此志一行，不止於殺身未知止」也。出榜之後，良家子弟歸受父母之訓，出聽師長之傳，志在」精通聖賢之道，務必成賢。外事雖入，有干於己，不爲大害，亦」置之不忿。固性含情，以拘其心。待道成而行，行豈不賢人者」歟！所有事理，條列于後」：

一、今後府州縣學生員，若有大事干於家己者，許父兄弟」姪具狀入官辨别。若非大事，含情忍性，毋輕至公門」。

一、生員之家，父母賢志者少，愚癡者多。其父母賢志者，子」自外入，必有家教之方，子當受而無違，斯孝行矣，何」愁不賢者哉！其父母愚癡者，作爲多非，子既讀書，得」聖賢知覺，雖不精通，實愚癡父母之幸，獨生是子。若」父母欲行非爲，子自外入或就内知，則當再三懇告」。雖父母不從，致身將及死地，必欲告之，使不陷父母」於危亡，斯孝行矣」。

一、軍民一切利病，並不許生員建言。果有一切軍民利病」之事，許當該有司、在野賢人、有志壯士、質朴農夫、商」賈技藝，皆可言之，諸人毋得阻當，惟生員不許」。

一、生員内有學優才贍、深明治體、果治何經、精通透徹、年」及三十願出仕者，許敷陳王道，講論治化，述作文辭」，呈稟本學教官。考其所作，果通性理，連僉其名，具呈」提調正官。然後親齎赴」京奏」聞，再行面試。如是真才實學，不待選舉，即時録用」。

一、爲學之道，自當尊敬先生。凡有疑問，及聽講説，皆須誠」心聽受。若先生講解未明，亦當從容再問，毋恃己長」，妄行辨難，或置之不問。有如此者，終世不成」。

一、爲師長者，當體先賢之道，竭忠教訓，以導愚蒙。勤考其」課，撫善懲惡，毋致懈惰」。

一、提調正官，務在常加考較，其有敦厚勤敏，撫以進學。懈」怠不律，愚頑狡詐，以罪斥去，使在學者皆爲良善，斯」爲稱職矣」。

一、在野賢人君子，果能練達治體，敷陳王道，有關政治得」失、軍民利病者，許赴所在有司，告給文引，親齎赴」京面」奏。如果可采，即便施行，不許坐家實封入遞」。

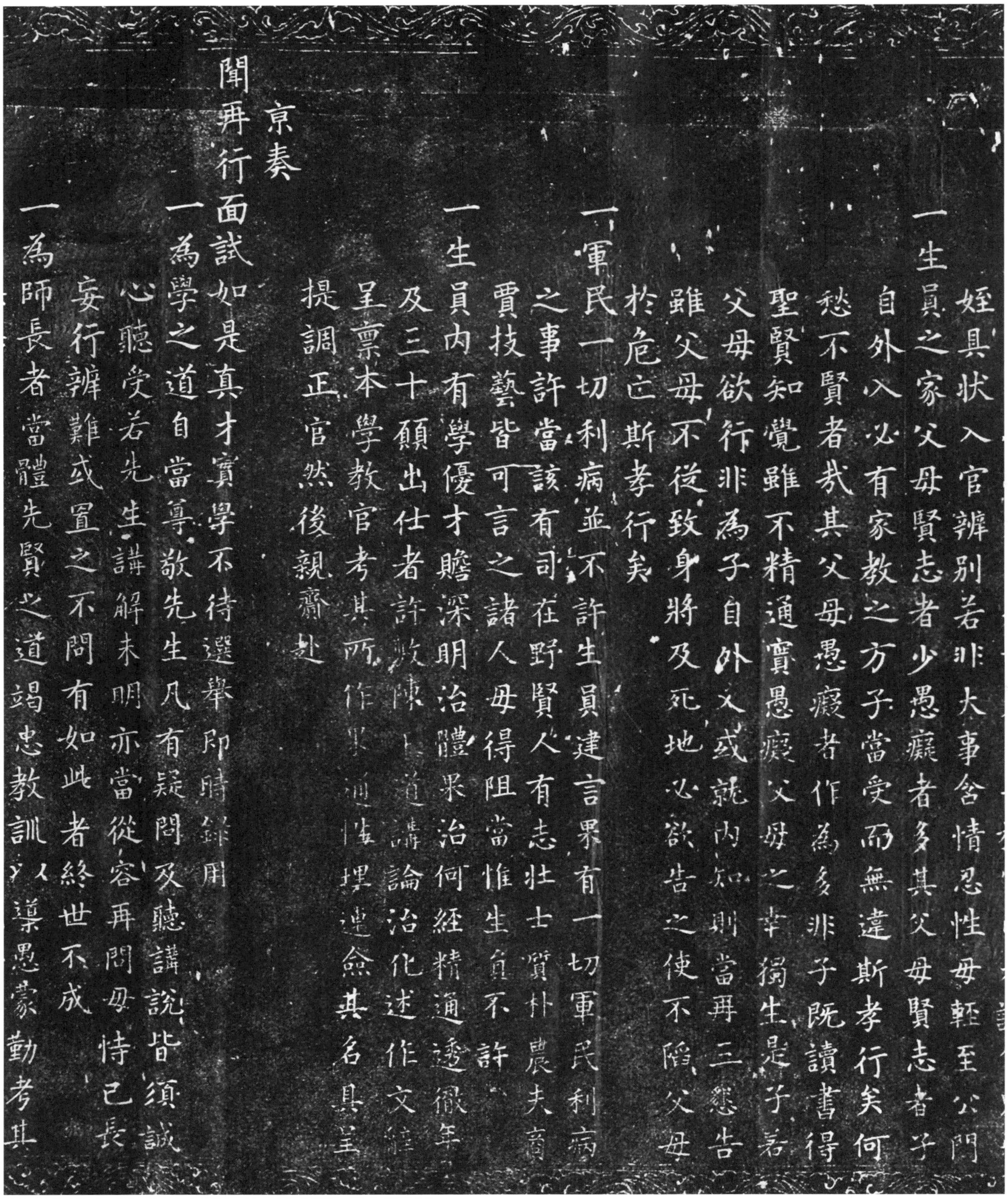
姪具狀入官辨別若非大事含情忍性毋輕至公門
一生員之家父母賢志者少愚癡者多其父母賢志者子
自外入必有家教之方子當受而無違斯孝行矣何
愁不賢者哉其父母愚癡者作爲多非子既讀書得
聖賢知覺雖不精通實愚癡父母之幸獨生是子若
父母欲行非爲子自外入或就内知則當再三懇告
雖父母不從致身將及死地必欲告之使不陷父母
於危亡斯孝行矣
一軍民一切利病並不許生員建言果有一切軍民利病
之事許當該有司在野賢人有志壯士質朴農夫商
賈技藝皆可言之諸人毋得阻當惟生員不許
一生員内有學優才贍深明治體果治何經精通透徹年
及三十願出仕者許敷陳王道講論治化述作文辭
呈稟本學教官考其所作果通性理連僉其名具呈
提調正官然後親賫赴
京奏
聞再行面試如是真才實學不待選舉即時錄用
一爲學之道自當尊敬先生凡有疑問及聽講說皆須誠
心聽受若先生講解未明亦當從容再問毋恃己長
妄行辨難或置之不問有如此者終世不成
一爲師長者當體先賢之道竭忠教訓以導愚蒙勤考其

局部

一、民間凡有冤抑干於自己，及官吏賣富差貧、重科厚斂」、巧取民財等事，許受害之人將實情自下而上陳告」，毋得越訴。非干自己者不許，及假以建言爲由，坐家」實封者。前件如已依法陳告，當該府州縣、布政司、按」察司不爲受理，及聽斷不公，仍前冤枉者，方許赴」京伸訴」。

一、江西、兩浙、江東人民，多有事不干己代人陳告者。今後」如有此等之人，治以重罪。若果鄰近親戚人民，全家」被人殘害，無人伸訴者，方許」。

一、各處斷發充軍及安置人數，不許建言。其所管衛所官」員，毋得容許」。

一、若十惡之事，有干」朝政，實迹可驗者，許諸人密竊赴」京面」奏」。

一、前件事理，仰一一講解遵守。如有不遵，並以違」制論」。

一、欽奉」敕旨：榜文到日，所在有司即便命匠置立卧碑，依式鎸勒於石，永」爲遵守」。

右榜諭」衆通知」

榜」

洪武拾伍年月日」

按

此碑爲禮部遵照明太祖朱元璋諭旨刻立。據《明太祖實録》卷一四七載，洪武十五年八月辛巳，“命禮部頒學校禁例十二條於天下”。故洪武卧碑廣泛存在於各地文廟之中，但隨着歷史變遷，洪武卧碑多不存。該碑保存完整清晰，具有很高的文物價值和史料價值。

541.1386　延安府安定縣重修大普濟禪寺記

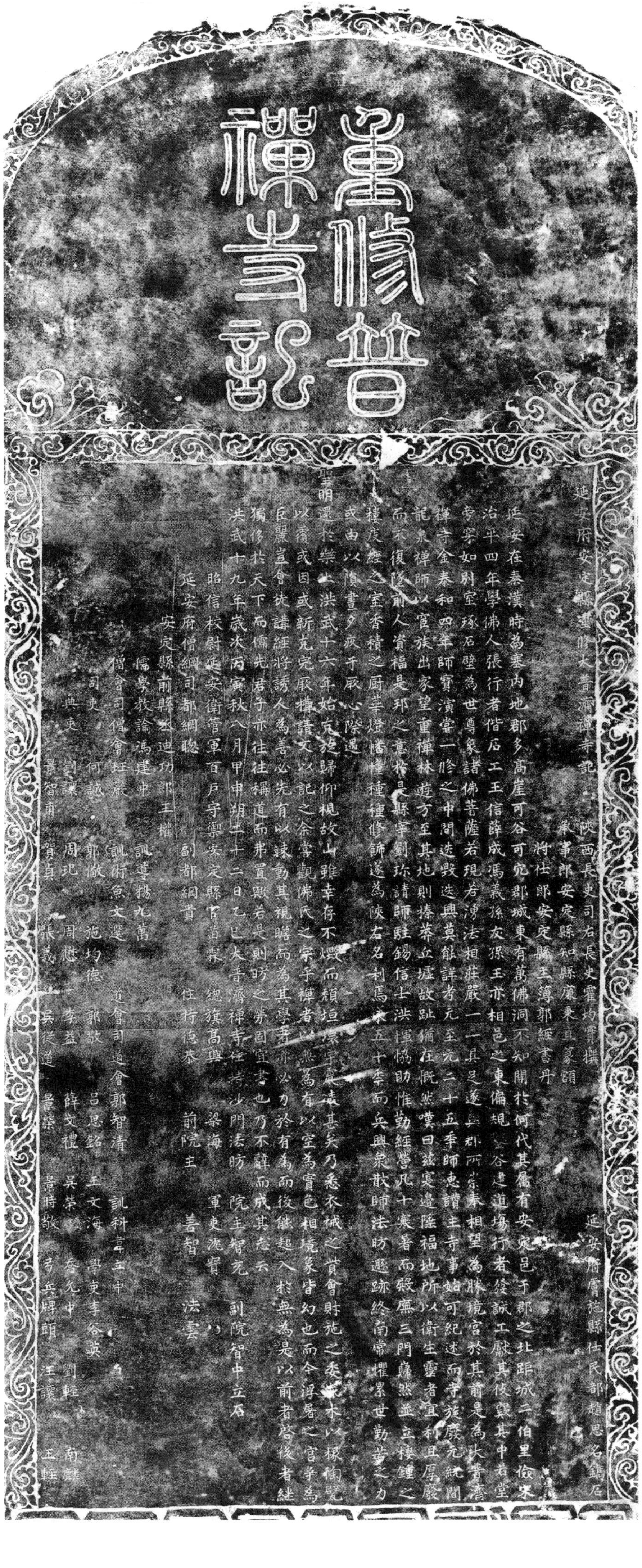
重修普
禪寺記

説 明

明洪武十九年（1386）八月刻。碑圓首方座。通高243厘米，寬80厘米。額文2行，滿行3字，篆書“重修普」禪寺記」”。正文楷書24行，滿行48字。霍均實撰文，郭經書丹，廉秉直篆額。四周飾以蔓草紋。現存子長市鐘山石窟。

釋 文

延安府安定縣重修大普濟禪寺記

陝西長史司右長史霍均實撰，延安府膚施縣仕民都趙思名鎸石」

承事郎安定縣知縣廉秉直篆額」

將仕郎安定縣主簿郭經書丹」

延安在秦漢時爲塞内地，郡多高崖，可谷可穴。郡城東有萬佛洞，不知開於何代。其屬有安定邑，于郡之北，距城二伯里儉。宋」治平四年，學佛人張行者偕石工王信、薛成、馮義、孫友、孫玉，亦相邑之東偏，規鑿谷建道場。行者發誠，工獻其伎，窾其中若堂」，旁穿如别室，琢石壁爲世尊象、諸佛、菩薩，若現若湧，法相莊嚴，一一具足，遂與郡所崇奉相望爲勝境。宫於其前，是爲大普濟」禪寺。金泰和四年，師寶演嘗一修之。中間迭毁迭興，莫能詳考。元至元二十五年，師惠讃主寺事，始可紀述，而寺旋廢。元統間」，龍泉禪師以宦族出家，望重禪林。遊方至其地，則榛莽丘墟，故趾猶在，慨然嘆曰：“兹寔邊陲福地，所以衛生靈者，宜利且厚。廢」而不復，墜前人資福是邦之意。”於是縣宰劉珍請師駐錫，信士洪惲協助，惟勤經營。凡十寒暑，而殿廡三門巋然並立，棲鍾之」樓、庋經之室、香積之厨，華燈幡幢，種種修飾，遂爲陝右名刹焉。永五十年而兵興衆散，師法昉遁迹終南，常懼累世勤苦之力」，或由以隕，晝夕疚于厥心。際遇」聖明，還於樂土。洪武十六年，始克旋歸。仰視故山，雖幸存不燬，而頽垣壞宇，震凌甚矣。乃悉衣祴之貲，會財施之委，伐木以椽，陶甓」以覆，或因或新，克完厥構，請文以記之。余嘗觀佛氏之宗乎禪者，以無爲有，以空爲實，色相境象皆幻也。而今浮屠之宫，争爲」巨麗，豈會徒講經，將誘人爲善，必先有以竦動其視瞻而爲其學者，亦必力於有爲而後能超入於無爲，是以前者啓，後者繼」，獨侈於天下，而儒先君子亦往往稱道而弗置歟！若是，則昉之勞固宜書也，乃不辭而成其志云」。

洪武十九年歲次丙寅秋八月甲申朔二十二日乙巳大普濟禪寺住持沙門法昉、院主智充、副院智中立石」

昭信校尉延安衛管軍百户守禦安定縣官苗霖，總旗高興、梁海，軍吏沈寶」

延安府僧綱司都綱聰，副都綱貴，住持德恭，前院主善智、法雲」

安定縣前縣丞迪功郎王權」

儒學教諭馮建中，訓導楊九萬」

僧會司僧會珏巖，訓術魚文選，道會司道會郭智清，訓科韋立中」

司吏何誠、郭儆、施均德、郭敬、吕思銘、王文海，學吏李谷英」

典吏劉讓、周玘、周懋、李益、薛文禮、吴榮、喬允中、劉輕、南麟」、景智甫、賀貞、張義、吴從道、景榮、景時敬，弓兵牌頭汪讓、王輕」

按

大普濟禪寺，又名石宫寺，據道光《安定縣志》載：“在安定縣（今子長市）東二里，内有萬佛巖洞。”即今子長市鐘山石窟博物館。據碑文記載鐘山石窟開鑿於北宋治平四年（1067），此後歷代皆有重建。因其石窟造像生動，對人物性格表現細膩，藝術水平極高，1988年鐘山石窟列爲全國重點文物保護單位。該碑是記録宋代至明初普濟寺歷史的重要實物，文獻價值極高。

542.1414　永樂十二年御祭黃帝陵碑

維永樂拾貳年歲次甲午八月辛丑朔十八
日戊午
皇帝謹遣延安府通判臣劉驥致祭于
黃帝軒轅氏
曰昔者奉
天明命相繼為君代
天理物撫育黔黎彝倫攸序井井繩繩至今承之
生民多福思不忘而報特遣使齎捧香幣
命有司詣
陵致祭惟
帝英靈來歆來格尚
享

碑陽

碑陰

説明

明永樂十二年（1414）刻。碑砂石質。高105厘米，寬54厘米。正文楷書12行，滿行17字。碑陽額飾雙龍及祥雲紋，碑陰額飾祥雲紋；碑身四周飾纏枝花紋。現存黄帝陵軒轅廟碑廊。《黄帝陵碑刻》著録。

釋文

維永樂拾貳年歲次甲午八月辛丑朔十八」日戊午」，皇帝謹遣延安府通判臣劉驥致祭于」黄帝軒轅氏」，曰：昔者奉」天明命，相繼爲君，代」天理物，撫育黔黎，彝倫攸序，井井繩繩，至今承之」，生民多福。思不忘而報，特遣使齎捧香幣」，命有司詣」陵致祭。惟」帝英靈來歆來格，尚」享」！（以上碑陽）

欽差道士邢志安」

延安府通判劉驥、本府典吏諶思通」

鄜州同知王□」

中部縣知縣崔福、縣丞曹□、典史王純」

儒學教諭鄭盛

翟道驛丞杜榮」

醫學訓科賈仲□、署陰陽學（下闕）」

延安府儒學教授王循、訓導程鑣」

鄜州儒學訓導徐通、醫學典科趙志禮」

陰陽學典術齊儉、直羅巡檢李恭」

洛川縣儒學教諭楊智、巡檢司巡檢蕭□」

税課局大使翟伯通」

本縣禮房司吏王釗、工房典吏楊真」（以上碑陰）

按

古代國家祭祀，主要因皇帝登基、皇室大事、戰事獲勝、祈雨祈福等而昭告神祇，大凡由皇帝親自撰文，故稱御祭。此碑則因“生民多福、不忘而報”而製，在御祭碑中少見。

543.1445　重陽宮住持侯圓方重修祖庭碑記

説明

明正統十年（1445）十一月刻。碑首佚。龜座。現通高234厘米，寬102厘米。正文楷書23行，滿行40字。張楷撰文，戴弁書丹，莊觀篆額。碑左下角殘損，文字多有漫漶不清。原立於户縣祖庵鎮北郊田野，1962年移竪於重陽宫後院中。現存西安市鄠邑區祖庵重陽宫碑廊。《陝西金石志》《重陽宫道教碑石》著録。

釋文

重陽宫住持侯圓方重修祖庭碑記」

奉議大夫陝西等處提刑按察司僉事四明張楷撰文」

朝列大夫陝西等處承宣布政使司右參議鄱陽戴弁書丹」

奉議大夫陝西等處提刑按察司僉事新安莊觀篆額」

祖庭，重陽王祖師演道之地。自金、元抵」國朝，崇奉惟謹，殿堂門廡窮極華麗，而玉皇一閣尤偉。中更多故，廢興相仍，昔之堅固壯麗者，未免爲風雨」所凌，傾圮不振。苟不葺而新之，則何以啓後人之崇敬，延道脉於悠久哉！乃有道家者流，厥姓侯氏，名曰」圓方，受業經臺、宗聖宫，深悟全真之旨。後以祖庭虚席，興舉乏人，僉議領其事。圓方曰：重陽師真近祖也」！興舉之責，吾其敢辭？乃領住持之命，即運心勞慮，茂建大蹟。永樂乙未始修陂頭玄真觀，丙申修本宫三」清殿，戊戌修祖師殿，易换二架□梁，己亥修靈霄門，辛丑修七真殿。甲辰補葺青龍白虎殿。宣德戊申，鼎」創道院三間，繼修太上殿。庚戌又補葺三清殿，重修蓬萊門。甲寅修陂頭水磨。正統丙辰，始修理玉皇閣」。閣建五簷，高二百尺，其土木工力百倍於前。圓方曰：殿堂門廡，或圮可新。玆閣一傾，不復如舊。於是苦心」勞思，掄材庀工，務在堅固，不事文飾。始事於是年　月，畢工於辛酉十月。此興廢扶顛之大略也。嗟夫！祖」師以一念道術，誓度列真，宏闡玄元一氣之脉。以丹陽之初無道念，祖師識其異器，多方顯化，務在歸真」，卒領洞微之教。今圓方企慕仙風，誓舉廢墜，以永真教無窮之傳，其道念固可嘉也。使得與祖師同時，躬」侍几杖，其所指授，必不在丹陽、長春諸宗師下者。惜乎！違時後出，徒抱全真一念，不得聆祖師玄妙之旨」，其道念亦可嘉也。雖然，圓方年邁七旬，齒髮就種，童顔盖盛，步履如飛，元神盎然充滿四體焉。知非祖師」之靈，宜和道氣以煉其匡郭温□子硃而獲長生久視之効若是也。他日馭鶴驂鸞，神遊物外，拜祖師於」方丈、蓬壺之間，必將進而謝曰：祖庭之不致瓦礫，皆爾功也。圓方以文爲請，姑書此以紀歲月云」。

正統十年歲次乙丑十一月十又五日

説經臺宏文養素玄學講師孔潛真，門徒史襲寧、甯襲□、王襲政、楊襲經、杜襲昭等立石」

陝西都指揮使司都指揮使汪壽，都指揮同知哈通，都指揮僉事后能，西安左衛致仕千户王信，西安府都紀康崇真，副紀張志堅」，盩厔縣知縣鄭達，縣丞王睿，主簿馬馴，典史許貴，醫學訓科（下闕），陰陽訓術齊岩」，鄠縣知縣張億、徐純，典史屈貴，淇縣（下闕），本縣道會杜春山、劉襲風」

前濟南府致仕推官李矩，前銅仁府致仕推官魏儀，寬河（下闕），平涼王銘鎸字」

（碑文右下空白處小字增刻）鞏昌衛指揮王麟、董儁」醴泉縣知縣胡□」

（下單綫欄外尚有）

本宫道士」李尚用」、李尚玉」、古守能」。門徒」宗聖宫道士」魏襲玄」、卓襲淵」；説經臺道士」唐襲淳」、高中厚」。門孫」屈繼伸」、史繼清」、李繼祖」、魏繼文」。太平宫道士」田守成」。鐵匠李斌」、趙恕」。木匠史允」、杜福」。瓦匠劉敬」

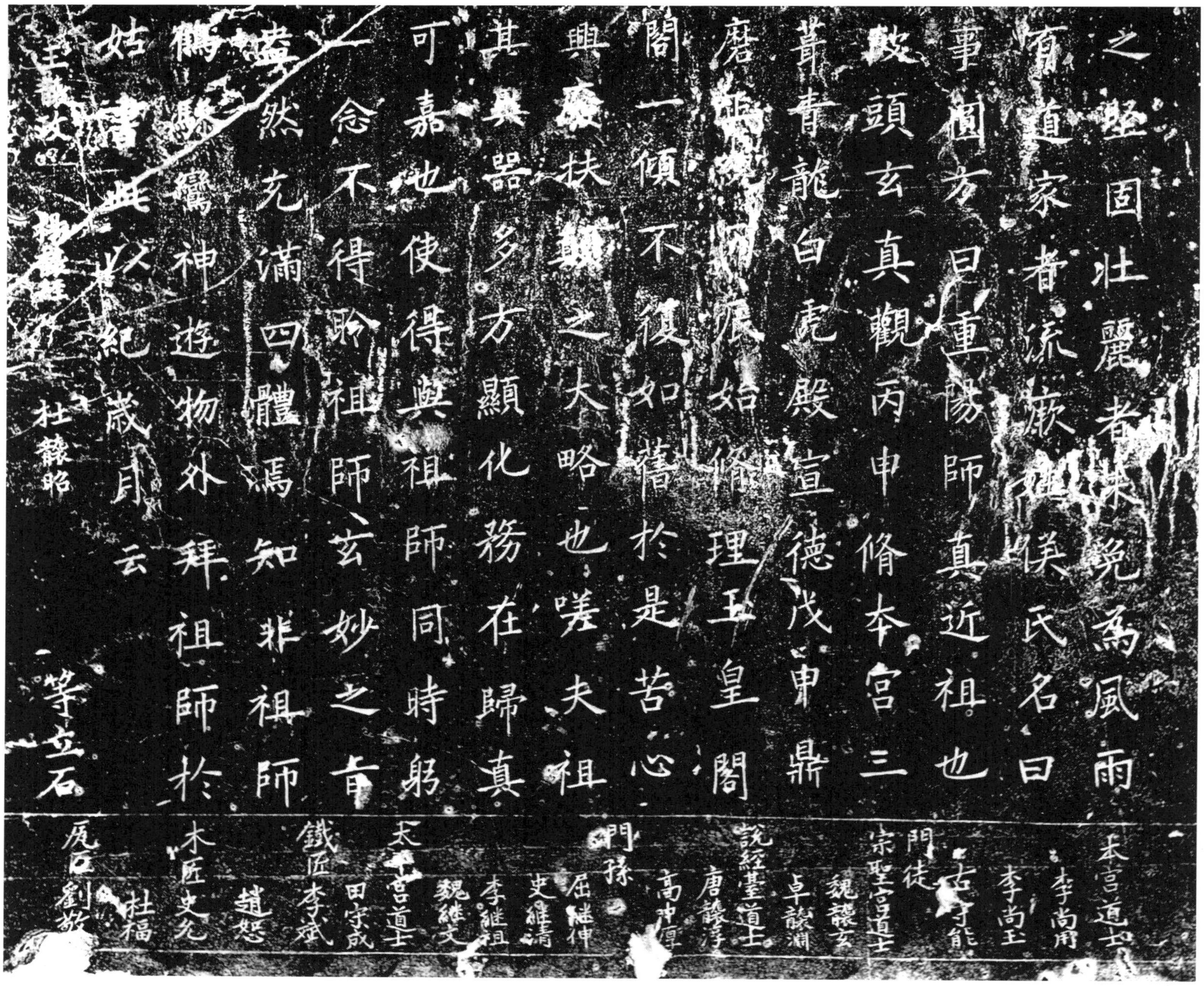

之堅固壯麗者未免爲風雨
有道家者流[illegible]侯氏名曰
事闡方曰重陽師真近祖也
散頭玄真觀丙申脩本宫三
葺青龍白虎殿宣德戊申鼎
磨[illegible]始脩理玉皇閣
閣一傾不復知舊於是苦心
興廢扶[illegible]之大略也嗟夫祖
其[illegible]器多方顯化務在歸真
可嘉也使得與祖師同時躬
一念不得與祖師玄妙之旨
然充滿四體焉知非祖師
鶴駕鸞神遊物外拜祖師於
姑書此以紀歲月云
主[illegible] 杜隸昭 等立石

本宫道士 李尚用 李尚玉 [illegible]守能
門徒 宗聖宫道士 魏讓玄 卓讓淵
説經臺道士 唐讓孚 高中厚
門孫 屈繼伸 史維清 李繼祖 魏繼文
太一宫道士 田守成
鐵匠 李斌 趙恕
木匠 史允 杜福
泥匠 劉敬

局部

按

重陽宮在今西安市鄠邑區祖庵鎮，是金代末期全真教祖師王重陽修煉成道之地，經其弟子馬丹陽、丘處機等弘揚光大，元代全真教被奉爲“國教”，重陽宮被尊爲“祖庭”，重陽宮存有大量元代碑刻。此碑刻爲明初重陽宮主持侯圓方重修祖庭紀事碑，對於了解明前期重陽宫情況極爲珍貴。

撰者張楷，字式之，浙江慈谿人。永樂二十二年（1424）進士。曾任御史、陝西按察司僉事、陝西按察司副使提督屯田。嘉靖《陝西通志》、雍正《寧波府志》有載。

書者戴弁，字子章，江西浮梁人。舉人。曾任崇陽儒學訓導、兵科給事中、陝西布政司右參議、湖廣布政司右參政、廣東布政司左布政使。《明英宗實録》有傳。

篆者莊觀，字居正，號貞庵，安徽歙縣人。曾任義烏縣訓導、湖廣辰溪縣教諭、國子監學正，正統間選任陝西按察司提學僉事，陞本司提學副使。弘治《徽州府志》有傳。

544.1450　景泰元年黃帝陵御製祝文碑

御製
祝文
維景泰元年歲次庚午閏正月丙午
朔十五日庚申
皇帝謹遣工科給事中霍榮致祭于
黃帝軒轅氏曰仰惟
聖神繼天立極功被生民萬世永賴予嗣
承大統祇嚴祀事用祈佑我家國永
底昇平尚
享
陪祀官

碑陽

碑陰

説 明

明景泰元年（1450）刻。碑砂石質。圓首。高128厘米，寬62厘米。額文2行，滿行2字，篆書“御製」祝文」”。正文楷書10行，滿行14字。現存黄帝陵軒轅廟碑廊。《黄帝陵碑刻》著録。

釋 文

維景泰元年歲次庚午閏正月丙午」朔十五日庚申」，皇帝謹遣工科給事中霍榮致祭于」黄帝軒轅氏，曰：仰惟」聖神繼天立極，功被生民，萬世永賴。予嗣」承大統，祇嚴祀事，用祈佑我家國，永」底昇平。尚」享」！

陪祀官」：

掌延安府事陝西等處承宣布政使司右参政陳虯」（以上碑陽）

鄜州判官匙廣」

中部縣知縣王聰，縣丞宋昌，主簿趙暹，典史鄭復，僧會張道青、滿□□」

儒學教諭閆威，訓導宋淵，禮生王英、馬驥、閆規、馬聰、郭琛」

宜君縣知縣侯興，教諭黄正，訓導吕琛」

洛川縣主簿張寬，教諭陳凱」

本縣驛丞王，陰陽訓術程振，醫學訓科鄭貴」

吏典張舉信、任琮、王通、孫志」（以上碑陰）

按

主祀官霍榮，字文革，陝西周至人。正統十三年（1448）進士，曾任工科給事中。《萬姓統譜》、乾隆《周至縣志》有載。

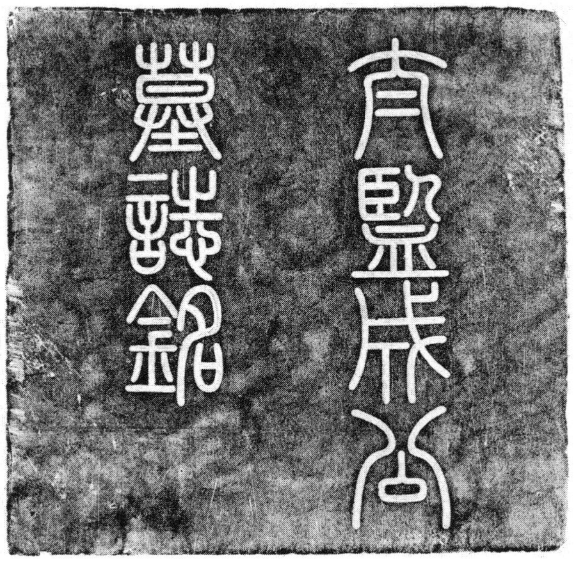

545.1454　成敬墓誌

説明

明景泰五年（1454）十二月後刻。誌漢白玉質。誌、蓋均爲正方形，尺寸相同。邊長均54厘米。蓋文2行，滿行4字，篆書"太監成公」墓誌銘」"。誌文楷書37行，滿行35字。高穀撰文，汪景昂書丹并篆蓋。石花較嚴重，個別字迹模糊。2006年銅川新區天使社區出土。現存銅川市考古研究所。

釋文

太監成公墓誌銘」

光禄大夫少保兼太子太傅工部尚書東閣大學士知」制誥同知經筵事淮南高穀撰文」

徵仕郎中書舍人直文華殿會稽汪景昂書丹并篆盖」

内官監太監成公，以景泰五年十二月四日卒。訃聞」，上深嗟悼，謂内侍臣曰："朕自幼居藩邸，而敬能開導問學，啓沃予心，論議講解無間寒暑。其所以」匡輔翼成者，皆切實懇要之語，忠國愛君之意。洎朕登極，尤眷戀不忘。年雖衰而志益堅，爵」雖隆而行益謹。方期朝夕納誨，以弼予治。奈何一旦奄逝，朕甚惻焉。其命太監王誠往祭于」家，賜以白金彩段絹布楮幣，爲喪禮費。内官閻禮以主喪事，護柩西歸。有司爲敬造墳安厝」。凡百日用，咸於内帑取給，一毫勿煩其家。"噫」！朝廷待公之心可謂極至，而」恩可謂極厚矣。公之孫鈅，奉太常寺卿許彬狀，匍匐涕泣，来請銘。因伏睹」聖諭，諄諄於公者，古今罕比，矧敢以蕪陋辭乎！公諱敬，字思恭，其先本上谷人，周文王子郕叔武」之後。以國爲氏，厥後去邑爲成，仕隱不常。由周暨漢，有諱某者，子孫由關西始徙武功縣，即」公之高祖也。曾祖諱仲禮。祖諱克己。國朝洪武中，又自武功徙居耀州石人村，故其嗣續不」絶。父鼐，字文彝。母王氏。公少遊邑庠，性穎敏，博學强記。永樂辛卯，以《書經》領鄉薦。越三年，始」登進士第，選入中秘讀書譯文。久之，擢授」晋王府奉祠正。小心翼翼，進止有度，王甚重之。時」宣廟在御，思得賢才置諸左右。適公以逮繫入京師，特留不遣，命侍」今上于潛邸，職典寶。夙夜匪懈，以事一人，出入禁廷，多見信任。盖其平素以忠厚老成輔導陳諫」，裨益」聖學，以正大統」。上由是念公舊勞，三轉而至今官。君臣之間，可謂兩盡其道也。公初娶李氏，先公卒。再娶孫氏，麻」城知縣諱焕之女。端静恪慎，克修婦道。子一，曰凱。穎悟過人，爲文詞，操楮立就。登景泰二年」進士第，授吏科給事中。以疾卒于官。女一，適錦衣衛指揮同知白進。孫一，即鈅也。公卒之日」，在朝外内，廷臣及有識者，無不奔走哭奠。以公純粹無僞，華皓一節，有足以感動上下者如」此，是宜爲之銘。銘曰」：

粤若成姓，上谷是宗。以國爲氏，去其邑重。于漢有嗣，治郡弘農」。散處關西，徙於武功。再遷耀州，石村之東。猗歟良士，才備德崇」。天性穎敏，問學亦充。業修翰苑，職奉祠宫。乃進御幄，夙夜秉公」。謀謨篤棐，裨益」宸聰。光明正大，啓迪」淵衷。在」帝左右，眷遇日隆。胡爲一息，溘然令終」。當宁興嗟」，聖心惟忡。賻贈有加，金帛裕豐。摛文墓石，用彰厥忠。峨峨高堰」，松柏鬱葱。于以安之，與生則同。榮名美譽，照耀無窮」。

按

誌主成敬，明代宦官。《明史》無載。誌所載其家族世系、遷徙始末、生平事迹等均可補正史之闕。此誌書法楷體大方，規整有楞，爲明代楷書之佳作。

撰者高穀，字世用，揚州興化人。永樂十三年（1415）進士，選庶吉士，授中書舍人。纍官至尚書兼翰林學士。

書者汪景昂，浙江蕭山人。以楷書命爲國子監生。纍官至太常少卿。

546.1455　朱公鐼壙誌

大明鎮
國將軍
之壙誌

大明鎮國將軍壙誌
景泰六年歲在乙亥夏五月二日鎮國將軍以疾薨于正寢訃
聞朝廷遣行人梁矩掌行喪事暨同有司營葬如禮卜葬有期
王召教授郭堈撰壙誌以紀將軍生薨始末之由臣堈拜手稽首以誌
謹按將軍諱公鐼乃
永興恭憲王第三子
秦愍王之曾孫
太祖高皇帝之玄孫夫人陳氏將軍之生母也將軍生於宣德辛亥十月
有八日正統癸亥三月二十六日欽蒙
太上皇帝賜誥命封為鎮國將軍誥命曰奉
天承運
皇帝制曰朕惟
太祖高皇帝之制郡王支子封鎮國將軍所以明親親之等篤親愛之道
也爾公鐼乃永興王第三子年已長成今封為鎮國將軍錫以誥命
爾其益懋忠孝敦謹禮法毋驕毋怠以隆爾家欽哉將軍天資篤厚
孝友秉於天性雖長富貴中克盡禮節春秋方見昂盛而遽然以疾
逝薨內外罔不悲痛其感於人者如此將軍娶路氏
太上皇帝賜誥命封為夫人陝西咸寧之女也生二子長曰誠
淵甫年八歲次在襁褓女二人
皇上悼念親親
賜祭五壇其聞喪祭文曰
亡訃音來聞良用嗟悼特茲遣祭靈其享之以是年十一月十九
日葬于鳳棲之原嗚呼將軍享年二十有五平昔篤於孝友今聞播
揚於人雖不永年而德善可稱顯祖光宗千載不泯誌諸幽堂用垂
不朽焉
教授臣郭堈頓首謹誌

説明

明景泰六年（1455）十一月刻。蓋長方形，誌正方形。蓋長69厘米，寬68厘米；誌邊長68厘米。蓋文3行，滿行3字，楷書“大明鎮」國將軍」之壙誌」”。誌文楷書26行，滿行26字。郭瓃撰文。蓋四周飾捲草紋，誌四角飾寶相花，四周飾捲草、雲紋。蓋周邊泐蝕。出土具體時、地不詳。現存西安市長安博物館。《長安碑刻》《新中國出土墓誌（陝西叁）》著録。

釋文

大明鎮國將軍壙誌」

景泰六年歲在乙亥夏五月二日，鎮國將軍以疾薨于正寢。訃」聞，朝廷遣行人梁矩掌行喪事，督同有司營葬如禮。卜葬有期」，王召教授郭瓃撰壙誌，以紀將軍生薨始末之由。臣瓃拜手稽首以誌」。謹按：將軍諱公鑛，乃」永興恭憲王第三子」，秦愍王之曾孫」，太祖高皇帝之玄孫。夫人陳氏，將軍之生母也。將軍生於宣德辛亥十月」有八日。正統癸亥三月二十六日，欽蒙」太上皇帝賜誥命，封爲鎮國將軍。誥命曰：奉」天承運」，皇帝制曰：朕惟」太祖高皇帝之制，郡王支子封鎮國將軍，所以明疏戚之等，篤親愛之道」也。尔公鑛，乃永興王第三子，年已長成，今封爲鎮國將軍，錫以誥命」。尔其益懋忠孝，敦謹禮法，毋驕毋怠，以隆尔家。欽哉！將軍天資篤厚」，孝友衷於天性，雖長富貴中，克盡禮節。春秋方見鼎盛，而遽然以疾」逝薨，内外罔不悲痛，其感於人者如此。將軍娶路氏」，太上皇帝賜誥命封爲夫人，乃陝西咸寧名門真之女也。生二子：長曰誠」淵，甫年八歲；次在襁褓。女二人，未適」。皇上悼念，親」賜祭五壇。其聞喪祭文曰：尔爲宗室之親，宜享榮貴。胡不壽愷，遽尔云」亡。訃音來聞，良用嗟悼。特兹遣祭，靈其享之。擇以是年十一月十九」日，葬于鳳棲之原。嗚呼！將軍享年二十有五。平昔篤於孝友，令聞播」揚於人。雖不永年，而德善可稱，顯祖光宗，千載不泯。誌諸幽堂，用垂」不朽焉」。

教授臣郭瓃頓首謹誌」

按

誌主朱公鑛，其祖父爲秦愍王朱樉之孫，其父爲秦藩永興恭憲王朱志墷，朱公鑛於永樂二十年襲封。《明實録》《明史》有載。此誌出土地點不詳，據誌文“葬于鳳棲之原”，當出土於今西安市南郊鳳棲原上。

撰者郭瓃，河南新安縣人。宣德元年（1426）舉人，爲秦府伴讀。乾隆《新安縣志》有載。

547.1460　唐宣律師遺迹塔銘

唐宣律師遺迹
釋道宣姓錢氏丹徒人也初母娠而夢月貫其懷復夢梵僧語云汝所娠
者即梁朝僧祐律師祐則南齊剡溪隱嶽寺僧護也宜從出家既弱冠極
力護持專精克念感舍利現于寶函乃晦迹於終南倣掌之谷所居之水
神人指之穿地尺餘其泉迸涌時號為白泉寺猛獸馴伏每有所依名花
芬芳奇草蔓延隋末遷豐德寺嘗因獨坐護法神告曰彼清官村故淨業
寺地當寶勢道可習咸聞斯卜焉焚功德香行般舟定時有群龍禮謁
若男若女化為人形沙彌散心顧眄邪視龍赫然發怒將摶攫之尋追悔
吐毒井中具陳[illegible]去宣乃令封閉人或潛開往往煙上審其神变或送異
花一奩形似棗花大如榆莢香氣馝馞數載究然又供奇果李杏梨柰然
其味甘其色潔非人間所遇也門徒嘗欲舉陰事先是潛通以定觀根隨
病與藥皆此類也宣嘗築一壇俄有長眉僧談知道者復三果梵僧禮壇
讚曰自佛滅後像法住世興發唯師一人也乾封二年春冥感天人來談
律相言鈔文輕重儀中舛悞皆譯之過非師之罪請師改正故今所行著
述多是重脩本是也又有天人云曾撰祇洹圖經計人間紙帛一百許卷
是也貞觀中曾隱沁部雲室山人睹天童給侍左右於西明寺夜行道足
跌前階有物扶持履空無害熟顧視之乃少年也宣遽問何人中夜在此
少年曰其非常人即毗沙門天王之子那吒也護法之故擁護和尚時之
久矣宣曰貧道脩行無事煩太子太子威神自在西域有可作佛事者願
為致之太子曰其有佛牙寶掌雖久頭目猶捨敢不奉獻俄授于宣宣保
錄供養焉復次庭除有一天來禮謁謂宣[illegible]師當生覩史天宮持物一
包云是棘林香尔後十旬安坐而化乾封[illegible]年十月三日也春秋七十二
僧臘五十二長安寶慶寺僧正覺特請拜掃遺迹其昔塔銘久經時歲
頽落弗存唯傳明勅命工重勒以表微誠
大明天順[illegible]年庚辰孟夏上澣立石寶慶寺僧眞慶書　鳳鳴秦旺勒
淨業寺住持本[illegible]　侍者圓鼎　圓寶　圓季　圓喜　圓景
[illegible]湖　清悦　清眞　清朗　清[illegible]　清源　清王
清[illegible]　清悝　清安　清文　清緣

説 明

明天順四年（1460）四月重刻。碑正方形。邊長52厘米。正文楷書28行，滿行28字。僧真慶書丹。現存終南山灃峪口净業寺。《長安碑刻》著録。

釋 文

唐宣律師遺迹」

釋道宣，姓錢氏，丹徒人也。初，母娠而夢月貫其懷，復夢梵僧語云：汝所娠」者，即梁朝僧祐律師。祐則南齊剡溪隱嶽寺僧護也，宜從出家。既弱冠，極」力護持，專精克念，感舍利現于寶函，乃晦迹於終南倣掌之谷。所居之水」，神人指之。穿地尺餘，其泉迸涌，時號爲白泉寺。猛獸馴伏，每有所依。名花」芬芳，奇草蔓延。隋末，遷豐德寺。嘗因獨坐，護法神告曰：彼清官村，故净業」寺。地當寶勢，道可習成。聞斯卜焉。焚功德香，行般若舟，定時有群龍禮謁」，若男若女，化爲人形。沙彌散心，顧眄邪視。龍赫然發怒，將搏攫之。尋追悔」，吐毒井中，具陳而去。宣乃令封閉。人或潛開，往往煙上。審其神变，或送異」花一奩，形似棗花，大如榆莢，香氣馝馞，數載宛然。又供奇果李杏梨，柰然」其味甘，其色潔，非人間所遇也。門徒嘗欲舉陰事，先是潛通，以定觀根。隨」病與藥，皆此類也。宣嘗築一壇，俄有長眉僧談知道者，復三果，梵僧禮壇」贊曰：自佛滅後，像法住世，興發唯師一人也。乾封二年春，冥感天人，来談」律相。言鈔文輕重，儀中舛誤，皆譯之過，非師之罪，請師改正。故今所行著」述，多是重修本是也。又有天人云：曾撰祇洹圖經，計人間紙帛一百許卷」是也。貞觀中，曾隱沁部雲室，山人睹天童給侍左右。於西明寺夜行道，足」跌前階，有物扶持，履空無害。熟顧視之，乃少年也。宣遽問何人中夜在此」，少年曰：某非常人，即毗沙門天王之子那吒也。護法之故，擁護和尚，時之」久矣。宣曰：貧道修行，無事煩太子。太子威神自在，西域有可作佛事者，願」爲致之。太子曰：某有佛牙寶掌雖久，頭目猶捨，敢不奉献。俄授于宣。宣保」録供養焉。復次庭除，有一天来禮謁，謂宣曰：律師當生睹史天宮。持物一」包，云是棘林香。尔後十旬，安坐而化，乾封二年十月三日也，春秋七十二」，僧臘五十二。長安寶慶寺僧正覺特詣拜掃遺迹。其昔塔銘，久經時歲」，頽落弗存，唯傳明彰，命工重勒，以表微誠」。

大明天順歲次庚辰孟夏上澣立石

寶慶寺僧真慶書

鳳鳴秦旺勒」

净業寺住持本泉，侍者圓能、圓寶、圓季、圓喜、圓杲」

豐德寺住持惠海，蘭□惠潮、清悦、清真、清朗、清宣、清源、清玉」、清昉、清愷、清安、清文、清緣」

按

道宣，唐代高僧。中國佛教律宗三派之一南山宗創始人，佛教史學家。《宋高僧傳》卷十四、《佛祖歷代通載》卷十五均有其傳。十六歲落髮，隋大業中從智首法師受具戒。貞觀十六年（642）入終南山豐德寺，并創建净業寺，設戒壇弘法。此碑爲明代天順年間長安寶慶寺僧正覺拜掃其遺迹時所立。

548.1462　張三丰遺迹記

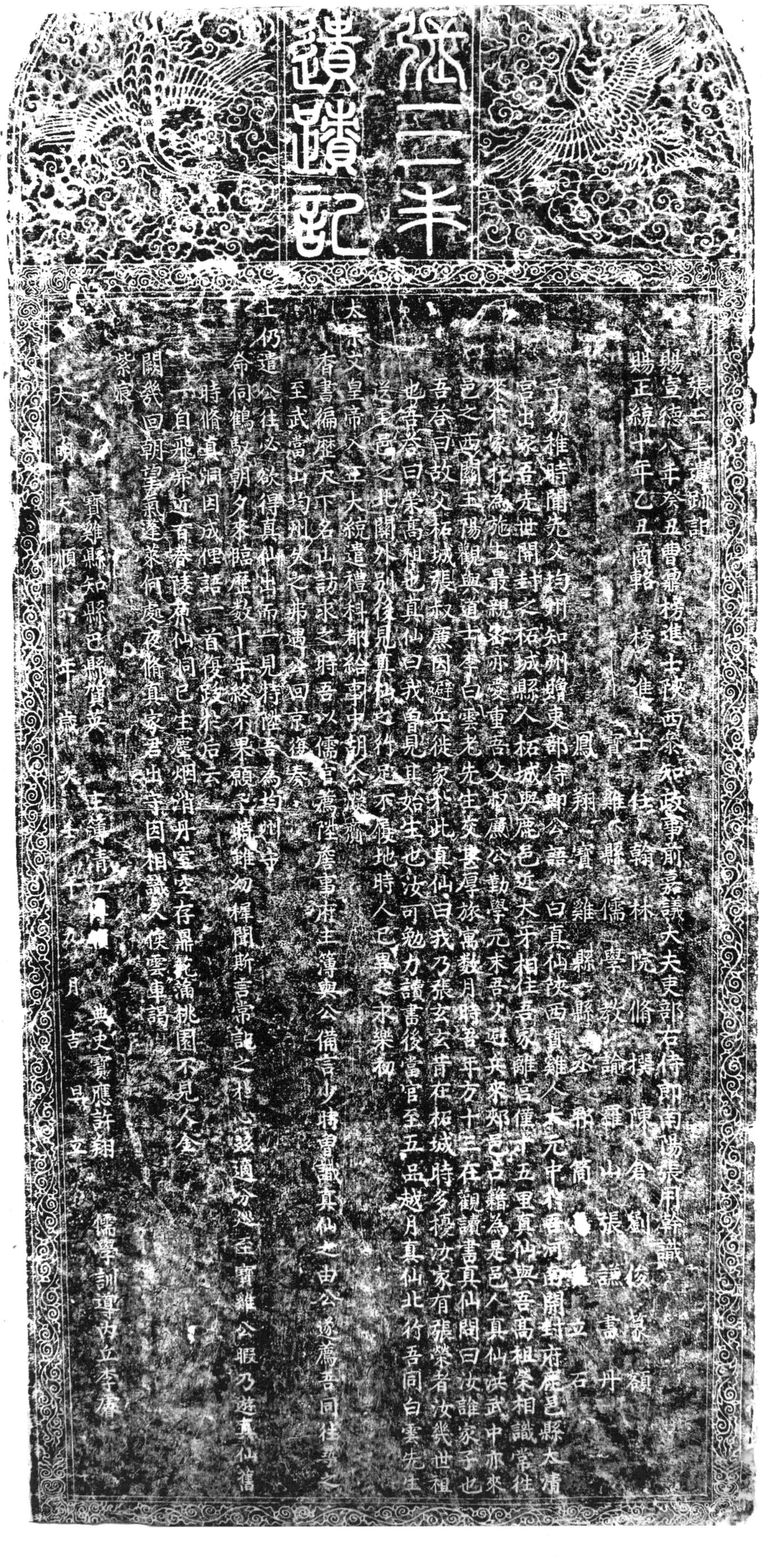
張三丰遺蹟記
張三丰遺跡記
賜宣德八年癸丑曹鼐榜進士陝西參知政事前嘉議大夫吏部右侍郎南陽張用瀚識
賜正統十年乙丑商輅榜進士翰林院脩撰陳倉劉俊篆額
寶雞縣儒學教諭羅山張諒書丹
鳳翔寶雞縣縣丞郝簡立石
予幼稚時聞先父均州知州贈吏部侍郎公語人曰真仙陝西寶雞人大元中於河南開封府鹿邑縣太清
宮出家吾先世開封之柘城縣人柘城與鹿邑近犬牙相往吾家離宮僅十五里真仙與吾高祖榮相識常往
來於家於為施主最親密亦愛重吾父叔廉公勤學元末吾父避兵來郟邑占籍為是邑人真仙洪武中亦來
邑之西關玉陽觀與道士李白雲老先生交甚厚旅寓數月時吾年方十三在觀讀書真仙問曰汝誰家子也
吾答曰故父柘城張叔廉因避兵徙家於此真仙曰我乃張玄玄昔在柘城時多擾汝家有張榮者汝幾世祖
也吾答曰榮高祖也真仙曰我曾見其始生也汝可勉力讀書後當官至五品越月真仙北行吾同白雲先生
送至邑之北關外別後見真仙之行足不履地時人已異之求樂和
太宗文皇帝入正大統遣禮科都給事中胡公濙齎
香書徧歷天下名山訪求之時吾以儒官薦陞詹事府主簿與公備言少時曾識真仙之由公遂薦吾同往尋之
至武當山均州久之弗遇公回京復奏
上仍遣公往必欲得真仙出而一見特陞吾為均州守
命伺鶴馭朝夕來臨歷數十年終不果願予時雖幼稚聞斯言常識之於心茲適分巡至寶雞公暇乃遊真仙舊
時脩真洞因成俚語一首復設於后云
一自飛昇近百春陵原仙洞已生塵烟消丹室空存鼎花滿桃園不見人金
闕幾回朝望氣蓬萊何處夜脩真家君出守因相識久俟雲車謁
紫宸
大明天順六年歲次壬午九月吉旦立
寶雞縣知縣巴縣賀英　主簿青江　典史寶應許翔　儒學訓導內丘李庠

説 明

明天順六年（1462）九月刻。碑圓首。通高202厘米，寬85厘米。額文2行，滿行3字，篆書“張三丰」遺蹟記」”。正文楷書23行，滿行42字。張用瀚撰文，張謙書丹，劉俊篆額。碑額綫刻仙鶴祥雲圖案，碑身四周飾捲草紋、四角飾寶相花。現存寶雞市金臺觀三清殿内。

釋 文

張三丰遺迹記」

賜宣德八年癸丑曹鼐榜進士陝西參知政事前嘉議大夫吏部右侍郎南陽張用瀚識」

賜正統十年乙丑商輅榜進士任翰林院修撰陳倉劉俊篆額」

寶雞縣儒學教諭羅山張謙書丹」

鳳翔寶雞縣縣丞郫筒□□立石」

予幼稚時，聞先父均州知州贈吏部侍郎公語人曰：真仙，陝西寶雞人，大元中於吾河南開封府鹿邑縣太清」宫出家。吾先世開封之柘城縣人。柘城與鹿邑近，犬牙相住，吾家離宫僅十五里，真仙與吾高祖榮相識，常往」來於家，托爲施主，最親密，亦愛重吾父叔廉公勤學。元末，吾父避兵來郟邑，占籍爲是邑人。真仙洪武中亦來」邑之西關玉陽觀，與道士李白雲老先生交甚厚，旅寓数月。時吾年方十三，在觀讀書。真仙問曰：“汝誰家子也」？”吾答曰：“故父柘城張叔廉，因避兵徙家於此。”真仙曰：“我乃張玄玄，昔在柘城時多擾汝家。有張榮者，汝幾世祖」也？”吾答曰：“榮，高祖也。”真仙曰：“我曾見其始生也。汝可勉力讀書，後當官至五品。”越月，真仙北行，吾同白雲先生」送至邑之北關外。别後，見真仙之行足不履地，時人已異之。永樂初」，太宗文皇帝入正大統，遣禮科都給事中胡公溁齎」香書，遍歷天下名山訪求之。時吾以儒官薦陞詹事府主簿，與公備言少時曾識真仙之由，公遂薦吾同往尋之」。至武當山均州，久之弗遇。公回京復奏」，上仍遣公往，必欲得真仙出而一見。特陞吾爲均州守」，命伺鶴馭，朝夕來臨。歷数十年，終不果願。予時雖幼稺，聞斯言，常記之於心。兹適分巡至寶雞，公暇乃遊真仙舊」時修真洞，因成俚語一首，復跋於后云」：

一自飛昇近百春，陵原仙洞已生塵。烟消丹室空存鼎，花滿桃園不見人。金」闕幾回朝望氣，蓬莱何處夜修真。家君出守因相識，久俟雲車謁」紫宸」。

寶雞縣知縣巴縣賀英，主簿清江□□，典史寶應許翔，儒學訓導内丘李睿」

大明天順六年歲次壬午九月吉旦立」

按

此碑由張用瀚撰文。張氏家族祖籍河南柘城，元末避亂，遷居郟縣。其先祖張榮與張三丰相識，又因張用瀚任職陝西，寶雞金臺觀有張三丰遺迹，故作文立碑。

撰者張用瀚，宣德八年（1433）進士。曾任户部主事、刑部主事、吏部右侍郎、陝西右參政。

篆者劉俊，字士英，陝西寶雞人。正統十年（1445）進士。曾任翰林院編修、左春坊左贊善、翰林院修撰，官至南京工部右侍郎。《明實録》有傳。

549.1465　新開通濟渠記

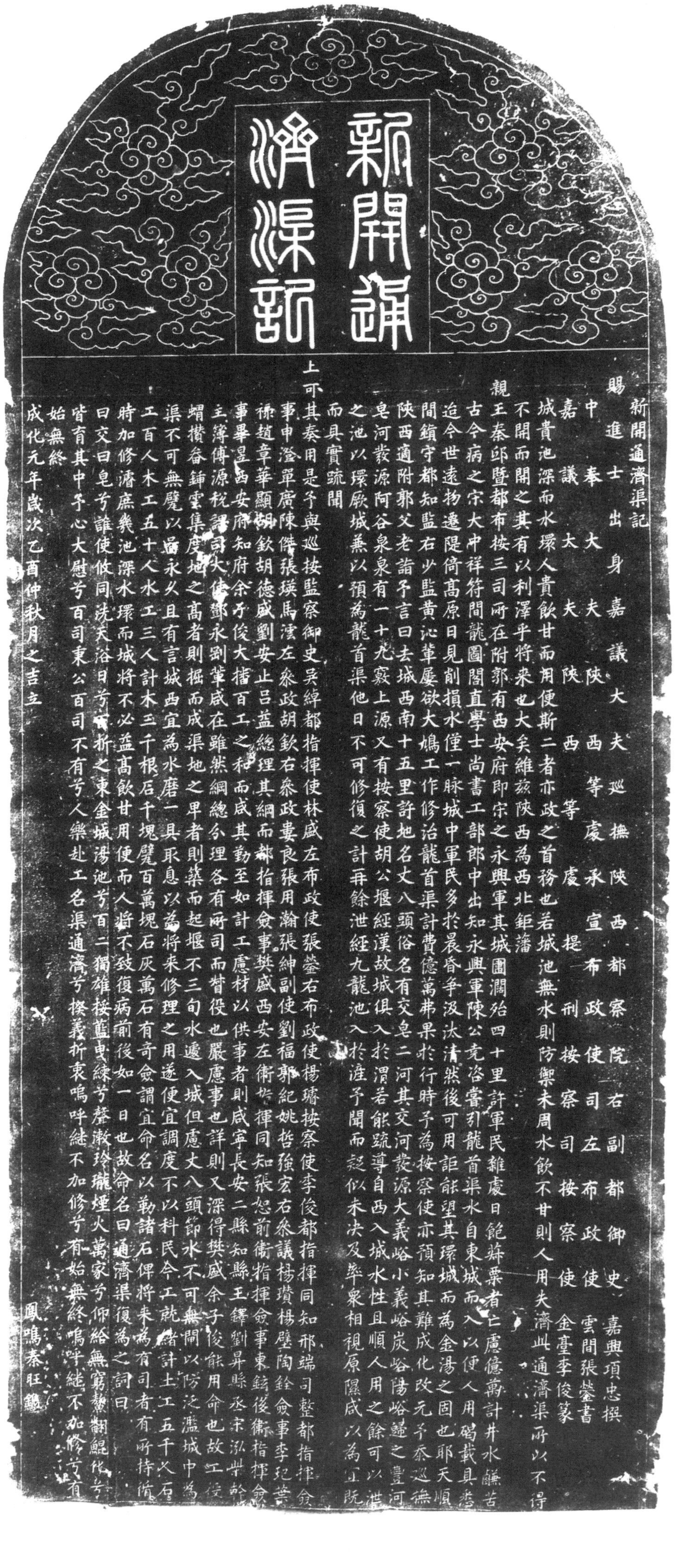

新開通濟渠

新開通濟渠記
賜進士出身嘉議大夫巡撫陝西都察院右副都御史嘉興項忠撰
中奉大夫陝西等處承宣布政使司左布政使雲間張鎣書
嘉議大夫陝西等處提刑按察司按察使金臺李俊篆
城貴池深而水環人貴飲甘而用便斯二者亦政之首務也若城池無水則防禦未周水飲不甘則人用失濟此通濟渠所以不得
不開而開之其有以利澤乎將來也大矣維茲陝西為西北鉅藩
親王秦邸暨都布按三司所在附郭有西安府即宋之永興軍其城圍濶殆四十里許軍民雜處日飽蕣粟者亡慮億萬計井水鹹苦
古今病之宋大中祥符間龍圖閣直學士尚書工部郎中出知永興軍陳公堯咨嘗引龍首渠水自東城而入以便人用碣載具悉
迨今世遠物遷隄倚高原日見削損水僅一脉城中軍民多於晨昏爭汲汰清然後可用詎能望其環城而為金湯之固也耶天順
間鎮守都知監右少監黃沁華屢欲大鳩工作修治龍首渠計費億萬弗果於行時予為按察使亦預知其難成化改元予叅巡撫
陝西適附郭父老詣予言曰去城西南十五里許地名丈八頭俗名有交皂二河其交河發源大義峪小義峪炭峪陽峪縫之豐河
皂河發源阿谷泉泉有一十九竅上源又有按察使胡公堰經漢故城俱入於渭若能疏導自西入城水性且順人用之餘可以泄
之池以環厥城兼以預為龍首渠他日不可修復之計再餘泄經九龍池入於滻予聞而疑似未決及率衆相視原隰咸以為宜既
而具實疏聞
上可其奏用是予與巡按監察御史吳綽都指揮使林盛左布政使張鎣右布政使楊璿按察使李俊都指揮同知邢端司整都指揮僉
事申澄單廣陳傑張瑛馬瀅左叅政胡欽右叅政婁良張用瀚張紳副使劉福鄭紀姚哲強宏右叅議楊瓚楊璧陶銓僉事李玘英
禄趙章華顯胡欽胡德威劉安止呂益總理其綱而都指揮僉事樊盛西安左衛指揮同知張恕前衛指揮僉事東鎰後衛指揮僉
事畢昱西安府知府余子俊大播百工之和而咸其勤至如計工慮材以供事者則咸寧長安二縣知縣王鐸劉昇縣丞宋泓世幹
主簿傅源稅課司大使鄭永劉華咸在雖然綱總分理各有所司而胥役也嚴慮事也詳則又深得樊盛余子俊能用命也故工役
蝟攢畚鍤雲集度地之高者則掘而成渠地之卑者則築而起堰不三旬水遂入城但慮丈八頭節水不可無閘以防泛濫城中為
渠不可無甃以爲永久且有言城西宜為水磨一具取息以為將來修理之用遂便宜調度不以科民令工就緒計土工五千人石
工百人木工五十人水工三人計木三千根石千塊甎百萬塊石灰萬石有奇僉謂宜命名以勸諸石俾將來為有司者有所持循
時加修濬庶幾池深水環而城將不必益高飲甘用便而人將不致復病前後如一日也故命名曰通濟渠復為之詞曰
曰交曰皂兮誰使攸同浣天浴日兮曲折之東金城湯池兮百二獨雄接藍曳綠兮聲漱玲瓏煙火萬家兮仰給無窮蟄鯛鯤化兮
皆育其中予心大慰兮百司秉公百司不有兮人樂赴工名渠通濟兮揆義析衷嗚呼繼不加修兮有始無終嗚呼繼不加修兮有
始無終
成化元年歲次乙酉仲秋月之吉立　鳳鳴秦旺鐫

説 明

明成化元年（1465）八月刻。碑圓首方座。通高228厘米，寬81厘米。額文2行，滿行3字，篆書“新開通」濟渠記」”。正文楷書27行，滿行50字。項忠撰文，張鎣書丹，李俊篆額。額飾祥雲紋。周邊單綫框。現存西安碑林博物館。《西安碑林全集》著録。

釋 文

新開通濟渠記」

賜進士出身嘉議大夫巡撫陝西都察院右副都御史嘉興項忠撰」

中奉大夫陝西等處承宣布政使司左布政使雲間張鎣書」

嘉議大夫陝西等處提刑按察司按察使金臺李俊篆」

城貴池深而水環，人貴飲甘而用便。斯二者，亦政之首務也。若城池無水，則防禦未周；水飲不甘，則人用失濟。此通濟渠所以不得」不開而開之，其有以利澤乎將来也大矣。維兹陝西，爲西北鉅藩」，親王秦邸暨都、布、按三司所在，附郭有西安府，即宋之永興軍。其城圍闊殆四十里許，軍民雜處，日飽菽粟者，亡慮億萬計。井水鹻苦」，古今病之。宋大中祥符間，龍圖閣直學士、尚書工部郎中出知永興軍陳公堯咨嘗引龍首渠水自東城而入，以便人用，碣載具悉」。迨今世遠物遷，隄倚高原，日見削損，水僅一脉，城中軍民多於晨昏争汲，汰清然後可用，詎能望其環城而爲金湯之固也耶！天順」間，鎮守都知監右少監黄沁輩屢欲大鳩工作，修治龍首渠，計費億萬，弗果於行。時予爲按察使，亦預知其難。成化改元，予忝巡撫」陝西，適附郭父老詣予言曰：去城西南十五里許，地名丈八頭，俗名有交、皂二河。其交河發源大義峪、小義峪、炭峪、陽峪，歸之豐河」；皂河發源阿谷泉，泉有一十九竅，上源又有按察使胡公堰，經漢故城，俱入於渭。若能疏導自西入城，水性且順，人用之餘，可以泄」之池，以環厥城，兼以預爲龍首渠他日不可修復之計。再餘，泄經九龍池入於滻。予聞而疑似未決。及率衆相視原隰，咸以爲宜。既」而具實疏聞」，上可其奏。用是予與巡按監察御史吴綽，都指揮使林盛，左布政使張鎣，右布政使楊璿，按察使李俊，都指揮同知邢端、司整，都指揮僉」事申澄、單廣、陳傑、張瑛、馬澐，左参政胡欽，右参政婁良、張用瀚、張紳，副使劉福、郭紀、姚哲、强宏，右参議楊瓚、楊璧、陶銓，僉事李玘、葉」禄、趙章、華顯、胡欽、胡德盛、劉安止、吕益總理其綱，而都指揮僉事樊盛，西安左衛指揮同知張恕，前衛指揮僉事束鉉，後衛指揮僉」事畢昱，西安府知府余子俊，大播百工之和而咸其勤。至如計工慮材以供事者，則咸寧、長安二縣知縣王鐸、劉昇，縣丞宋泓、柴幹」，主簿傅源，税課司大使鄧永剛輩咸在。雖然，綱總分理各有所司，而督役也嚴，慮事也詳，則又深得樊盛、余子俊能用命也。故工役」蝟攢，畚鍤雲集，度地之高者則掘而成渠，地之卑者則筑而起堰，不三旬水遽入城。但慮丈八頭節水不可無閘，以防泛濫；城中爲」渠不可無甓，以圖永久。且有言城西宜爲水磨一具，取息以爲將来修理之用。遂便宜調度，不以科民。今工就緒，計土工五千人、石」工百人、木工五十人、水工三人。計木三千根、石千塊、甓百萬塊、石灰萬石有奇。僉謂宜命名以勒諸石，俾將来爲有司者有所持循」，時加修濬。庶幾池深水環，而城將不必益高；飲甘用便，而人將不致復病。前後如一日也，故命名曰通濟渠。復爲之詞曰」：

曰交曰皂兮，誰使攸同。洗天浴日兮，百折之東。金城湯池兮，百二獨雄。挼藍曳練兮，聲漱玲瓏。煙火萬家兮，仰給無窮。鰲翻鯤化兮」，皆育其中。予心大慰兮，百司秉公。百司不有兮，人樂赴工。名渠通濟兮，揆義折衷。嗚呼！繼不加修兮，有始無終。嗚呼！繼不加修兮，有」始無終」。

成化元年歲次乙酉仲秋月之吉立

鳳鳴秦旺鎸」

按

成化元年，西安府知府余子俊、副都御史項忠等人組織軍民，新開通濟渠，引交、皂二河入西安城後刻立。此碑是研究西安城市用水、水利資源的寶貴史料。《雍大記》《關中勝迹圖志》均有新開通濟渠之記載。

撰者項忠，字藎臣，浙江嘉興人。正統七年（1442）進士。曾任副都御史、陝西巡撫、兵部尚書，卒贈太子太保，謚襄毅。《國朝獻徵録》《明史》有傳。

書者張鎣，字廷器，號簡庵，上海松江人。正統十三年（1448）進士。曾任御史、右副都御史、刑部侍郎、兵部尚書。謚莊懿。《國朝獻徵録》《明史》有傳。

篆者李俊，河北定興人。以明經薦，曾任監察御史、山西按察司副使、陝西按察司副使、陝西按察使。嘉靖《陝西通志》有載。

550.1469　王宣壙誌

大明故昭勇
将軍西安右
護衛指揮使
王公壙誌銘

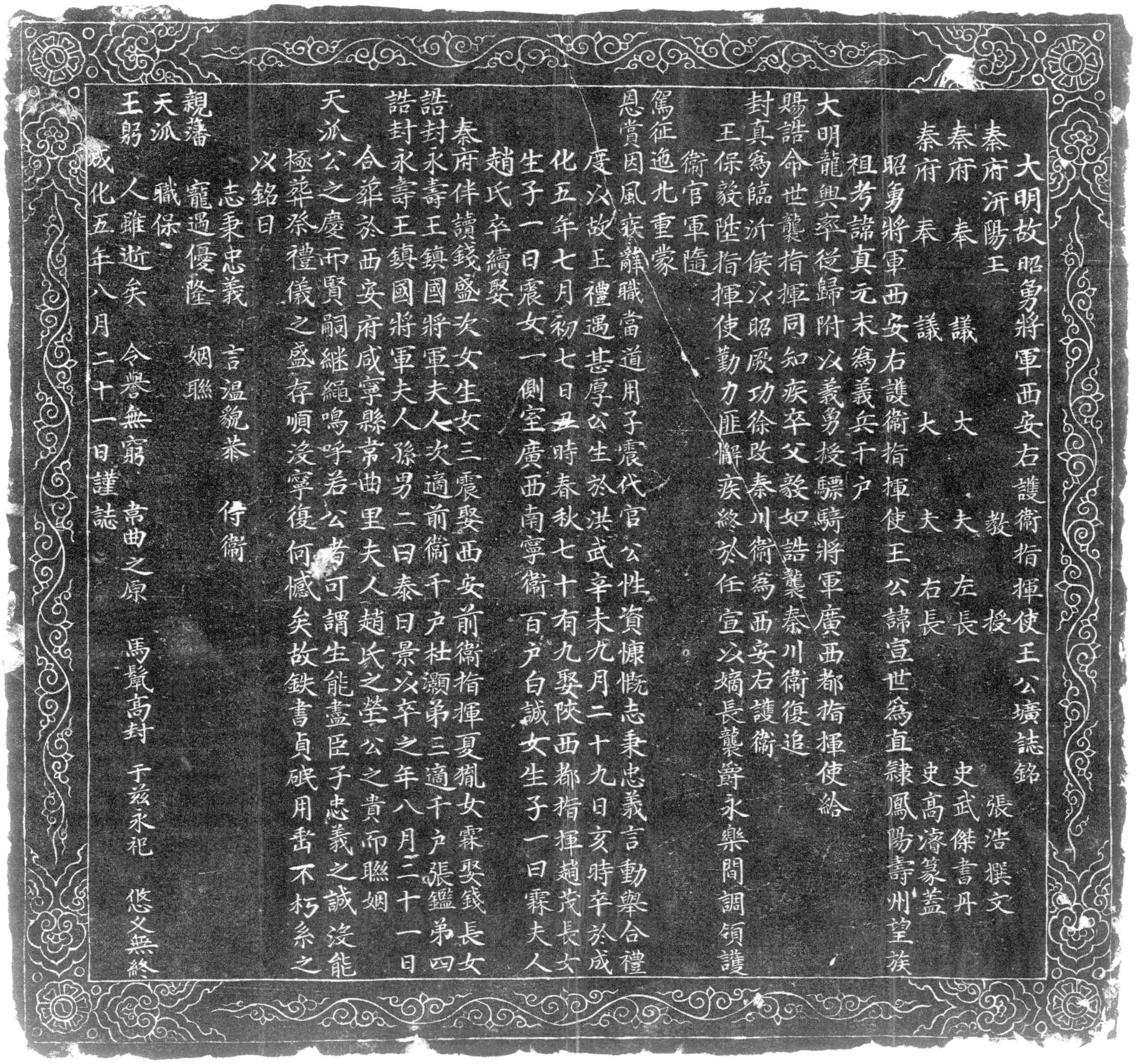

大明故昭勇将軍西安右護衛指揮使王公壙誌銘
秦府汧陽王　教授　張浩撰文
秦府奉　議　大　夫　左長　史武傑書丹
秦府奉　議　大　夫　右長　史高濬篆蓋
昭勇将軍西安右護衛指揮使王公諱宣世為直隸鳳陽壽州望族
祖考諱真元末為義兵千戶
大明龍興率從歸附以義勇授驃騎将軍廣西都指揮使給
賜誥命世襲指揮同知疾卒父毅如誥襲秦川衛復追
封真為臨汧侯以昭厥功徐改秦川衛為西安右護衛
王保毅陞指揮使勤力匪懈疾終於任宣以嫡長襲爵永樂間調領護
衛官軍隨
駕征進北重蒙
恩賞因風疾辭職當道用子震代官公性資慷慨志秉忠義言動舉合禮
度以故王禮遇甚厚公生於洪武辛未九月二十九日亥時卒於成
化五年七月初七日丑時春秋七十有九娶陝西都指揮趙茂長女
生子一曰震女一側室廣西南寧衛百戶白誠女生子一曰霖夫人
趙氏卒續娶
秦府伴讀錢盛次女生女三震娶西安前衛指揮夏猦女霖娶錢長女
誥封永壽王鎮國将軍夫人次適前衛千戶杜灝弟三適千戶張鑑弟四
誥封永壽王鎮國将軍夫人孫男二曰秦曰景以卒之年八月二十一日
合葬於西安府咸寧縣常曲里夫人趙氏之塋公之貴而聯姻
天派公之慶而賢嗣繼繩嗚呼若公者可謂生能盡臣子忠義之誠沒能
極葬祭禮儀之盛存順沒寧復何憾矣故鉄書貞珉用垂不朽系之
以銘曰
志秉忠義　言温貌恭　侍衛
親藩　寵遇優隆　姻聯
天派　職保
王躬　人雖逝矣　令譽無窮　常曲之原　馬鬣高封　于茲永祀　悠久無終
成化五年八月二十一日謹誌

説明

明成化五年（1469）刻。誌、蓋均爲正方形，尺寸相同，邊長均54厘米。蓋文4行，滿行5字，楷書“大明故昭勇」將軍西安右」護衛指揮使」王公壙誌銘」”。誌文楷書29行，滿行26字。張浩撰文，武傑書丹，高濬篆蓋。誌、蓋四角均飾寶相花，四周飾蔓草、如意紋。出土具體時、地不詳。現存西安博物院。《新中國出土墓誌（陝西叁）》著録。

釋文

大明故昭勇將軍西安右護衛指揮使王公壙誌銘」

秦府汧陽王教授張浩撰文」

秦府奉議大夫左長史武傑書丹」

秦府奉議大夫右長史高濬篆蓋」

昭勇將軍、西安右護衛指揮使王公諱宣，世爲直隸鳳陽壽州望族」。祖考諱真，元末爲義兵千户」。大明龍興，率從歸附，以義勇授驃騎將軍、廣西都指揮使，給」賜誥命，世襲指揮同知。疾卒。父毅，如誥襲秦川衛。復追」封真爲臨沂侯，以昭厥功。徐改秦川衛，爲西安右護衛」。王保毅陞指揮使。勤力匪懈，疾終於任。宣以嫡長襲爵。永樂間，調領護」衛官軍，隨」駕征迤北，重蒙」恩賞。因風疾辭職，當道用子震代官。公性資慷慨，志秉忠義，言動舉合禮」度，以故王禮遇甚厚。公生於洪武辛未九月二十九日亥時，卒於成」化五年七月初七日丑時，春秋七十有九。娶陝西都指揮趙茂長女」，生子一曰震，女一。側室廣西南寧衛百户白誠女，生子一曰霖。夫人」趙氏卒，續娶」秦府伴讀錢盛次女，生女三。震娶西安前衛指揮夏胤女，霖娶錢。長女」誥封永壽王鎮國將軍夫人，次適前衛千户杜灝，弟三適千户張鑑，弟四」誥封永壽王鎮國將軍夫人。孫男二：曰泰、曰景。以卒之年八月二十一日」，合葬於西安府咸寧縣韋曲里夫人趙氏之塋。公之貴而聯姻」天派，公之慶而賢嗣繼繩。嗚呼！若公者，可謂生能盡臣子忠義之誠，没能」極葬祭禮儀之盛，存順没寧，復何憾矣！故鈇書貞珉，用垂不朽。系之」以銘曰」：

志秉忠義，言温貌恭。侍衛」親藩，寵遇優隆。姻聯」天派，職保」王躬。人雖逝矣，令譽無窮。韋曲之原，馬鬣高封。于兹永祀，悠久無終」。

成化五年八月二十一日謹誌」

按

誌主王宣的祖父王真，洪武十三年七月卒於廣西都指揮使任上，敕歸葬於鍾山之陰。追封臨沂侯，謚桓義。《明太祖實録》有傳，《明史》有載。王氏家族爲明初武官家族，又因擔任西安右護衛指揮使，而與秦藩家族關係密切，多有聯姻，地位尊貴。墓誌撰者張浩、書者武傑、篆蓋者高濬均爲秦藩官員。

551.1469　朱公鏜妃劉淑貞壙誌

大明宗
室郃陽
王妃劉
氏壙誌

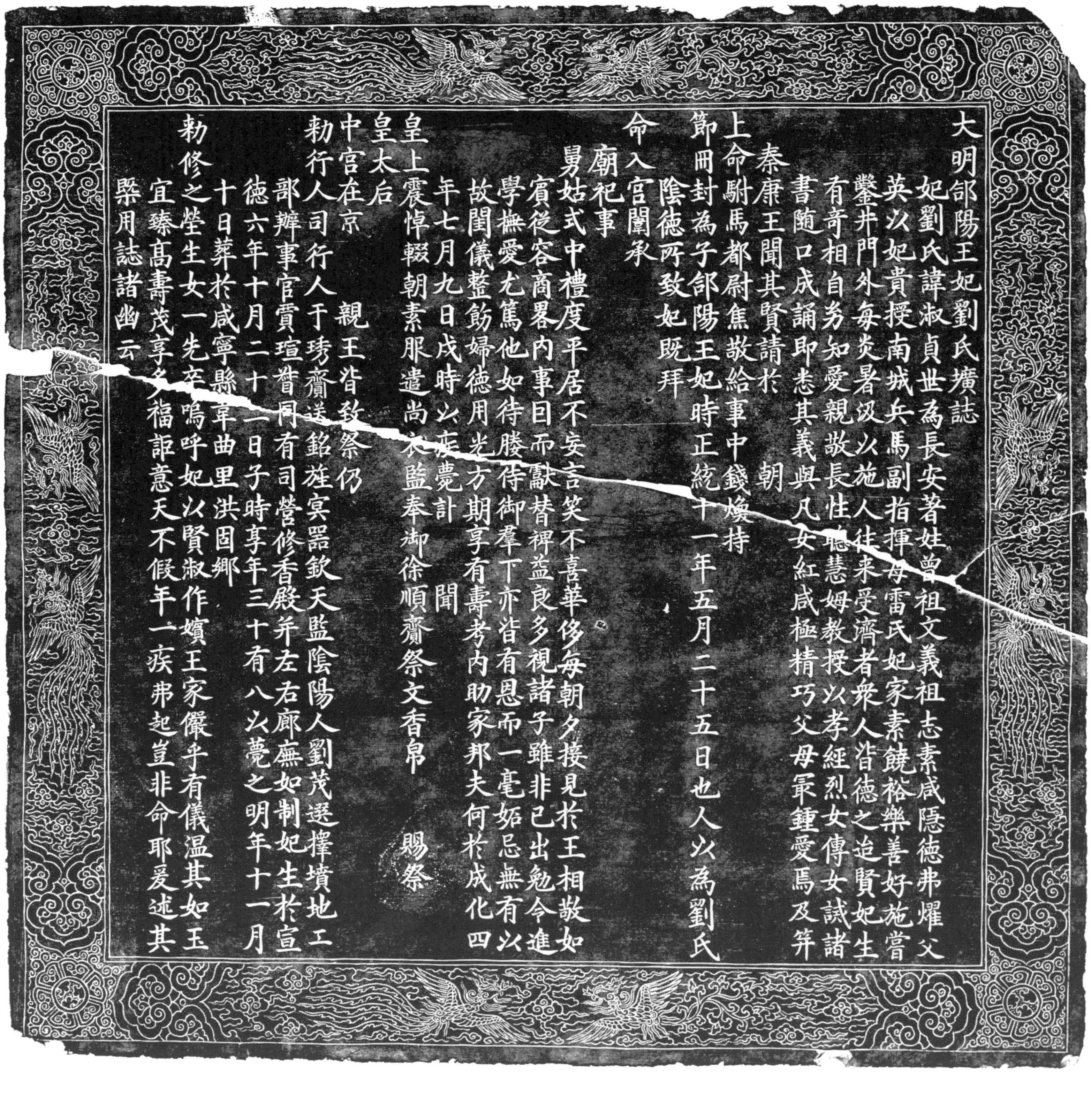

大明郃陽王妃劉氏壙誌
妃劉氏諱淑貞世為長安著姓曾祖文義祖志素咸隱德弗燿父
英以妃貴授南城兵馬副指揮母雷氏妃家素饒裕樂善好施嘗
鑿井門外每炎暑汲以施人往來受濟者衆人皆德之迨賢妃生
有奇相自㓜知愛親敬長性聰慧姆教授以孝經烈女傳女誡諸
書隨口成誦即悉其義與凡女紅咸極精巧父母鍾愛焉及笄
秦康王聞其賢請於　朝
上命駙馬都尉焦敬給事中錢熯持
節冊封為子郃陽王妃時正統十一年五月二十五日也人以為劉氏
陰德所致妃既拜
命入宮闈承
廟祀事
舅姑式中禮度平居不妄言笑不喜華侈每朝夕接見於王相敬如
賓從容商畧内事曰而獻替裨益良多視諸子雖非己出勉令進
學撫愛尤篤他如待媵侍御羣下亦皆有恩而一毫妬忌無有以
故閨儀整飭婦德用光方期享有壽考内助家邦夫何於成化四
年七月九日戌時以疾薨訃　聞
皇上震悼輟朝素服遣尚衣監奉御徐順齎祭文香帛　賜祭
皇太后
中宮在京　親王皆致祭仍
勅行人司行人于琇齎送銘旌冥器欽天監陰陽人劉茂選擇墳地工
部辦事官賈瑄暨同有司營修香殿并左右廊廡如制妃生於宣
德六年十月二十一日子時享年三十有八以薨之明年十一月
十日葬於咸寧縣韋曲里洪固鄉
勅修之塋生女一先卒嗚呼妃以賢淑作嬪王家儼乎有儀溫其如玉
宜臻高壽茂享多福詎意天不假年一疾弗起豈非命耶爰述其
槩用誌諸幽云

説 明

明成化五年（1469）十一月刻。誌青石質。誌、蓋均爲正方形，尺寸相同。邊長均87厘米。蓋文4行，滿行3字，篆書“大明宗」室郃陽」王妃劉」氏壙誌」”。誌文楷書27行，滿行25字。誌、蓋四角飾寶相花，四周飾雙鳳流雲、雲頭如意紋。蓋斷爲三塊，誌斷裂爲兩塊。1994年西安南郊瓦胡同村出土。現存陝西省考古研究院。《西安南郊明墓》著録。

釋 文

大明郃陽王妃劉氏壙誌」

妃劉氏，諱淑貞，世爲長安著姓。曾祖文義、祖志素，咸隱德弗燿。父」英，以妃貴授南城兵馬副指揮。母雷氏。妃家素饒裕，樂善好施。嘗」鑿井門外，每炎暑汲以施人，往来受濟者衆，人皆德之。迨賢妃生」，有奇相，自幼知愛親敬長，性聰慧，姆教授以《孝經》《烈女傳》《女誡》諸」書，隨口成誦，即悉其義。與凡女紅，咸極精巧。父母最鍾愛焉。及笄」，秦康王聞其賢，請於朝」。上命駙馬都尉焦敬、給事中錢焕持」節册封爲子郃陽王妃，時正統十一年五月二十五日也。人以爲劉氏」陰德所致。妃既拜」命入宫閫，承廟祀，事」舅姑，式中禮度。平居不妄言笑，不喜華侈。每朝夕接見於王，相敬如」賓，從容商略，内事因而獻替，裨益良多。視諸子雖非己出，勉令進」學，撫愛尤篤。他如待媵侍、御群下，亦皆有恩，而一毫妬忌無有。以」故閨儀整飭，婦德用光。方期享有壽考，内助家邦，夫何於成化四」年七月九日戌時以疾薨。訃聞」，皇上震悼，輟朝素服，遣尚衣監奉御徐順齎祭文香帛賜祭」。皇太后」、中宫、在京親王皆致祭。仍」敕行人司行人于琇齎送銘旌冥器，欽天監陰陽人劉茂選擇墳地，工」部辦事官賈瑄督同有司營修香殿并左右廊廡如制。妃生於宣」德六年十月二十二日子時，享年三十有八。以薨之明年十一月十日，葬於咸寧縣韋曲里洪固鄉」敕修之塋。生女一，先卒。嗚呼！妃以賢淑作嬪王家，儼乎有儀，温其如玉」，宜臻高壽，茂享多福。詎意天不假年，一疾弗起，豈非命耶！爰述其」概，用誌諸幽云」。

552.1472　朱公鏜壙誌

大明宗
室郃陽
惠恭王
壙誌銘

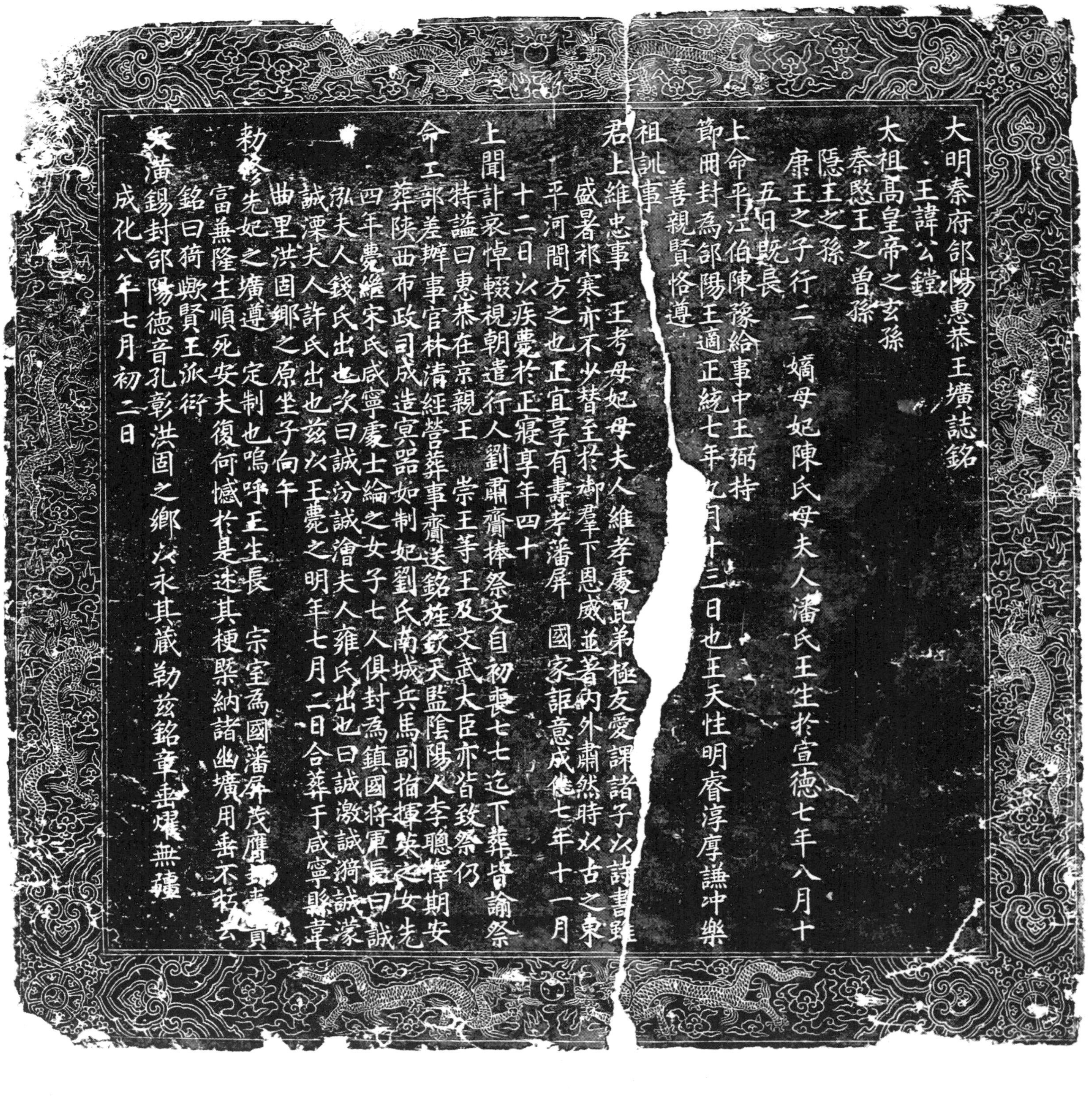
大明秦府郃陽惠恭王壙誌銘
王諱公鏜
太祖高皇帝之玄孫
秦愍王之曾孫
隱王之孫
康王之子行二　嫡母妃陳氏母夫人潘氏王生於宣德七年八月十
五日既長
上命平江伯陳豫給事中王踽持
節冊封為郃陽王適正統七年九月十三日也王天性明睿淳厚謙冲樂
善親賢恪遵
祖訓事
君上維忠事　王考母妃母夫人維孝處昆弟極友愛課諸子以詩書雖
盛暑祁寒亦不少替至於御羣下恩威並著內外肅然時以古之東
平河間方之也正宜享有壽考藩屏　國家詎意成化七年十一月
十二日以疾薨於正寢享年四十
上聞訃哀悼輟視朝遣行人劉肅齎捧祭文自初喪七七迄下葬皆諭祭
特謚曰惠恭在京親王　崇王等王及文武大臣亦皆致祭仍
命工部差辦事官林清經營葬事齎送銘旌欽天監陰陽人李聰擇期安
葬陝西布政司成造冥器如制妃劉氏南城兵馬副指揮英之女先
四年薨繼宋氏咸寧處士綸之女子七人俱封為鎮國將軍長曰誠
泓夫人錢氏出也次曰誠汾誠澮夫人雍氏出也曰誠激誠漪誠濛
誠溧夫人許氏出也茲以王薨之明年七月二日合葬于咸寧縣韋
曲里洪固鄉之原坐子向午
勅修先妃之壙遵　定制也嗚呼王生長　宗室為國藩屏茂膺封貴
富兼隆生順死安夫復何憾於是述其梗槩納諸幽壙用垂不朽云
銘曰猗歟賢王派衍
天潢錫封郃陽德音孔彰洪固之鄉以永其藏勒茲銘章垂耀無疆
成化八年七月初二日

説明

明成化八年（1472）七月刻。誌青石質。誌、蓋均爲正方形，尺寸相同。邊長均81厘米。蓋文4行，滿行3字，篆書“大明宗」室郃陽」惠恭王」壙誌銘」”。誌文楷書28行，滿行26字。誌、蓋四角飾寶相花，四周飾雙龍流雲、雲頭如意、雙龍戲珠紋。誌斷爲兩截。1994年西安南郊瓦胡同村出土。現存陝西省考古研究院。《西安南郊明墓》著録。

釋文

大明秦府郃陽惠恭王壙誌銘」

王諱公鐙」，太祖高皇帝之玄孫」，秦愍王之曾孫」，隱王之孫」，康王之子行二。嫡母妃陳氏，母夫人潘氏。王生於宣德七年八月十」五日。既長」，上命平江伯陳豫、給事中王弼持」節册封爲郃陽王，適正統七年九月十三日也。王天性明睿，淳厚謙冲，樂」善親賢，恪遵」祖訓。事」君上維忠，事王考、母妃、母夫人維孝，處昆弟極友愛。課諸子以《詩》《書》，雖」盛暑祁寒亦不少替。至於御群下恩威並著，内外肅然，時以古之東」平、河間方之也。正宜享有壽考，藩屏國家，詎意成化七年十一月」十二日以疾薨於正寢，享年四十」。上聞訃哀悼，輟視朝，遣行人劉肅賫捧祭文，自初喪七七迄下葬皆諭祭」，特謚曰惠恭。在京親王崇王等王及文武大臣亦皆致祭，仍」命工部差辦事官林清經營葬事，賫送銘旌；欽天監陰陽人李聰擇期安」葬；陝西布政司成造冥器如制。妃劉氏，南城兵馬副指揮英之女，先」四年薨。繼宋氏，咸寧處士綸之女。子七人，俱封爲鎮國將軍。長曰誠」泓，夫人錢氏出也。次曰誠汾、誠澮，夫人雍氏出也。曰誠激、誠漪、誠濛」、誠溧，夫人許氏出也。兹以王薨之明年七月二日，合葬于咸寧縣章」曲里洪固鄉之原，坐子向午」，敕修先妃之壙，遵定制也。嗚呼！王生長宗室，爲國藩屏，茂膺封賚，貴」富兼隆，生順死安，夫復何憾！於是述其梗概，納諸幽壙，用垂不朽云」。銘曰：

猗歟賢王，派衍」天潢。錫封郃陽，德音孔彰。洪固之鄉，以永其藏。勒兹銘章，垂燿無疆」。

成化八年七月初二日」

按

《明史》載：“郃陽惠恭王朱公鐙，秦康王庶四子，正統七年封。成化七年薨。”據墓誌，朱公鐙實爲康王第二子。《明英宗實録》卷九六“正統七年九月”亦載封秦康王“第二子公鐙爲郃陽王”。《明史》有誤。

553.1473　朱公鋌壙誌

大明永壽康定王壙誌
王諱公鋌永壽安惠王嫡長子母妃胡氏正
統三年十一月十七日建生成化八年九月
十五日襲封為永壽王成化九年正月三十
日以疾薨享年三十有六夫人嵇氏西安右
護衛軍人禎之女早逝再娶妃傳氏西城兵
馬副指揮瑄之女子庶生子女三人長曰誠
淋次女二人皆未
命名
上聞訃哀悼輟視朝一日遣官諭祭特謚曰康定
命有司營喪葬如制在京
親王及文武官皆致祭焉以成化九年十一月
十五日葬咸寧縣洪固原嗚呼惟王生長
宗室為國藩輔茂膺封爵富貴兼隆終于正寢
夫何憾焉用述梗槩刻諸墓石垂於不朽云
成化九年歲次癸巳十一月十五日

説明

明成化九年（1473）十一月刻。誌、蓋均爲正方形，尺寸相同。邊長均74厘米。蓋文3行，滿行3字，篆書“大明永」壽康定」王壙誌”。誌文楷書16行，滿行17字。誌、蓋四角均飾寶相花；蓋四殺飾四神圖案，誌四周飾祥雲龍紋。20世紀中期後出土於西安市長安縣，具體時、地不詳。現存西安市長安博物館。《長安碑刻》《新中國出土墓誌（陝西叁）》著録。

釋文

大明永壽康定王壙誌」

王諱公鋌，永壽安惠王嫡長子，母妃胡氏。正」統三年十一月十七日建生，成化八年九月」十五日襲封爲永壽王，成化九年正月三十」日以疾薨，享年三十有六。夫人嵇氏，西安右」護衛軍人禎之女，早逝。再娶妃傅氏，西城兵」馬副指揮瑄之女。子庶生。子女三人，長曰誠」淋，次女二人皆未」命名」。上聞訃哀悼，輟視朝一日，遣官諭祭，特謚曰康定」，命有司營喪葬如制。在京」親王及文武官皆致祭焉。以成化九年十一月」十五日，葬咸寧縣洪固原。嗚呼！惟王生長」宗室，爲國藩輔，茂膺封爵，富貴兼隆。終于正寢」，夫何憾焉。用述梗概，刻諸墓石，垂於不朽云」。

成化九年歲次癸巳十一月十五日」

按

《明史》載：永壽康定王公鋌，安惠王嫡一子，成化八年襲封，九年薨。《明憲宗實録》載：成化八年九月十五日，册封“秦府永壽安惠王長子公鋌爲永壽王，夫人傅氏進永壽王妃”。均與墓誌合。

554.1478　得效方記

得効方記
得効方建大守郝公推仁恩於百姓無疆也已□大守下□時犯亢陽丁
大疫因後皇皇憂勤惕厲禱於城隍神祠禱曰斯民□□□甘□西成有望矣□
未平乃以食禄購樂射用神聖工巧之術察診調理民得活者□□可□此□□
其叩拜於塵下太守曰胡為乎拜哉□曰鄉非我公慈惠□九泉矣太守□□
樹桼一枚於公圃以全生意不羅拜唯之種成林江馥可觀矣□□林
予已而重建孔庭偶出三泉書美緑漪堪愛何殊橘井甘洌乎仁矣哉太守心
以為不期易過民疫更興而乃歷選歷代名醫之書効而神速者僅得四方曰
沉香化氣丸曰木香丸為乾道成之者曰萬靈丹曰吹乳方為搥道成之□命
工勤石俾余記之謂夫在昔同州刺史崔宗石刻鎮風丹與大盧州刺史□詢
脩俸給民藥二公善推仁恩至於百姓尋復恙登□者功耀當時雲仍世禄名□
服并青吁鎮風丹愈風一疾捐俸給藥活人一時天道好還採權爾耶乃□□
公得効四方括囊人世百疾百愈衛由基之射百發百中推廣仁恩直與天地
同其悠久蓋欲當時後世民無夭閼咸囿於平康之域厥功豈在崔洪下乎夫
然故此乃公之緒餘爾觀夫考課有方升□□士耕耘有制野無惰農奇□無
爭流移盡復道不拾遺賦得平允謂非仁恩推廣之嚆克然與他日無相□
有氣力者援而舉庸巖廊之上必能攬活人之心操□國之手□調元化□理
陰陽五穀熟而人民育三光全而寒暑平□□一郡納□沐夫仁□□生奏
之天而已哉雖如徐弘敏仁恕裴中立仁恤曹國華仁□趙叔平仁直而□公
仁恩斯可以與之同一轍矣矧夫家嗣□學有將□於光明登高躋膴不卜可
知中子曰椿
王室作賓參曰棐曰相曰樟繩繩継述則夫郝公仁恩□□若是而□有可□
又爲知夫不等於崔羅上乎太守名清字源□□蜀□□□□學□於□□律
身清慎撫字公勤初守延之綏德嘗拜
聖天子明命
龍章渙發官封三代家世并州太原因而□質以識云昔
大明成化十四年冬十一月望日同知同州事□垣王□□
同知□□
□□王□
吏目劉芳
學正□□
訓導□□高文
□□□洪同立
□□□□書　州守□

説明

明成化十四年（1478）十一月刻。碑高80厘米，寬75厘米。正文楷書34行，滿行30字。王濂撰文，雷瓚書丹。四周飾蔓草紋。石面稍有風化，個别字迹不清。現嵌於大荔縣電力局後院墻内。《大荔碑刻》著録。

釋文

得效方記」

得效方，乃太守郝公推仁恩於百姓無疆也已。粤郡太守下車，時既亢陽，民丁」大疫，日夜皇皇，憂勤惕厲。禱於城隍神祠，蒼回斯怒，溥彼甘霖。西成有望，民疫」未平。乃以食禄購藥，躬用神聖工巧之術，察診調理，民得活者豈可勝記哉！□」真叩拜於塵下，太守曰：胡爲乎拜哉！民曰：鄉非我公，悉魂遊九泉矣！太守曰：願」樹棗一枚於公圃，以全生意不羅拜，唯唯之種成林，紅馥可觀，奚啻杏林□□」乎？已而重建孔庭，偶出三泉，盡美緑漪堪愛，何殊橘井甘冽乎。仁矣哉，太守心」。以爲瓜期易過，民疫更興，而乃歷選歷代名醫之書效而神速者，僅得四方：曰」沉香化氣丸，曰木香丸，爲乾道成之者；曰萬靈丹，曰吹乳方，爲坤道成之者。命」工勒石，俾余記之。謂夫在昔同州刺史崔涂，石刻鎮風丹，與夫廬州刺史羅珦」捐俸給民藥，二公善推仁恩至於百姓，尋復悉登臺省，功耀當時，雲仍世禄，名」照丹青，吁！鎮風丹，愈風一疾，捐俸給藥，活人一時。天道好還報猶爾耶！乃若郝」公，得效四方，括囊人世百疾百愈，猶由基之射，百發百中。推廣仁恩，直與天地」同其悠久。蓋欲當時後世民無夭閼，咸囿於平康之域。厥功豈在崔、羅下乎！夫」然故此，乃公之緒餘爾。觀夫考課有方，科多髦士；耕耘有制，野無惰農。爵鼠無」争，流移盡復，道不拾遺，賦得平允，謂非仁恩推廣之疇克然，與他日豈無相知」有氣力者拔而舉庸巖廊之上，必能擴活人之心，操醫國之手。贊調元化，燮理」陰陽，五穀熟而人民育，三光全而寒暑平，匪直一郡編氓沐夫仁恩獲遂生養」之天而已哉。雖如徐弘敏仁恕、裴中立仁恤、曹國華仁惠、趙叔平仁直、而郝公」仁恩，斯可以與之同一轍矣。矧夫冢嗣楡，學有緝熙於光明，登高躋膴，不卜可」知。中子曰椿」，王室作賓。季曰桀、曰相、曰樟，繩繩繼述，則夫郝公仁恩洽民若是，而報有可期」，又烏知夫不等於崔、羅上乎？太守名清，字源潔，號濁□，□於易學，奮於科目，律」身清慎，撫字公勤。初守延之綏德，嘗拜」聖天子明命」，龍章涣發，官封二代。家世并州太原，因而摭實以識云。

時」大明成化十四年冬十一月望日同知同州事長垣王濂撰」

同知智□」，判官王温」，吏目劉芳」，學正龔暹」，訓導高文」、汪洪同立」

舉人雷瓚書

刊字樊□」

按

碑文贊頌同州知州郝清刊刻藥方、救民時疫事迹。郝清，陽曲人。道光《大荔縣志》有載。

撰者王濂，河南長垣縣人。曾任同州同知。

書者雷瓚，成化十年（1474）舉人，曾任西華知縣。道光《大荔縣志》有載。

555.1481　閻本墓誌

大明嘉議大夫戶部右侍郎閻公墓誌銘
賜進士及第嘉議大夫吏部右侍郎前少詹事兼翰林侍讀經筵講官同脩　國史華容黎淳撰
賜進士第一通　議　大　夫　戶　部　左　侍　郎汾人殷謙篆
賜進士第　奉　政　大　夫　通　政　使　司　右　參　議廣陽趙昂書
天下有可必之理亦有不可必之數可必之理義在人也不可必之命在天也君子行義以聽命但
能全人以循當然之理而不能違天以脫偶然之數至於齎志以沒焉是則可哀也已吾觀今戶部
右侍郎閻公既貴而蚤退已退而復起甫起而即亡雖有大材莫究大用寧不深痛惜哉公諱本字
宗元姓閻氏世家陝右之郃州曾祖君卿樂善好施積慶裕後祖德沈重簡默信義著稱父紳慷慨
有大志不隨時低昂公心濟人直其是非救其匱之澤被鄉里母盧氏婦道母儀楷範閨門泝坤而
上凡三葉韜晦以公貴紳初封承德郎戶部山東司主事再封奉政大夫戶部廣西司郎中三封中
憲大夫都察院右僉都御史盧氏初封安人再封宜人三封恭人紳生二子長曰舉次即公也公天
資穎敏讀書過目成誦器量恢弘負氣節勤以古人自期性孝友克敦倫理紳常語人曰異日光大
吾門者必此子也遣游郡庠隆師親友文藝大增以三禮領正統甲子鄉薦累辭乙榜卒業胄監歷
事天官不就選舉登景泰甲戌進士甲科乙亥授戶部山東司主事考稱賜
勑進階承德郎天順辛巳陞戶部廣西司郎中考稱賜
誥進階奉政大夫公在地官庶能茂著政無遺滯自大司徒而下雅器重之甲申奉
璽書督儲薊州建白均轉輸明出納省濫費革姦弊綽有能聲成化丙戌
朝廷有事於東北大臣合議舉公練達老成陞都察院右僉都御史奉
璽書巡撫永平山海密雲諸路總督軍務己丑兼巡近畿考察官屬公受
命惟謹黜貪殘擢廉正舉措適宜風紀振揚於是並塞城垣闕者補之沿邊營壘廢者築之屬衛兵食
寡者益之民情幽隱抑者伸之威行而虜不犯事集而民不勞地靖邦寧耄倪歡戴庚寅滿考課最
重賜
誥進階中憲大夫公恒念二親垂白在堂父闕甘旨每言
誥勑之封貴親以榮其名未若衣食之養樂親而有其實乃上疏乞終養
詔從之即日解組西歸罄餘祿以事父母爲歡五載慈孝備全已而父母相繼卒公哀毀幾滅性葬祭
一遵古禮遠近化之公既畢送終之大事乃圖啓後之遠謀勤課子姪學文習禮丁酉秋兄子誼復
以三禮魁鄉榜紹家學也己亥戶部右侍郎闕吏部薦公
詔起而陞任之庚子春
朝廷有事於西北　命公往督邊儲事畢還
朝屬暑雨奔馳感熱毒抵京踰一月瘡發於腦卒是年五月二十九日也距其生永樂甲辰十一月十
一日春秋五十有七訃聞
上深痛悼賻賜楮幣三千
命禮部遣官諭祭工部遣官營葬事兵部給舟車以歸其喪擇於次年二月二十八日葬南山先塋配
呂氏初封安人再封宜人三封恭人子男三長讓郡庠生次詔國學生次誥皆敏而好學女五席銘
席撰崔鎮宋暘劉總其婿也孫男一孫女一曰承恩慶雲公平生誠一不偽節儉不奢謙順不矜求
隆於宗鄰禮睦於官僚而信孚於部屬故舊理財賦以養民爲本慎勤詳審區畫有道但見正數不
責羨餘遇災歉如數奏免天下陰受其賜故其卒也縉紳弔者哭盡哀初得疾時惟呂恭人携幼子
詔誥侍側心危之恒晝夜泣逮易簀家蓄無餘恭人悲苦甚大司空劉公克明同鄉故舊也乃經紀
其家爲之具棺殮治喪禮辦行裝皆義舉也人咸以爲公行善之報云劉公仍具狀來請墓銘吾記
公素善談命每言公以乙亥年授官丁亥年遷秩今己亥年復起福兮禍所倚予噫斯言也豈非行
義以聽命深可痛惜者哉銘曰
閻始姬姓　泰伯曾孫　因邑爲氏　世德苾芬　允明篤孝　公循要道　雖榮送終
恩華紫誥　仁慶愍忠　公龍高風　都憲列卿　重起舊庸　秉輿肅儀　而殞騏驥
命曰哀矜　邦本孰恤　明堂孰材　而折梗楠　民曰傷嗟　天澤孰宣　不于其身
必于其後　伐石鑴銘　太史申告　鳳鳴秦敬刊

説 明

明成化十七年（1481）二月刻。誌、蓋均長方形，尺寸相同。均長60厘米、寬52厘米。蓋文4行，滿行4字，篆書“大明嘉議」大夫户部」右侍郎閻」公墓誌銘」”。誌文楷書46行，滿行38字。黎淳撰文，趙昂書丹，殷謙篆蓋。彬縣出土，時間不詳。現存彬州市車家莊浄家堡。《咸陽碑刻》著録。

釋 文

大明嘉議大夫户部右侍郎閻公墓誌銘」

賜進士及第嘉議大夫吏部右侍郎前少詹事兼翰林侍讀經筵講官同修國史華容黎淳撰」

賜進士第通議大夫户部左侍郎涿人殷謙篆」

賜進士第奉政大夫通政使司右参議廣陽趙昂書」

天下有可必之理，亦有不可必之数。可必之理義，在人也；不可必之命，在天也。君子行義以聽命，但」能全人以循當然之理，而不能違天以脱偶然之数。至於齎志以没焉，是則可哀也已。吾觀今户部」右侍郎閻公，既貴而蚤退，已退而復起，甫起而即亡，雖有大材，莫究大用，寧不深痛惜哉！公諱本，字」宗元，姓閻氏，世家陝右之邠州。曾祖君卿，樂善好施，積慶裕後。祖德，沈重簡默，信義著稱。父紳，慷慨」有大志，不隨時低昂。公心濟人，直其是非，救其匱乏，澤被鄉里。母盧氏，婦道母儀，楷範閨門。泝坤而」上，凡三葉韜晦。以公貴。紳初封承德郎、户部山東司主事，再封奉政大夫、户部廣西司郎中，三封中」憲大夫、都察院右僉都御史。盧氏初封安人，再封宜人，三封恭人。紳生二子：長曰舉，次即公也。公天」資穎敏，讀書過目成誦，器量恢弘。負氣節，動以古人自期。性孝友，克敦倫理。紳常語人曰：“異日光大」吾門者，必此子也。”遣游郡庠，隆師親友，文藝大增。以《三禮》領正統甲子鄉薦，累辭乙榜，卒業胄監，歷」事天官，不就選舉。登景泰甲戌進士甲科。乙亥，授户部山東司主事。考稱，賜」敕進階承德郎。天順辛巳，陞户部廣西司郎中。考稱，賜」誥進階奉政大夫。公在地官，廉能茂著，政無遺滞，自大司徒而下，雅器重之。甲申，奉」璽書督儲薊州，建白均轉輸、明出納、省濫費、革姦弊，綽有能聲。成化丙戌」，朝廷有事於東北，大臣合議，舉公練達老成，陞都察院右僉都御史，奉」璽書巡撫永平、山海、密雲諸路，總督軍務。己丑，兼巡近畿，考察官属。公受」命惟謹，黜貪殘，擢廉正，舉措適宜，風紀振揚。於是並塞城垣闕者補之，沿邊砦堡廢者築之，属衛兵食」寡者益之，民情幽隱抑者伸之。威行而虜不犯，事集而民不勞。地靖邦寧，耄倪歡戴。庚寅，滿考課最」，重賜」誥進階中憲大夫。公恒念二親垂白在堂，久闕甘旨。每言」誥敕之封，貴親以榮其名，未若衣食之養，樂親而有其實。乃上疏乞終養」，詔從之。即日解組西歸，磬餘禄以事父母。爲歡五載，慈孝備全。已而父母相繼卒，公哀毁幾滅性，葬祭」一遵古禮，遠近化之。公既畢送終之大事，乃圖啓後之遠謀，勤課子姪，學文習禮。丁酉秋，兄子誼復」以《三禮》魁鄉榜，紹家學也。己亥，户部右侍郎闕，吏部薦公」，詔起而陞任之。庚子春」，朝廷有事於西北，命公往督邊儲。事畢還」朝。属暑雨奔馳，感熱毒，抵京踰一月，瘡發於腦，卒，是年五月二十九日也。距其生永樂甲辰十一月十」一日，春秋五十有七。訃聞」，上深痛悼，賻賜楮幣三千」，命禮部遣官諭祭，工部遣官營葬事，兵部給舟車以歸其喪。擇於次年二月二十八日，葬南山先塋。配」吕氏，初封安人，再封宜人，三封恭人。子男三：長讓，郡庠生；次詔，國學生；次誥。皆敏而好學。女五，席銘」、席僎、崔鎮、宋暘、劉璁，其婿也。孫男一，孫女一，曰承恩、慶雲。公平生誠一不僞，節儉不奢，謙順不矜，義」隆於宗黨，禮睦於官僚，而信孚於部属故舊。理財賦以養民爲本，慎勤詳審，區畫有道，但取正数，不」責羡餘。遇灾轍如数奏免，天下陰受其賜。故其卒也，縉紳吊者哭尽哀。初得疾時，惟吕恭人携幼子」詔、誥侍側，心危之，恒晝夜泣。逮易簀，家蓄無餘，恭人悲苦甚。大司空劉公克明，同鄉故舊也，乃經紀」其家，爲之具棺殮治喪，禮辨行裝，皆義舉也，人咸以爲公行善之報云。劉公仍具狀来請墓銘。吾記」公素善談命，每言公以乙亥年授官，丁亥年遷秩，今己亥年復起。福兮禍所倚乎？噫，斯言也，豈非行」義以聽命，深可痛惜者哉！銘曰」：

閻始姬姓，泰伯曾孫。因邑爲氏，世德苾芬。允明篤孝，公循要道。辭榮送終」，恩華紫誥。仁慶懋忠，公襲高風。都憲列卿，重起奮庸。乘輿肅儀，而殞駃騠」。帝曰哀矜，邦本孰恤。明堂取材，而折梗楠。民曰傷嗟，天澤孰覃。不于其身」，必于其後。伐石鏤銘，太史申告。

鳳鳴秦麟刊」

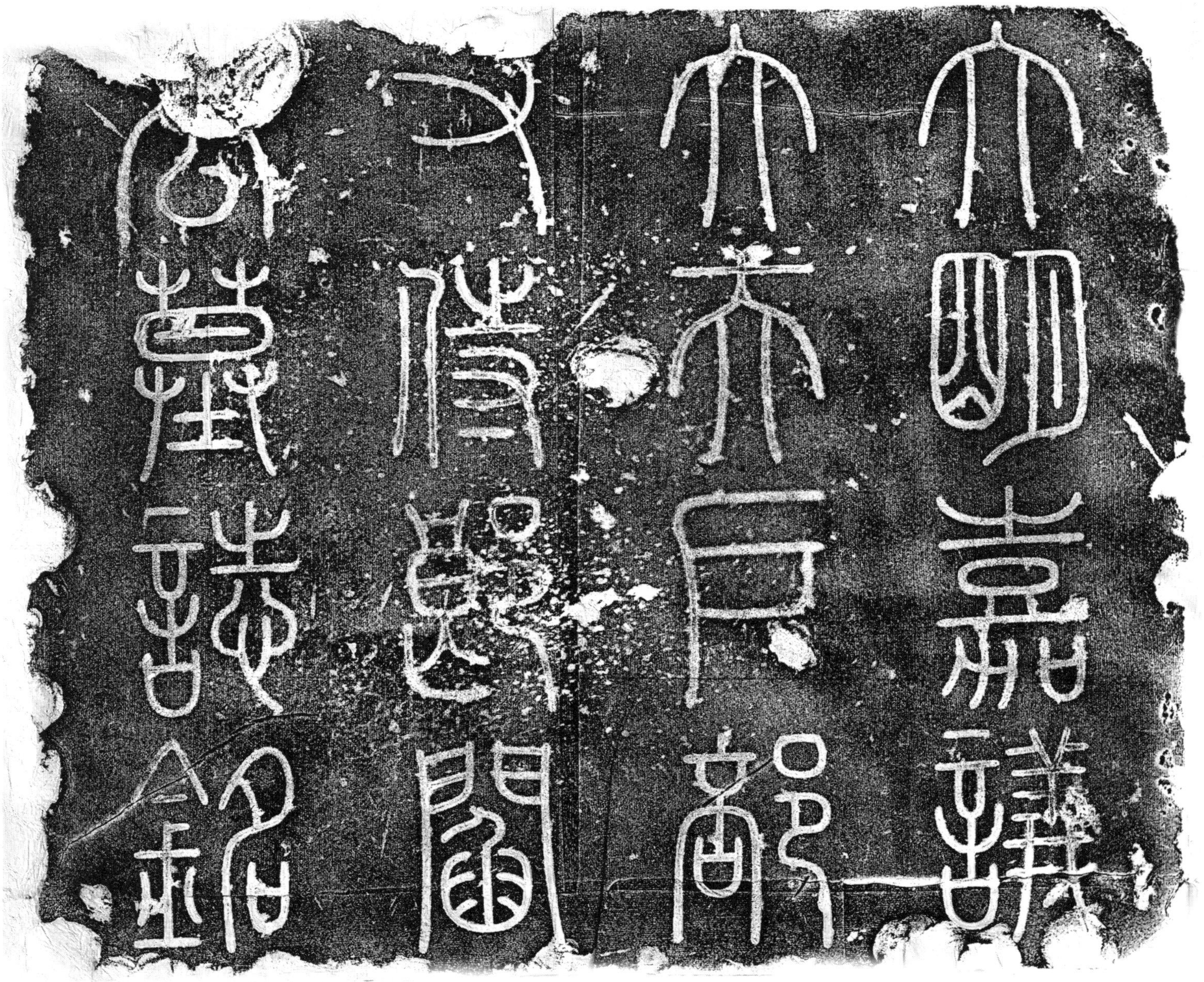
大明嘉議
大夫戶部
右侍郎閻
公墓誌銘

按

墓主閻本，生平事迹見《國朝列卿紀》卷三六《户部左右侍郎行實·閻本傳》。傳載：“後以修理太廣，小人藉是駕謗，稱疾致仕。”與墓誌記載不同。

撰者黎淳，字太樸，世稱樸庵先生，湖南華容人。天順元年（1457）狀元，曾任修撰、左庶子、南京禮部尚書，謚文僖。著有《龍峰集》。《國朝獻徵録》《明史》有傳。

篆蓋者殷謙，字文撝，號遜齋，河北涿州人。正統四年（1439）進士，曾任南京户部主事、右副都御史、户部侍郎、户部尚書。《國朝獻徵録》有傳。

書者趙昂，字伯顒，號竹溪，北京大興人。正統十年（1445）進士，曾任中書舍人、翰林院編修、通政司右參議。《國朝獻徵録》有傳。

556.1481　朱尚炌女渭源縣主墓誌

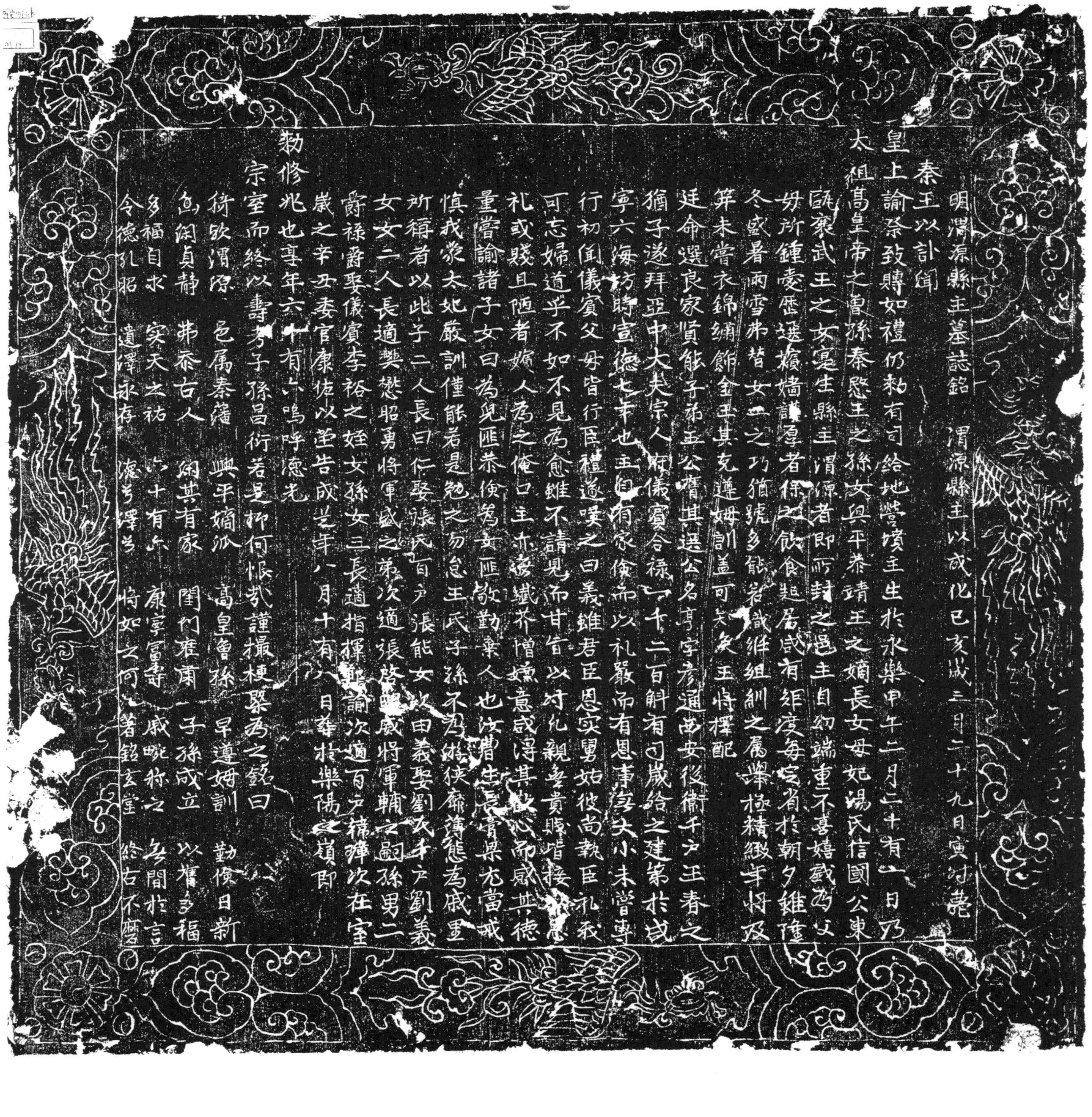
明渭源縣主墓誌銘　渭源縣主以成化己亥歲三月二十九日寅時薨
秦王以訃聞
皇上諭祭致賻如禮仍勑有司給地營墳主生於永樂甲午二月二十有一日乃
太祖高皇帝之曾孫秦愍王之孫女與平恭靖王之嫡長女母妃湯氏信國公東
甌襄武王之女寔生縣主渭源者即所封之邑主自幼端重不喜嬉戲爲父
母所鍾愛歷選嬪嬙謹厚者保之飲食起居咸有矩度每定省於朝夕雖隆
冬盛暑雨雪弗替女工之巧猶號多能若織絍組紃之屬纂極精緻年將及
笄未嘗衣錦繡飾金玉其克遵姆訓蓋可知矣王將擇配
廷命選良家賢能子弟王公齊其選公名亨字彥通西安後衛千户王春之
猶子遂拜亞中大夫宗人府儀賓合祿一千二百斛有司歲給之建第於咸
寧六海坊時宣德七年也主自有家儉而以礼嚴而有恩事無大小未嘗專
行初聞儀賓父母皆行臣禮遂嘆之曰義雖君臣恩實舅姑彼尚執臣礼我
可忘婦道乎不如不見爲愈雖不請見而甘旨以時化親無貴賤皆接
礼或賤且陋者嬪人爲之掩口主亦撫纖芥憎嫌意咸得其歡心而感其德
量嘗諭諸子女曰爲兒匪恭儉爲女匪敬勤棄人也汝曹其思之當誡
慎哉我太妃嚴訓僅能若是勉之勿怠王氏子孫不爲紈袴靡薄態爲戚里
所稱者以此子二人長曰仁娶張氏百户張能女次曰義娶劉氏千户劉義
女女二人長適樊懋昭勇將軍盛之弟次適張啓昭武將軍輔之嗣孫男二
爵祿爵娶儀賓李裕之姪女孫女三長適指揮鄭謙次適百户韓鐸次在室
歲之辛丑委官康佑以塋告成是年八月十有八日葬於樂陽之嶺即
勑修兆也享年六十有六嗚呼德光
宗室而終以壽考子孫昌衍若是抑何恨哉謹撮梗槩爲之銘曰
猗歟渭源　邑屬秦藩　興平嫡派　高皇曾孫　早遵姆訓　勤儉日新
爲閑貞靜　弗忝古人　厥其有家　閨門雍肅　子孫成立　以膺多福
多福自求　寔天之祐　六十有六　康寧富壽　戚畹稱之　無間於言
令德孔昭　遺澤永存　德兮澤兮　將如之何　著銘玄堂　終古不磨

説 明

明成化十七年（1481）八月刻。蓋佚。誌正方形。邊長56厘米。誌文行楷26行，滿行29字。誌四角飾寶相花，四周飾雲鳳紋。出土具體時、地不詳。現存西安博物院。《新中國出土墓誌（陝西叁）》著録。

釋 文

明渭源縣主墓誌銘

渭源縣主以成化己亥歲三月二十九日寅時薨」，秦王以訃聞」，皇上諭祭，致賻如禮，仍敕有司給地營墳。主生於永樂甲午二月二十有一日，乃」太祖高皇帝之曾孫，秦愍王之孫女，興平恭靖王之嫡長女。母妃湯氏，信國公東」甌襄武王之女，寔生縣主。渭源者，即所封之邑。主自幼端重，不喜嬉戲，爲父」母所鍾愛，歷選嬪嬙，謹厚者保之。飲食起居，咸有矩度。每定省於朝夕，雖隆」冬盛暑，雨雪弗替。女工之巧，猶號多能。若織紝組紃之属，舉極精緻。年將及」笄，未嘗衣錦繡、飾金玉。其克遵姆訓，盖可知矣。王將擇配」，廷命選良家賢能子弟，王公膺其選。公名亨，字彦通，西安後衛千户王春之」猶子，遂拜亞中大夫、宗人府儀賓，合禄一千二百斛，有司歲給之。建第於咸」寧六海坊，時宣德七年也。主自有家，儉而以礼，嚴而有恩，事無大小，未嘗專」行。初聞儀賓父母皆行臣禮，遂嘆之曰：義雖君臣，恩实舅姑，彼尚執臣礼，我」可忘婦道乎？不如不見爲愈。雖不請見，而甘旨以時。凡親無貴賤，皆接以恩」礼。或賤且陋者，嬪人爲之掩口，主亦無纖芥憎嫌意，咸得其歡心而感其德」量。嘗諭諸子女曰：爲兒匪恭儉，爲女匪敬勤，棄人也。汝曹生長膏粱，尤當戒」慎。我蒙太妃嚴訓，僅能若是，勉之勿怠。王氏子孫不爲游狹，靡薄態，爲戚里」所稱者以此。子二人，長曰仁，娶張氏，百户張能女。次曰義，娶劉氏，千户劉義」女。女二人，長適樊懋，昭勇將軍盛之弟。次適張啓，明威將軍輔之嗣。孫男二」，爵、禄。爵娶儀賓李裕之姪女。孫女三，長適指揮鄭諭，次適百户韓璋，次在室」。歲之辛丑，委官康佐以塋告成，是年八月十有八日，葬於樂陽之嶺，即」敕修兆也。享年六十有六。嗚呼！德光」宗室，而終以壽考，子孫昌衍若是，抑何恨哉！謹撮梗概，爲之銘曰」：

猗欤渭源，邑属秦藩。興平嫡派，高皇曾孫。早遵姆訓，勤儉日新」。幽閑貞静，弗忝古人。閑其有家，閨門雍肅。子孫成立，以膺多福」。多福自求，实天之祐。六十有六，康寧富壽。戚畹称之，無間於言」。令德孔昭，遺澤永存。德兮澤兮，將如之何？著銘玄堂，終古不磨」。

557.1483　朱㙩女澄城郡主壙誌

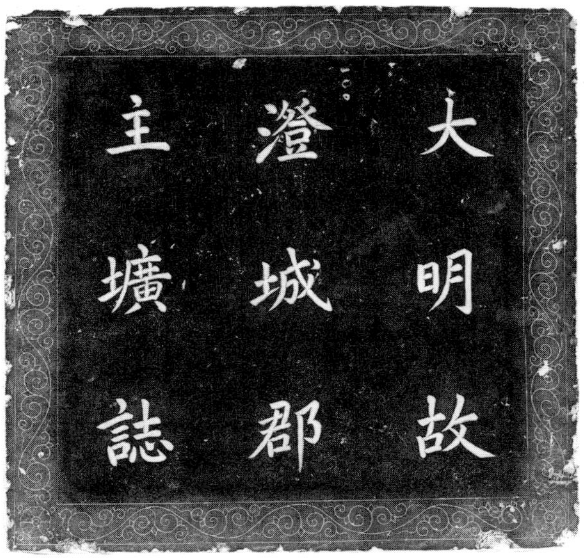
大明故澄城郡主壙誌

明故秦藩澄城郡主壙誌文
郡主
秦懿王之曾孫
秦隱王之孫
秦康王之第二女也正統八年二月二十三日奏蒙
聖恩朝廷頒
綸音冠服儀仗封爲澄城郡主仍修府第禄米以崇奉之
誥封中奉大夫
宗人府儀賓李恂以配之然
龍章鳳著煥翰炫耀家邦之榮卓冠一時生於宣德辛亥七月二十
有五日之寅時殁於成化癸卯三月初二日之子時壽秋五十有
三訃上
朝廷遵例加料全命有司修壙以營葬事特遣官
諭祭如儀戚畹之辜千古罕致將於本年十一月十一日遷
制同儀賓李恂合葬於鳳棲原之令塋子二人長曰林娶施氏次曰彬
娶趙氏孫男二人在幼孫女一人在室俱芳蘭丹桂之翹楚者也
矧
郡主派出
天潢支長
親藩幽閑貞靜仁慈柔順恒爲宗戚所崇重蓋亦有年然生食天禄
位登貴顯以答
太平之景運殁膺
恩典以象
國家之禮遇生榮死哀夫何憾焉誌勒貞珉閟之幽宮永垂不朽
秦府教授長安董汝礪撰文
成化十九年歲次癸卯冬十月吉日孤哀子林泣血立石
長安王鑑勒

説明

明成化十九年（1483）十月刻。誌、蓋均爲正方形，尺寸相同。邊長均65厘米。蓋文3行，滿行3字，楷書"大明故」澄城郡」主壙誌」"。誌文楷書27行，滿行25字。董汝礪撰文。誌、蓋四角飾寶相花，四周飾蔓草紋。20世紀90年代西安市長安縣出土。現存西安市長安博物館。《長安碑刻》《新中國出土墓誌（陝西叁）》著録。

釋文

明故秦藩澄城郡主壙誌文」

郡主」，秦愍王之曾孫」，秦隱王之孫」，秦康王之第二女也。正統八年二月二十三日奏蒙」聖恩，朝廷頒」綸音冠服儀仗，封爲澄城郡主，仍修府第禄米以崇奉之」。誥封中奉大夫、宗人府儀賓李恂以配之。然」龍章鳳著，焕翰炫耀，家邦之榮，卓冠一時。生於宣德辛亥七月二十」有五日之寅時，歿於成化癸卯三月初二日之子時，春秋五十有」三。訃上」，朝廷遵例加料金，命有司修墳以營葬事，特遣官」諭祭如儀。戚畹之幸，千古罕致。將於本年十月十一日，遵」制同儀賓李恂合葬於鳳棲原之今塋。子二人：長曰林，娶施氏；次曰彬」，娶趙氏。孫男二人，在幼。孫女一人，在室。俱芳蘭丹桂之翹楚者也」。矧」郡主派出」天潢，生長」親藩，幽閑貞静，仁慈柔順，恒爲宗戚所崇重，盖亦有年。然生食天禄」，位登貴顯，以際」太平之景運；歿膺」恩典，以蒙」國家之禮遇。生榮死哀，夫何憾焉！誌勒貞珉，閟之幽宫，永垂不朽」。

秦府教授長安董汝礪撰文」

成化十九年歲次癸卯冬十月吉日孤哀子林泣血立石」

長安王鑑勒」

按

誌主係秦康王朱㙩嫡長女。據《明實録》記載：正統七年（1442）十二月，"册秦康王㙩嫡長女爲延川郡主，配劉振；第二女爲澄城郡主，配李恂；第三女爲石泉郡主，配李裕。命振、恂、裕俱爲宗人府儀賓，賜誥命、冠服等物"。墓誌記載其册封時間作正統八年二月十三日，晚於《明實録》記載，此當爲朝廷官員到達西安實地册封日期。

558.1485　王勛暨配孟氏合葬墓誌

誥封戶部
員外郎王
先生贈宜
人孟氏合
葬墓志銘

誥封戶部員外郎王先生贈宜人孟氏合葬墓志銘
先生諱勛字汝績姓王氏其先山西苛嵐人祖以匠役入京師後隸籍順天大
興曾祖榮祖成父福順皆隱德弗耀先生奮然以儒術起家宣德乙卯領鄉薦
正統丙辰中乙榜授陝西商縣教諭迎父就養父沒貧不能歸葬遂家焉歷陞
代府伴讀廣寧衛萬全都司二學教授尋入為國子學正助教用次子玶公貴
封奉直大夫南京戶部貴州清吏司員外郎配孟氏先卒贈宜人先生天性孝愛
誠信寡嗜慾不妄言笑不喜音樂不苟合於人教人循循有法士多成立談性
理終日不倦暇則閉戶端坐哦詩自娛雖日食不給裕如也雅不草書下筆必
楷古人書無所不讀晚尤喜閱岐黃脩攝之方平生少疾龐眉廣顙儒貌脩髯
望之凜然可畏正統末北虜寇大同諸將皆被害惟都閫陳公留守虜圍急
城中驚潰先生時侍
藩邸馳白陳公宜斷吊橋數孔以火鎗破之陳公用先生計遂以却虜城賴以完
先生平生清風高節表冠當時宜人相助之力不淺宜人貞淑善御家樂周人
急宣德間有一婦人為夫繫獄鬻產得白金三十兩將輸於官以贖夫罪適過
門而遺之為宜人得宜人默不言頃間婦人泣而至宜人覈得其實慨然還之
婦人長跪願斷一半以謝宜人却不受人謂其有陰德宜食報於後年十六歸
先生孝敬慈順女婦承則生男三長璔太學生訓導磁州陞石樓教諭有先生
風次即玶公丙戌進士知金州歷陞南京戶部郎中知鳳翔府純然仁厚長者
次璒甲申進士亦拜南京戶部主事負才行未涖官而卒人咸惜之女二長適
國子生冀綬次適浙江按察副使閭公佐孫男五人舉鄉試曰鎬者石樓長子
也孫女十二人適進士南君鐘者鳳翔第三女也鳳翔迎養先生於官所實為
成化甲辰次年正月十六日以疾卒享年七十有八其生則永樂戊子四月一
日也宜人生於永樂丁亥十月十四日卒之時年六十正鳳翔登第年四月九
日也商之西山麓則先生宜人合葬之地鳳翔於吉為寅長且受知將以其年
四月廿二日行事屬以銘銘曰
高節清風　播於儒林　於乎先生　古人之心　婉矣宜人　內則是欽
若子若孫　如玉如金　龍章煒煒　千載猶今　商山洛水　孰高孰深
賜進士出身鳳翔府通判前刑部主事天台范吉書

説 明

明成化二十一年（1485）四月刻。誌、蓋均爲長方形。蓋長39厘米，寬38厘米；誌長40厘米，寬34厘米。蓋文5行，滿行4字，篆書“誥封户部｣員外郎王｣先生贈宜｣人孟氏合｣葬墓志銘｣”。誌文楷書28行，滿行30字。范吉撰文并書丹。出土具體時、地不詳。現存商洛博物館。

釋 文

誥封户部員外郎王先生贈宜人孟氏合葬墓志銘｣

先生諱勛，字汝績，姓王氏。其先山西苛嵐人，祖以匠役入京師，後隸籍順天大｣興。曾祖榮、祖成、父福順，皆隱德弗耀。先生奮然以儒術起家，宣德乙卯領鄉薦｣，正統丙辰中乙榜，授陝西商縣教諭，迎父就養。父没，貧不能歸葬，遂家焉。歷陞｣代府伴讀，廣寧衛、萬全都司二學教授，尋入爲國子學正、助教，用次子玶公貴｣，封奉直大夫、南京户部貴州清吏司員外郎。配孟氏，先卒，贈宜人。先生天性孝愛｣誠信，寡嗜慾，不妄言笑，不喜音樂，不苟合於人，教人循循有法，士多成立。談性｣理終日不倦，暇則閉户端坐，哦詩自娱。雖日食不給，裕如也。雅不草書，下筆必｣楷。古人書無所不讀，晚尤喜閱岐黄修攝之方。平生少疾。龐眉廣顙，偉貌修髯｣，望之凛然可畏。正統末，北虜寇大同，諸守將皆被害，惟都閫陳公留守。虜圍急｣，城中驚潰。先生時侍｣藩邸，馳白陳公宜斷吊橋数孔，以火鎗破之。陳公用先生計，遂以卻虜，城賴以完｣。先生平生清風高節，表冠當時，宜人相助之力不淺。宜人貞淑善御家，樂周人｣急。宣德間，有一婦人爲夫繫獄，鬻産得白金三十兩，將輸於官，以贖夫罪。適過｣門而遺之，爲宜人得。宜人默不言。頃間婦人泣而至，宜人覈得其實，慨然還之｣。婦人長跪，願断一半以謝，宜人卻不受。人謂其有陰德，宜食報於後。年十六歸｣先生，孝敬慈順，女婦取則。生男三：長璔，太學生，訓導磁州，陞石樓教諭，有先生｣風。次即玶公，丙戌進士，知金州，歷陞南京户部郎中，知鳳翔府。純然仁厚長者｣。次瑆，甲申進士，亦拜南京户部主事。負才行，未莅官而卒，人咸惜之。女二：長適｣國子生冀綬。次適浙江按察副使閆公佐。孫男五人，舉鄉試曰鎬者，石樓長子｣也。孫女十二人，適進士南君鏜者，鳳翔第三女也。鳳翔迎養先生於官所，實爲｣成化甲辰，次年正月十六日以疾卒，享年七十有八，其生則永樂戊子四月一｣日也。宜人生於永樂丁亥十月十四日，卒之時，年六十，正鳳翔登第年四月九日也。商之西山麓，則先生宜人合葬之地。鳳翔於吉爲寅長且受知，將以其年｣四月廿二日行事，屬以銘。銘曰｣：

高節清風，播於儒林。於乎先生，古人之心。婉矣宜人，内則是欽｣。若子若孫，如玉如金。龍章燁燁，千載猶今。商山洛水，孰高孰深｣。

賜進士出身鳳翔府通判前刑部主事天台范吉書｣

按

誌主王勛，順天府大興人。舉人，曾任商縣教諭，遂定居商縣。長子王璔爲舉人；次子王玶，字信之，成化二年（1466）進士，曾任鳳翔知府、南陽知府；三子王瑆，字器之，天順八年（1464）進士；孫女婿南鏜，字彦聲，成化二十年（1484）進士，曾任吏部主事、河南左布政使、南京太僕寺卿。上述諸人，乾隆《直隸商州志》載。

撰者范吉，浙江天台人。成化十一年（1475）進士，曾任刑部主事、鳳翔府通判、寧國府知府。

559.1485　重修忠武侯廟記

重修漢丞相諸葛忠武侯廟記

説明

明成化二十一年（1485）九月刻。碑圓首龜座。通高189厘米，寬103厘米。額文4行，滿行3字，篆書“重修漢」丞相諸」葛忠武」侯廟記」”。正文楷書29行，滿行45字。范冠撰文，任永脩書丹，劉舉篆額。碑額飾以祥雲紋，四周飾以纏枝花紋。現存勉縣武侯祠。《漢中碑石》著録。

釋文

重修漢丞相諸葛忠武侯廟記」

陝西漢中府儒學教授前鄉貢進士貴陽范冠撰文」

漢中府儒學訓導前鄉貢進士温江任永脩書丹」

漢中府南鄭縣儒學教諭成都劉舉篆額」

夫有天地，則有綱常。中國之所以異於夷狄，人類之所以別於萬物者，以此而已。若夫汨於利害之私，忘夫天理之正」，豈能輔君立國、行道治人哉？諸葛武侯方天下雲擾之秋，取威定霸者求賢如渴，趨時附勢者衒玉求售。惟侯是時高」卧南陽，不求聞達。先主以帝室之胄，三顧於草廬之中，幡然而起，許以驅馳，知先主之足以有爲也。於是左右昭烈父」子，立經陳紀，遠終是圖。御衆以嚴，人心讋服。明討賊之義，不以强弱利害□其心。其用兵正義明律，不以詭計。龍門子」曰：三代而下，有合於先王之道者，孔明一人而已。議者謂其應變將略，非其所長，仁義、詐力以取天下，是皆以權謀術」數待孔明。而孔明明白正大之心，初未嘗知之也。觀其《出師》二表，忠貫日星；八陣一圖，機奪造化。開誠心、布公道，集衆」思、廣忠益，可以爲萬世相天下之法，豈不知爲相之體哉。納主簿楊顒之諫生琬，謝之，死又哀之，豈不知其言之忠哉」。罰二十以上皆親覽，至爲敵國所窺，豈不知愛其身哉。其若是者，是皆未可以常情測淺近者也，蓋以所養者深，所發」者大。曾子曰：“士不可以不弘毅。”若孔明者，其弘毅與。當其屯田渭上，根本已固，必欲取中原、扶皇極、正人心、復綱常，使」華夏蠻貊罔不率俾挽回先王仁義之風，垂之萬世，與日月同其光明，侯之本心也。奈何將星告殞，素志莫伸。噫，天之」無意於侯，無意於漢也，可勝嘆哉。沔之定軍山，侯昔駐軍於此，有圖迹，後旅櫬歸葬斯地，英風如響，萬古如在，但缺其」祀耳。成化癸卯夏四月，都憲阮公勤以爲古者法施於民則祀之，以勞定國則祀之，能御大災、能捍大患則祀之。以侯」之在漢，竭忠事君，志在興復。誦夫漢賊不兩立，王業不偏安，鞠躬盡瘁，死而後已之言，其正綱常、復舊物，忠肝義膽，對」越神明，凜凜乎三代之佐也，祀典容可缺乎？於是具請于」朝。我」皇上於先賢往哲無不□崇，以勵風俗，遂允所請。命下所司，每歲仲春致祭，以表忠節，誠盛世之優典也。然而祀禮既舉，宅」神之所未備，何以陳犧牲、設禮容。于時大參謝公綬、憲副劉公瓚巡歷拜謁，見其廟貌傾頹，規模窄隘，畫然傷心，不勞」民而措置磚瓦木植，隨命漢中府同知晏廷宣督令有司，鳩工修飾。不日殿宇、門廡、神像倏然而成，庶使神有所依，祀」有所在。而崇德報功，垂諸不朽焉。使不勒諸石，後人何以知興祀之由，因銘之曰」：

昔在隴畝，時稱卧龍。三顧而起，魚水相逢。興復爲事，蓋世英雄」。用□□已，同升諸公。義利大分，皎然心胸。出處無愧，伊周道同」。南征北伐，夙著神功。將星一殞，漢祚永終。定軍之麓，靈宅其中」。堂堂遺像，藹藹高風。陰翊王國，世泰時雍。以享以祀，今古無窮」。

成化貳拾壹年歲次乙巳九月九日丁巳」

欽差撫治漢中兼分巡關南道陝西等處提刑按察司副使益都劉瓚立石

周國儀勒石」

按

今勉縣武侯祠始建於公元263年，由蜀漢後主劉禪下詔立祠，是國内年代最早的武侯祠，素享有“天下第一祠”的稱號。祠内現存唐貞元十一年（795）《諸葛武侯新廟碑》是關於武侯祠修建的最早碑刻之一。该碑是明代重修武侯祠的重要實物和文獻佐證。

撰者范冠，貴州人。成化四年（1468）舉人，曾任漢中府學教授、南京國子監五經博士。嘉靖《貴州通志》、嘉靖《漢中府志》有載。

書者任永脩，四川温江人。成化十三年（1477）舉人。萬曆《四川總志》有載。

大明宗室
故長子輔
國將軍誠
溂壙誌銘

560.1486　朱誠溂壙誌

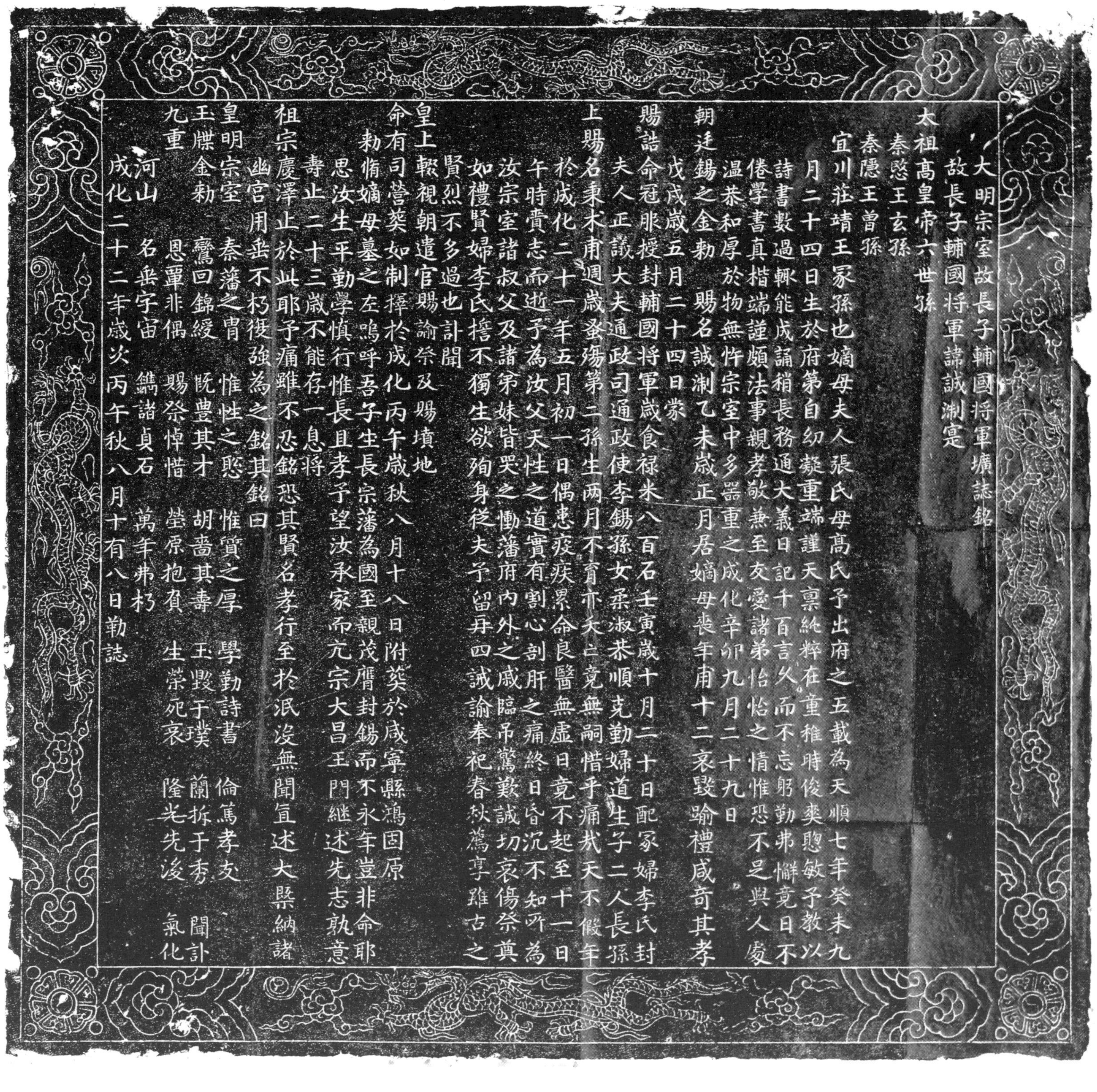

大明宗室故長子輔國将軍壙誌銘
故長子輔國将軍諱誠溂寔
太祖高皇帝六世孫
秦愍王玄孫
秦隱王曾孫
宜川莊靖王冡孫也嫡母夫人張氏母高氏予出府之五載為天順七年癸未九
月二十四日生於府第自幼凝重端謹天禀純粹在童稚時俊爽聰敏予教以
詩書數過輙能成誦稍長務通大義日記千百言久而不忘躬勤弗懈竟日不
倦學書真楷端謹頗法事親孝敬兼至友愛諸弟怡怡之情惟恐不足與人處
温恭和厚於物無忤宗室中多器重之成化辛卯九月二十九日
朝廷錫之金勅　賜名誠溂乙未歲正月居嫡母喪年甫十二哀毁踰禮咸奇其孝
戊戌歲五月二十四日蒙
賜誥命冠服授封輔國将軍歲食禄米八百石壬寅歲十月二十日配冡婦李氏封
夫人正議大夫通政司通政使李錫孫女柔淑恭順克勤婦道生子二人長孫
上賜名秉朮甫週歲蚤殤第二孫生兩月不育亦夭亡竟無嗣惜乎痛哉天不假年
於成化二十一年五月初一日偶患痰疾累命良醫無虛日竟不起至十一日
午時賫志而逝予為汝父天性之道實有剸心剖肝之痛終日昏沉不知所為
汝宗室諸叔父及諸弟妹皆哭之慟藩府内外之戚臨吊驚歎誠切哀傷祭奠
如禮賢婦李氏揞不獨生欲殉身從夫予留再四誠諭奉祀春秋薦享雖古之
賢烈不多過也訃聞
皇上輟視朝遣官賜諭祭及賜墳地
命有司營葬如制擇於成化丙午歲秋八月十八日附葬於咸寧縣鴻固原
勅脩嫡母墓之左嗚呼吾子生長宗藩為國至親茂膺封錫而不永年豈非命耶
思汝生平勤學慎行惟長且孝予望汝承家而亢宗大昌王門繼述先志孰意
壽止二十三歲不能存一息将
祖宗慶澤止於此耶予痛雖不恐銘恐其賢名孝行至於泯沒無聞宜述大槩納諸
幽宫用垂不朽復強為之銘其銘曰
皇明宗室　秦藩之胄　惟性之聦　惟質之厚　學勤詩書　倫篤孝友
王牒金勅　鸞回錦綬　既豐其才　胡嗇其壽　玉毁于璞　蘭拆于秀　聞訃
九重　恩覃非偶　賜祭悼惜　塋原抱負　生榮死哀　隆光先後　氣化
河山　名垂宇宙　鐫諸貞石　萬年弗朽
成化二十二年歲次丙午秋八月十有八日勒誌

説明

明成化二十二年（1486）八月刻。蓋盝形，誌長方形。誌、蓋均爲正方形，尺寸相同。邊長均60厘米。蓋文4行，滿行4字，篆書“大明宗室」故長子輔」國將軍誠」漃壙誌銘」”。誌文楷書32行，滿行30字。朱公鈔撰文。蓋四殺及誌四周均飾龍雲紋、四角飾寶相紋。出土具體時、地不詳。現存西安博物院。《新中國出土墓誌（陝西叁）》著録。

釋文

大明宗室故長子輔國將軍壙誌銘」

故長子輔國將軍諱誠漃，寔」太祖高皇帝六世孫」，秦愍王玄孫」，秦隱王曾孫」，宜川莊靖王冢孫也。嫡母夫人張氏，母高氏。予出府之五載，爲天順七年癸未九」月二十四日，生於府第。自幼凝重端謹，天禀純粹。在童稚時，俊爽聰敏，予教以」詩書，數過輒能成誦。稍長，務通大義，日記千百言，久而不忘。躬勤弗懈，竟日不」倦。學書真楷，端謹頗法。事親孝敬，兼至友愛諸弟，怡怡之情，惟恐不足。與人處」，温恭和厚，於物無忤，宗室中多器重之。成化辛卯九月二十九日」，朝廷錫之金敕，賜名誠漃。乙未歲正月，居嫡母喪，年甫十二，哀毁踰禮，咸奇其孝」。戊戌歲五月二十四日，蒙」賜誥命冠服，授封輔國將軍，歲食禄米八百石。壬寅歲十月二十日，配冢婦李氏，封」夫人，正議大夫通政司通政使李錫孫女。柔淑恭順，克勤婦道。生子二人：長孫」上賜名秉朮，甫周歲早殤。第二孫生兩月不育，亦夭亡，竟無嗣。惜乎痛哉！天不假年」，於成化二十一年五月初一日，偶患疫疾，累命良醫，無虚日竟不起。至十一日」午時，齎志而逝。予爲汝父，天性之道，實有割心剖肝之痛，終日昏沉，不知所爲」。汝宗室諸叔父及諸弟妹，皆哭之慟。藩府内外之戚，臨吊驚嘆。誠切哀傷，祭奠」如禮。賢婦李氏，誓不獨生，欲殉身從夫。予留再四，誠諭奉祀春秋薦享，雖古之」賢烈，不多過也。訃聞」，皇上輟視朝，遣官賜諭祭，及賜墳地」，命有司營葬如制。擇於成化丙午歲秋八月十八日，附葬於咸寧縣鴻固原」，敕修嫡母墓之左。嗚呼！吾子生長宗藩，爲國至親。茂膺封錫，而不永年，豈非命耶」！思汝生平勤學慎行，惟長且孝。予望汝承家而亢宗，大昌王門，繼述先志。孰意」壽止二十三歲，不能存一息，將」祖宗慶澤止於此耶！予痛雖不忍銘，恐其賢名孝行至於泯没無聞，直述大概，納諸」幽宫，用垂不朽。復强爲之銘，其銘曰」：

皇明宗室，秦藩之胄。惟性之聰，惟質之厚。學勤詩書，倫篤孝友」。玉牒金敕，鸞回錦綬。既豐其才，胡嗇其壽。玉毁于璞，蘭折于秀。聞訃」九重，恩覃非偶。賜祭悼惜，塋原抱負。生榮死哀，隆光先後。氣化」河山，名垂宇宙。鐫諸貞石，萬年弗朽」。

成化二十二年歲次丙午秋八月十有八日勒誌」

按

誌主朱誠漃，秦愍王朱樉之五世孫，宜川莊靖王之孫，鎮國將軍朱公鈔之子。此誌即爲其父所撰。另，此誌出土地點不詳，據誌文“附葬於咸寧縣鴻固原”，當出土於今西安市長安區航天城附近。其父朱公鈔壙誌見本書574.1518條。

561.1491　傅瑛墓誌

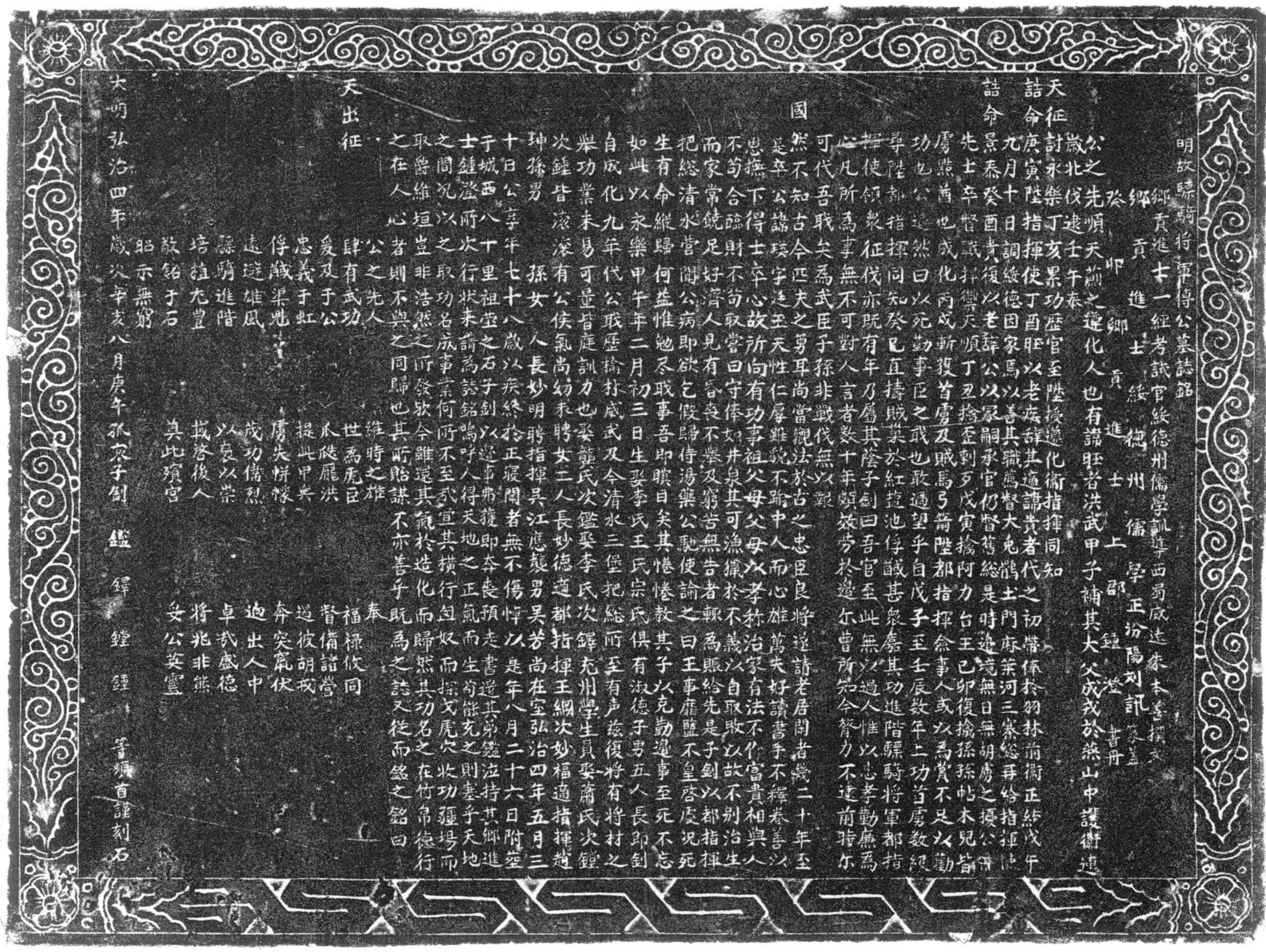

説 明

明弘治四年（1491）八月刻。誌、蓋均爲青石質。尺寸相同，均長64厘米、寬50厘米。蓋文3行，滿行3字，篆書“故驃騎」將軍傅」公之墓」”。誌文楷書46行，滿行32字。朱本善撰文，鍾澄書丹，劉訊篆蓋。誌、蓋四角飾寶相花，四周飾幾何形及雲頭捲草紋。1958年子洲縣三眼泉鄉巡檢司村出土。現存子洲縣文物管理所。《榆林碑石》著録。

釋 文

明故驃騎將軍傅公墓誌銘」

鄉貢進士一經考試官綏德州儒學訓導西蜀威遠朱本善撰文」

鄉貢進士綏德州儒學正汾陽刘訊篆蓋」

癸卯鄉貢進士上郡鍾澄書丹」

公之先，順天薊之遵化人也。有諱旺者，洪武甲子，補其大父成戎於燕山中護衛，連」歲北伐。逮壬午，奉天征討。永樂丁亥，累功歷官至陞授遵化衛指揮同知」誥命。庚寅，陞指揮使。丁酉，旺以老疾辭，其適諱貴者代之。初，帶俸於羽林前衛。正統戊午」九月十日調綏德，因家焉。以善其職，薦督大兔鶻、土門、麻葉河三寨總，再給指揮使」誥命。景泰癸酉，貴復以老辭。公以冢嗣承官，仍督舊總。是時，邊境無日無胡虜之擾。公身」先士卒，督戰捍禦。天順丁丑擒歪剌歹，戊寅擒阿力台王，己卯復擒孫孫帖木兒，皆」虜黠酋也。成化丙戌，斬獲首虜及賊馬弓箭，陞都指揮僉事。人或以爲賞不足以勸」功也，公退然曰：以死勤事，臣之職也，敢過望乎？自戊子至壬辰，数年上功首虜数級」，尋陞都指揮同知。癸巳，直擣賊巢於紅鹽池，俘馘甚衆。嘉其功，進階驃騎將軍、都指」揮使。領衆征伐亦既有年，乃屬其蔭子釗曰：吾官至此，無以過人，惟以忠孝勤廉爲」心。凡所爲事，無不可對人言者。数十年頗效劳於邊，尔曹所知。今膂力不逮前時，尔」可代吾職矣。爲武臣子孫，非戰伐無以報」國。然不知古今匹夫之勇耳，尚當觀法於古之忠臣良將。遂請老居閑者幾二十年，至」是卒。公諱瑛，字廷玉。天性仁厚，雖貌不踰中人，而心雄萬夫。好讀書，手不釋卷。善以」恩撫下，得士卒心，故所向有功。事祖父母、父母以孝称，治家有法，不作富貴相。與人」不苟合，臨財不苟取。嘗曰：守俸如井泉，其可漁獵於不義以自取敗？以故不别治生」，而家常饒足。好濟人，見有昏喪不舉及窮苦無告者，輒爲賑給。先是，子釗以都指揮」把總清水營。聞公病，即欲乞假歸侍湯藥。公馳使諭之曰：王事靡鹽，不皇啓處。况死」生有命，縱歸何益？惟勉尽職事，吾即瞑目矣。其惓惓教其子以克勤邊事，至死不忘」如此。以永樂甲午年二月初三日生，娶李氏、王氏、宗氏，俱有淑德。子男五人：長即釗」，自成化九年代公職，歷榆林、威武及今清水三堡把總，所至有声。玆復將有將材之」舉，功業未易可量，皆庭訓力也。娶龔氏。次鑑，娶李氏。次鐸，充州學生員，娶蕭氏。次鏜」、次鍾，皆滚滚有公侯氣，尚幼，未聘。女二人：長妙德，適都指揮王綱。次妙福，適指揮趙」坤。孫男　　，孫女人　。長妙明，聘指揮吴江應襲男吴芳，尚在室。弘治四年五月三」十日，公享年七十八歲，以疾終於正寢，聞者無不傷悼。以是年八月二十六日，附葬」于城西八十里祖茔之右。子釗以邊事弗獲即奔喪，預走書遣其弟鑑，泣持其鄉進」士鍾澄所次行狀来請爲誌銘。嗚呼！人得天地之正氣而生，苟能充之，則塞乎天地」之間。况以之取功名、成事業，何所不至哉！宜其横行匈奴而探戈虎穴，收功疆埸而」取爵維垣，豈非浩然之所發欤？今雖還其氣於造化而歸，然其功名之在竹帛、德行」之在人心者，則不與之同歸也。其所貽謀，不亦善乎！既爲之誌，又從而銘之。銘曰」：

公之先人，維時之雄。奉」天出征，肆有武功。世爲虎臣，福禄攸同」。爰及于公，瓜瓞龐洪。督備諸營」，忠義于虹。提此

故驃騎將軍傅公之墓

甲兵，遏彼胡戎」。俘馘渠魁，虜失帡幪。奔突竄伏」，遠避雄風。茂功偉烈，迥出人中」。驃騎進階，以褒以崇。卓哉盛德」，培植尤豐。載啓後人，將兆非熊」。敬銘于石，奠此殯宫。妥公英靈」，昭示無窮」。

大明弘治四年歲次辛亥八月庚午

孤哀子釗、鑑、鐸、鎧、鍾等頓首謹刻石」

按

墓主傅瑛，陕西綏德人。《明史》無傳。誌所載其家族譜系、生平事迹及任職情况等，均可補史載之闕，且對於研究明代邊防具有一定的價值。

撰者朱本善，四川威寧人。曾任綏德州儒學訓導。乾隆《綏德州直隸州志》有載。

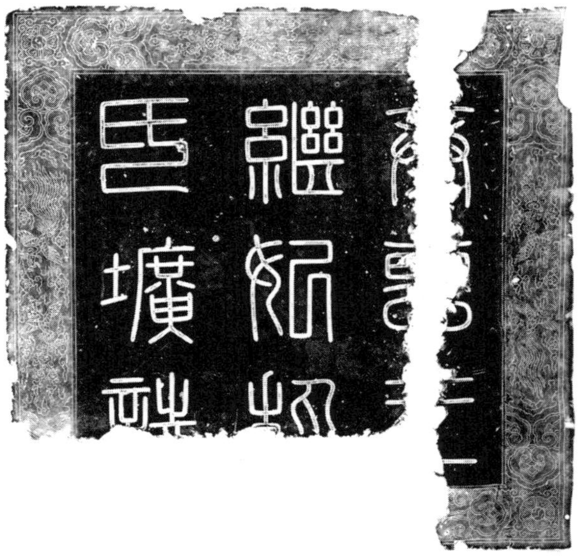

562.1493　朱公錫繼妃嵇蘭壙誌

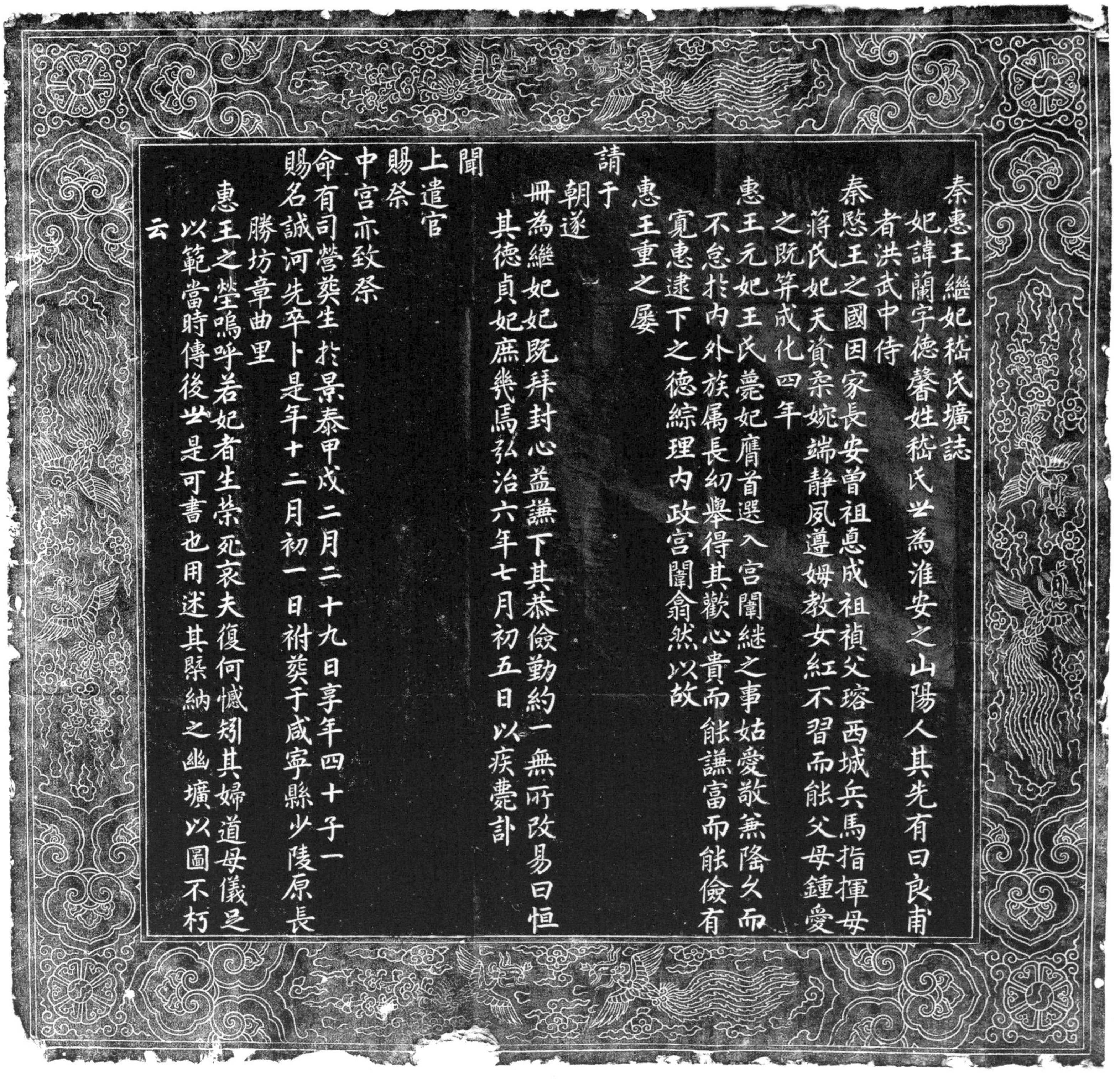

秦惠王繼妃嵇氏壙誌
妃諱蘭字德馨姓嵇氏世為淮安之山陽人其先有曰良甫
者洪武中侍
秦愍王之國因家長安曾祖息成祖禎父瑢西城兵馬指揮母
蔣氏妃天資柔婉端靜夙遵姆教女紅不習而能父母鍾愛
之既笄成化四年
惠王元妃王氏薨妃膺首選入宮闈繼之事姑愛敬無隆久而
不怠於内外族屬長幼舉得其歡心貴而能謙富而能儉有
寬惠逮下之德綜理内政宮闈翕然以故
惠王重之屢
請于
朝遂
冊為繼妃妃既拜封心益謙下其恭儉勤約一無所改易曰恒
其德貞妃庶幾焉弘治六年七月初五日以疾薨訃
聞
上遣官
賜祭
中宮亦致祭
命有司營葬生於景泰甲戌二月二十九日享年四十子一
賜名誠河先卒卜是年十二月初一日祔葬于咸寧縣少陵原長
勝坊章曲里
惠王之塋嗚呼若妃者生榮死哀夫復何憾矧其婦道母儀足
以範當時傳後世是可書也用述其槩納之幽壙以圖不朽
云

説明

明弘治六年（1493）十二月刻。誌、蓋均爲正方形，尺寸相同。邊長均78厘米。蓋文3行，滿行3字，篆書“秦惠王」繼妃嵇」氏壙誌」”。誌文楷書24行，滿行23字。誌、蓋四角飾寶相花，四周飾雙鳳流雲紋、雲頭紋。蓋左下部殘損。20世紀中葉長安縣龐留井村秦惠王墓出土。現存西安市長安博物館。《長安碑刻》著録。

釋文

秦惠王繼妃嵇氏壙誌」

妃諱蘭，字德馨，姓嵇氏，世爲淮安之山陽人。其先有曰良甫」者，洪武中侍」秦愍王之國，因家長安。曾祖德成，祖禎，父瑢，西城兵馬指揮，母」蔣氏。妃天資柔婉端静，夙遵姆教，女紅不習而能，父母鍾愛」之。既笄，成化四年」，惠王元妃王氏薨，妃膺首選入宫闈繼之。事姑愛敬兼隆，久而」不怠。於内外族属長幼，舉得其歡心。貴而能謙，富而能儉，有」寬惠逮下之德。綜理内政，宫闈翕然。以故」惠王重之，屡」請于」朝，遂」册爲繼妃。妃既拜封，心益謙下，其恭儉勤約，一無所改。《易》曰“恒」其德，貞”，妃庶幾焉。弘治六年七月初五日以疾薨。訃」聞」，上遣官」賜祭」，中宫亦致祭」，命有司營葬。生於景泰甲戌二月二十九日，享年四十。子一」，賜名誠河，先卒。卜是年十二月初一日，祔葬于咸寧縣少陵原長」勝坊章曲里」惠王之塋。嗚呼！若妃者，生榮死哀，夫復何憾。矧其婦道母儀，足」以範當時，傳後世，是可書也。用述其概，納之幽壙，以圖不朽」云」。

按

秦惠王，名公錫，康王嫡子。正統十一年（1446）封秦世子，天順二年（1458）襲封秦王。著有《益齋集》。成化二十二年（1486）逝世。《雍大記》《明史》有傳。《明憲宗實録》卷一五零載成化十二年二月“甲申，賜秦惠王第二子名曰誠河”。

563.1495　弘治八年陝西鄉試警示碑

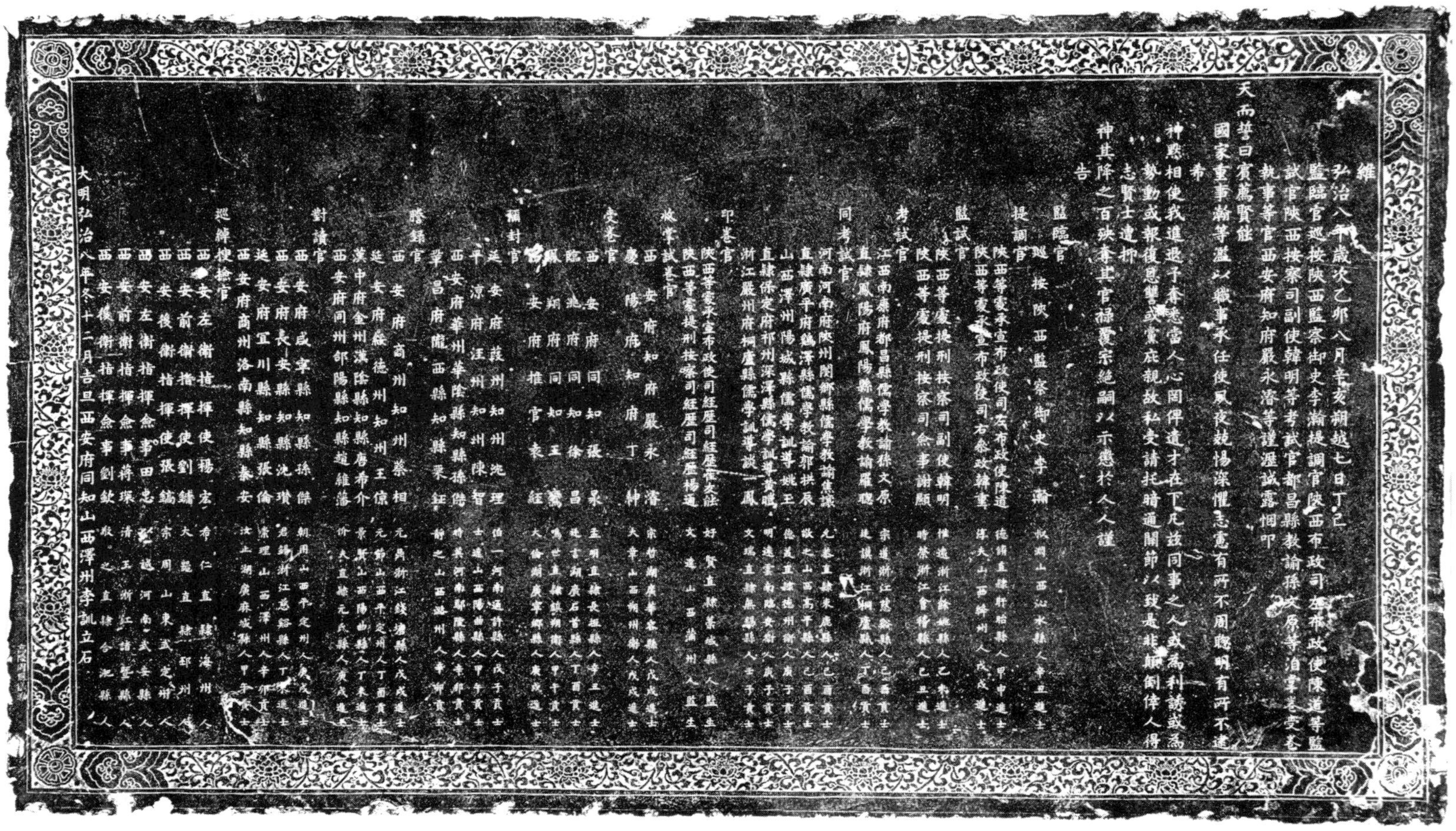
維
弘治八年歲次乙卯八月辛亥朔越七日丁巳
監臨官巡按陝西監察御史李瀚提調官陝西布政司左布政使陳道等監
試官陝西按察司副使韓明等考試官都昌縣教諭孫文原等洎掌卷受卷
執事等官西安府知府嚴永濬等謹瀝誠露悃叩
天而誓曰賓薦賢能
國家重事瀚等盡以職事承任使夙夜兢惕深懼悉意有所不周聰明有所不逮
希
神默相使我道遐予奪悉當人心罔俾遺才在下凡茲同事之人或為利誘或為
勢動或報復恩讐或黨庇親故私受請托暗通關節以致是非顛倒俾人得
志賢士遭抑
神其降之百殃奪其官祿覆宗絕嗣以示懲於人人謹
告
大明弘治八年冬十二月吉旦西安府同知山西澤州李凱立石

説 明

明弘治八年（1495）十二月刻。碑長方形。長126厘米，寬73厘米。正文楷書64行，滿行29字。四周飾纏枝花紋，四角飾寶相花。現存西安博物院。

釋 文

維」弘治八年歲次乙卯八月辛亥朔越七日丁巳」，監臨官巡按陝西監察御史李瀚、提調官陝西布政司左布政使陳道等，監」試官陝西按察司副使韓明等，考試官都昌縣教諭孫文原等，洎掌卷、受卷」執事等官西安府知府嚴永濬等，謹瀝誠露悃，叩」天而誓曰：賓薦賢能」，國家重事。瀚等濫以職事承任使，夙夜兢惕，深懼志慮有所不周，聰明有所不逮」，希」神默相，使我進退予奪悉當人心，罔俾遺才在下。凡兹同事之人，或爲利誘，或爲」勢動，或報復恩讐，或黨庇親故，私受請托，暗通關節，以致是非顛倒，倖人得」志，賢士遭抑」。神其降之百殃，奪其官禄，覆宗絶嗣，以示懲於人人。謹」告」。

監臨官」：

巡按陝西監察御史李瀚，叔淵，山西沁水縣人，辛丑進士」。

提調官」：

陝西等處承宣布政使司左布政使陳道，德脩，直隸盱眙縣人，甲申進士」。

陝西等處承宣布政使司右參政韓重，淳夫，山西絳州人，戊戌進士」。

監試官」：

陝西等處提刑按察司副使韓明，惟遠，浙江餘姚縣人，乙未進士」。

陝西等處提刑按察司僉事謝顯，時榮，浙江會稽縣人，己丑進士」。

考試官」：

江西南康府都昌縣儒學教諭孫文原，宗道，浙江慈谿縣人，己酉貢士」。

直隸鳳陽府鳳陽縣儒學教諭羅聰，廷謨，浙江桐廬縣人，丁酉貢士」。

同考試官」：

河南河南府陝州閿鄉縣儒學教諭焦讓，允恭，直隸束鹿縣人，己酉貢士」。

直隸廣平府雞澤縣儒學教諭郭拱辰，敬之，山西高平縣人，己酉貢士」。

山西澤州陽城縣儒學訓導姚玉，德美，直隸德州衛人，庚子貢士」。

直隸保定府祁州深澤縣儒學訓導黄暟，明遠，雲南臨安衛人，庚子貢士」。

浙江嚴州府桐廬縣儒學訓導談一鳳，文瑞，直隸無錫縣人，壬子貢士」。

印卷官」：

陝西等處承宣布政使司經歷司經歷崔友能，好賢，直隸藁城縣人，監生」。

陝西等處提刑按察司經歷司經歷楊通，文達，山西蒲州人，監生」。

收掌試卷官」：

西安府知府嚴永濬，宗哲，湖廣華容縣人，戊戌進士」。

慶陽府知府丁紳，大章，山西朔州衛人，戊戌進士」。

受卷官」：

西安府同知張景，孟明，直隸長垣縣人，辛丑進士」。

臨洮府同知徐昌，廷言，湖廣石首縣人，丁酉貢士」。

鳳翔府同知王鸞，鳴世，直隸鎮朔衛人，甲午貢士」。

西安府推官袁經，大倫，湖廣寧鄉縣人，庚戌進士」。

彌封官」：

延安府葭州知州沈理，伯一，河南通許縣人，戊子貢士」。

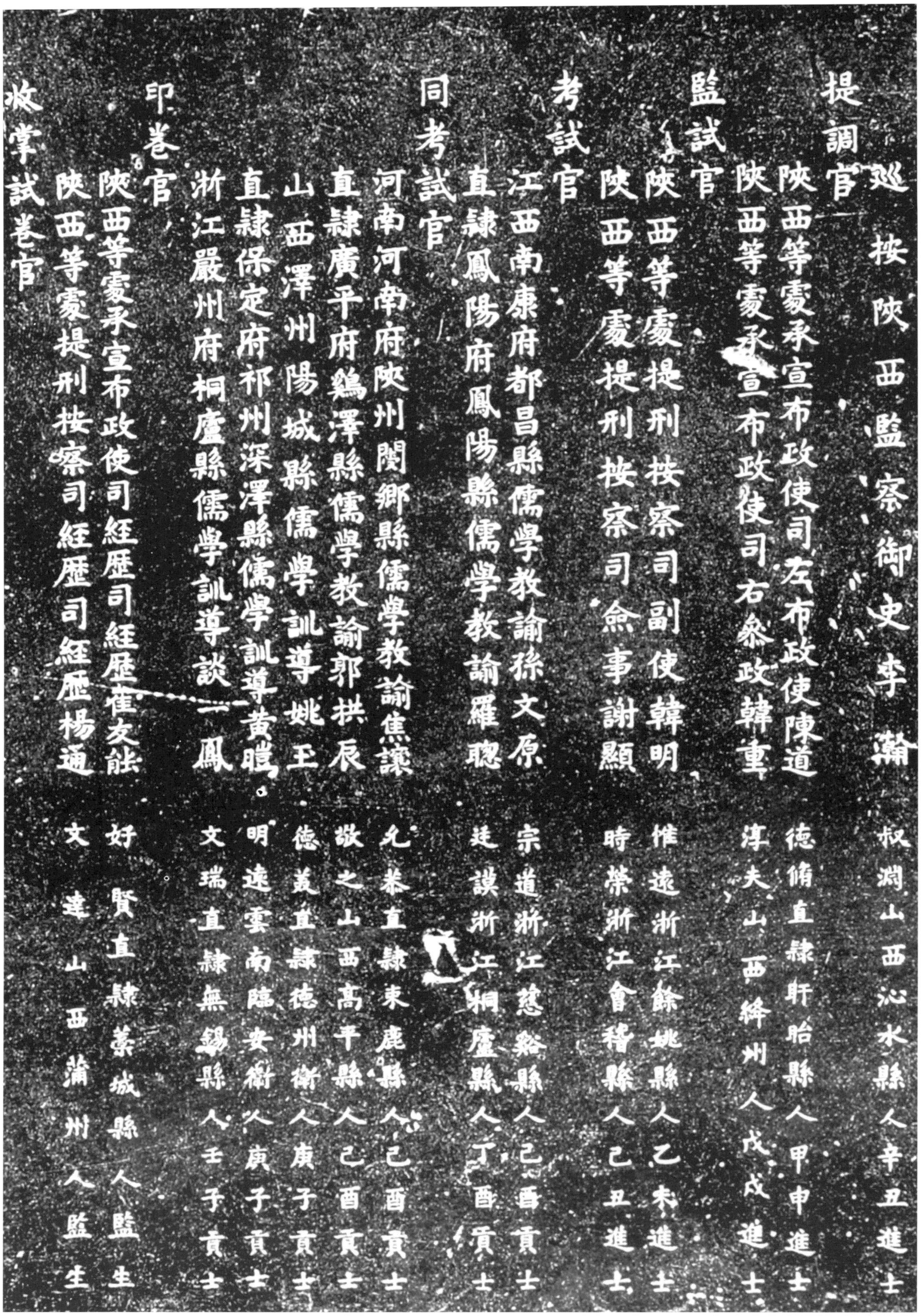

巡按陝西監察御史李瀚　叔淵山西沁水縣人辛丑進士

提調官

陝西等處承宣布政使司左布政使陳道　德脩直隸盱眙縣人甲申進士

陝西等處承宣布政使司右參政韓重　淳夫山西絳州人戊戌進士

監試官

陝西等處提刑按察司副使韓明　惟遠浙江餘姚縣人乙未進士

陝西等處提刑按察司僉事謝顯　時榮浙江會稽縣人己丑進士

考試官

江西南康府都昌縣儒學教諭孫文原　宗道浙江慈谿縣人己酉貢士

直隸鳳陽府鳳陽縣儒學教諭羅聰　廷謨浙江桐廬縣人丁酉貢士

同考試官

河南河南府陝州閿鄉縣儒學教諭焦讓　允恭直隸束鹿縣人己酉貢士

直隸廣平府鷄澤縣儒學教諭郭拱辰　敬之山西高平縣人己酉貢士

山西澤州陽城縣儒學訓導姚王　德美直隸德州衛人庚子貢士

直隸保定府祁州深澤縣儒學訓導黄贍　明遠雲南臨安衛人庚子貢士

浙江嚴州府桐廬縣儒學訓導談一鳳　文瑞直隸無錫縣人壬子貢士

印卷官

陝西等處承宣布政使司經歷司經歷崔友能　好賢直隸藁城縣人監生

陝西等處提刑按察司經歷司經歷楊通　文達山西蒲州人監生

收掌試卷官

局部

平凉府涇州知州陳智，士達，山西陽曲縣人，甲午貢士」。

西安府華州華陰縣知縣孫傑，時英，河南鄢陵縣人，辛卯貢士」。

鞏昌府隴西縣知縣栗鉦，静之，山西潞州人，辛卯貢士」。

謄録官」：

西安府商州知州蔡相，元鼎，浙江錢塘縣人，戊戌進士」。

延安府綏德州知州王倧，元節，山西平定州人，丁酉貢士」。

漢中府金州漢陰縣知縣唐希介，景賢，山西陽曲縣人，丁未進士」。

西安府同州郃陽縣知縣趙維藩，价夫，直隸元氏縣人，庚戌進士」。

對讀官」：

西安府咸寧縣知縣孫傑，朝用，山西平定州人，庚戌進士」。

西安府長安縣知縣沈瓚，君錫，浙江慈谿縣人，丁未進士」。

延安府宜川縣知縣張倫，崇理，山西澤州人，辛卯貢士」。

西安府商州洛南縣知縣秦安，汝止，湖廣麻城縣人，甲午貢士」。

巡綽搜檢官」：

西安左衛指揮使楊宏，希仁，直隸海州人」。

西安前衛指揮使劉鏞，大器，直隸邳州人」。

西安後衛指揮使張鎬，宗周，山東武定州人」。

西安左衛指揮僉事田忠，以誠，河南武安縣人」。

西安前衛指揮僉事蔣琛，清玉，浙江諸暨縣人」。

西安後衛指揮僉事劉欽，敬之，直隸合淝縣人」。

大明弘治八年冬十二月吉旦

西安府同知山西澤州李訓立石」

按

爲杜絶科舉舞弊現象，朝廷特制定非常嚴格之科考程序。此碑即其實物遺産，對於研究科舉制度、明代科舉科考程序，都具有非常重要的史料價值，更對今天考試防弊具有一定的借鑒意義。

564.1497　鄠縣明道先生廟碑

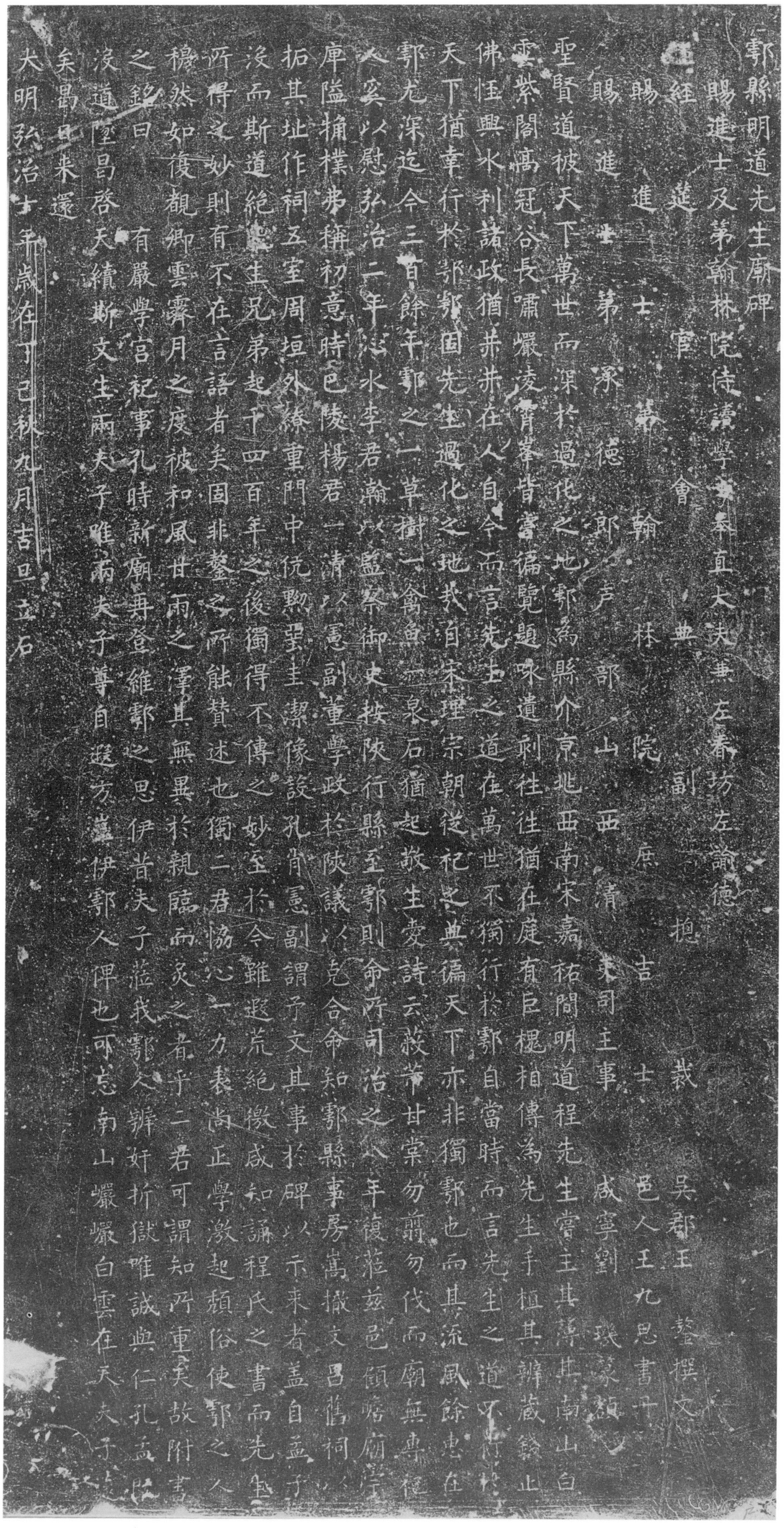

鄠縣明道先生廟碑
賜進士及第翰林院侍讀學士奉直大夫兼左春坊左諭德
經筵官　會典副　摠　裁　吳郡王鏊撰文
賜進士　翰林院　庶吉士　邑人王九思書丹
賜進士第承德郎戶部山西清吏司主事咸寧劉璣篆額
聖賢道被天下萬世而深於過化之地鄠為縣介京兆西南宋嘉祐間明道程先生嘗主其簿其南山白
雲紫閣高冠谷長嘯巉凌霄峯皆嘗徧覽題咏遺刻往往猶在庭有巨槐柏傳為先生手植其辨藏錢止
佛恠興水利諸政猶井井在人自今而言先生之道在萬世不獨行於鄠自當時而言先生之道不獨行於
天下猶章行於鄠鄠固先生過化之地哉自宋理宗朝從祀之典徧天下亦非獨鄠也而其流風餘思在
鄠尤深迄今三百餘年鄠之一草樹一禽魚一泉石猶起敬生愛詩云蔽芾甘棠勿翦勿伐而廟無專祀
人窔以慰弘治二年沁水李君瀚以監察御史按陝行縣至鄠則命所司治之八年復蒞茲邑顧瞻廟學
庳隘桷欀弗稱初意時邑陵楊君一清以憲副董學政於陝議以克合命知鄠縣事房嵩撤文昌舊祠以
拓其址作祠五室周垣外繚重門中伉黝堊圭潔像設孔肖憲副謂予文其事於碑以示來者蓋自孟子
沒而斯道絕[illegible]生兄弟起于四百年之後獨得不傳之妙至於今雖遐荒絕徼咸知誦程氏之書而先生
所得之妙則有不在言語者矣固非鑿之所能贊述也獨二君協心一力表尚正學激起頹俗使鄠之人
穆然如復覩卿雲霽月之度被和風甘雨之澤其無異於親臨而炙之者乎二君可謂知所重矣故附書
之銘曰　有嚴學宮祀事孔時新廟斯登維鄠之思伊昔夫子涖我鄠人辨奸折獄唯誠與仁孔孟既
沒道墜曷啓天續斯文生兩夫子唯兩夫子尊自遐方巖伊鄠人俾也可忘南山巉巖白雲在天夫子之
矣曷日來還
大明弘治十年歲在丁巳秋九月吉旦立石

説 明

明弘治十年（1497）九月刻。碑圓首。通高176厘米，寬75厘米。額文2行，滿行4字，篆書“鄠縣明道」先生廟碑」”。正文楷書20行，滿行40字。王鏊撰文，王九思書丹，劉璣篆額。額飾雲紋，四周飾回紋。碑身右上方與左下方邊緣略損。原立於户縣明道先生祠内，後祠毁碑僕。1986年移存户縣文廟大成殿東側碑廊。現存西安市鄠邑區文廟。《户縣碑刻》著録。

釋 文

鄠縣明道先生廟碑」

賜進士及第翰林院侍讀學士奉直大夫兼左春坊左諭德」經筵官會典副總裁吴郡王鏊撰文」

賜進士第翰林院庶吉士邑人王九思書丹」

賜進士第承德郎户部山西清吏司主事咸寧劉璣篆額」

聖賢道被天下，萬世而深於過化之地。鄠爲縣，介京兆西南。宋嘉祐間，明道程先生嘗主其簿，其南山白」雲、紫閣、高冠谷、長嘯巖、凌霄峰，皆嘗遍覽，題詠遺刻，往往猶在。庭有巨槐，相傳爲先生手植。其辨藏錢、止」佛怪、興水利諸政，猶赫赫在。人自今而言先生之道在萬世，不獨行於鄠。自當時而言先生之道不行於」天下，猶幸行於鄠。鄠固先生過化之地哉！自宋理宗朝，從祀之典遍天下，亦非獨鄠也。而其流風餘惠，在」鄠尤深。迄今三百餘年，鄠之一草樹、一禽魚、一泉石，猶起敬生愛。《詩》云“蔽芾甘棠，勿翦勿伐”，而廟無專祀」，人奚以慰？弘治二年，沁水李君瀚以監察御史按陝，行縣至鄠，則命所司治之。八年，复莅兹邑，顧瞻廟宇」庳隘桷樸，弗稱初意。時巴陵楊君一清以憲副董學政於陝，議以克合，命知鄠縣事房嵩撤文昌舊祠，以」拓其址。作祠五室，周垣外繚，重門中伉，黝堊圭潔，像設孔肖。憲副謂予文其事於碑，以示来者。盖自孟子」没而斯道絶，先生兄弟起千四百年之後獨得不傳之妙至於今，雖遐荒絶徼，咸知誦程氏之書，而先生」所得之妙，則有不在言語者矣。固非鏊之所能贊述也。獨二君協心一力，表尚正學，激起頽俗，使鄠之人」穆然如復睹卿雲霽月之度，被和風甘雨之澤，其無異於親臨而炙之者乎！二君可謂知所重矣，故附書」之。銘曰：

有嚴學宫，祀事孔時。新廟再登，維鄠之思。伊昔夫子，莅我鄠人。辨奸折獄，唯誠與仁。孔孟既」没，道墜曷啓。天續斯文，生兩夫子。唯兩夫子，尊自遐方。豈伊鄠人，俾也可忘。南山巖巖，白雲在天。夫子遠」矣，曷日来還」。

大明弘治十年歲在丁巳秋九月吉旦立石」

按

北宋理學名家程顥曾任鄠縣主簿。明弘治二年（1489），監察御史李瀚命鄠縣建明道先生廟。弘治八年，楊一清任陝西按察司提學副使，再命拓址重建。此碑文即爲此事所立。後又稱明道書院，舊址在鄠縣城内西街。

撰者王鏊，字濟之，江蘇吴縣人。成化十一年（1475）進士，曾任侍講學士、户部尚書、文淵閣大學士，謚文恪。著有《震澤集》。《明史》有傳。

書者王九思，字敬夫，號渼陂，陝西鄠縣人。弘治九年（1496）進士，曾任翰林院檢討、吏部郎中。以附劉瑾，降壽州同知，勒致仕。善歌工詞。有《渼陂集》傳世。《國朝獻徵録》《明史》有傳。

篆額者劉璣，字用齊，號進山，陝西咸寧人。成化十七年（1481）進士，曾任曲沃知縣、户部主事、九江知府、太常寺卿、户部侍郎、户部尚書。著有《正蒙會稿》。《國朝獻徵録》有傳。

565.1501　張祥暨配王氏合葬墓誌

欽授承事郎張君偕室人王氏合葬墓誌銘
賜進士出身資善大夫南京禮部尚書前奉
勑松潘等處提督軍務兼理巡撫都察院副都御史南京吏部侍郎番陽童軒撰文
賜進士嘉議大夫南京戶部侍郎前翰林
國史官國子祭酒經筵講官莆陽鄭紀書丹
賜進士及第嘉議大夫南京禮部侍郎前翰林侍講
經筵講官同修國史寧都董越篆蓋
世道之降風俗之漓久矣世道之降則人皆汩溺於利而不知有義存焉風俗之漓則人皆
咸制以力而不知有德化焉求如古之郭元振王彥方之流殆千萬中不一二見也何幸及
聞有張君廷瑞者乎君諱祥字廷瑞誠齋其別號也世家陝西長安人相傳為橫渠先生之
裔族屬六世同居敦睦之德溢於遠邇其事備載長安誌中大父克讓父本仁俱隱處不慕
仕進母蕭氏以婦德聞生君之夕有異鳥止于其居因取以名暨長天資醇篤言行無偽善
幹蠱以貲累雄於關中然性好遊覽凡趙魏汴魯吳楚湘浙山川形勝之地靡不臨眺躋攀
足跡將半天下由是聞見益博襟度豁然至維揚愛煮海之業遂于邗江卜宅一區因與伯
仲子姓同處時叙天倫之樂人無間言喜交接海內縉紳名士舟楫過從者無虛日且嗜義
如利成化甲辰歲凶嘗入粟萬石于公以賑民困有司以
聞例授承事郎冠帶貫客中有匱之者君輒貸其貲或不能償亦置而不責私競者不畏于法
然每恐君知事或不平則求直一言而迺巡醝法侍御李君楊君知其為人公直舉為
貫客綱領時人以為郭元振王彥方之復出也君二弟曰紀曰昇先卒遺諸孤若金若錫若
鐙若錢若錄若錠君皆教育之各擇名門之女以為室君配王氏同邑衣冠大家父仕原母
康氏生氏雅有令德貞靜柔慧女紅織紝之事舉不習而能父母甚鍾愛之及笄歸君事舅
姑克孝克慎奉時祀必敬必誠勤以治家儉以處己內相之功多焉不幸先卒君繼史氏生
子三伯曰鉉讀書尚義克世其家仲曰鑽早卒皆王所出也季曰鑰史所出也女三長適李
昭次適李蘭次適彭倫皆名家子孫一曰機毓秀鄉校舉止不凡寔遠大之器孫女三長適
李贇次適府庠生陳裕次適蕭鸞群從弟姪振振衆多君皆訓誨之底于成立靡有踈戚之
間也君生於永樂戊戌十二月十二日卒於弘治甲寅六月十一日閱年七十有七王氏生
於永樂己亥八月二十九日卒於景泰丙子七月三十日閱年三十有八鉉將扶柩西歸合
葬於先塋之側先期介予友高埜航為之先容既而奉致事郡守維揚孫君所為行狀詣予
泣拜請銘予因按狀叙之如右嗟乎義重者必輕於利德厚者必徵於人君雖逐海濱之利
然能周人之急不責其償入粟于公不吝于己息人之爭不假於威此非心存乎義德有諸
己者能若是乎藉使人皆如君所行則風俗寧有不厚而世道惡有不升者乎視彼閱牆而
爭紾臂而食秦越相視武斷恃力者豈不大有徑庭耶人謂元振彥方復生非溢美也此而
不銘奚其銘銘曰
關西張氏素豐於貲一門雍睦累葉同居逮君之生尤嗜於義爭予解紛匱予施惠子姓振
振瑤環瑜珥君教育之踈戚靡異翃有賢室靜慧而貞克孝克敬克儉克勤不幸先殖奄忽
歲月君柩西歸祔同其穴高風淑行厥聞四揚後有考德視此銘章
弘治十四年歲在辛酉菊月上旬之七日孤哀子鉉等泣血上石

説 明

明弘治十四年（1501）九月刻。蓋佚。誌長63厘米，寬62厘米。誌文楷書37行，滿行35字。童軒撰文，鄭紀書丹，董越篆蓋。出土具體時、地不詳。現存西安博物院。《新中國出土墓誌（陝西叁）》著録。

釋 文

欽授承事郎張君偕室人王氏合葬墓誌銘」

賜進士出身資善大夫南京禮部尚書前奉」敕松潘等處提督軍務兼理巡撫都察院副都御史南京吏部侍郎番陽童軒撰文」

賜進士嘉議大夫南京户部侍郎前翰林」國史官國子祭酒經筵講官莆陽鄭紀書丹」

賜進士及第嘉議大夫南京禮部侍郎前翰林侍講」經筵講官同修國史寧都董越篆盖」

世道之降，風俗之漓，久矣。世道之降，則人皆汨溺於利而不知有義存焉；風俗之漓，則人皆」威制以力而不知有德化焉。求如古之郭元振、王彦方之流，殆千萬中不一二見也。何幸及」聞有張君廷瑞者乎！君諱祥，字廷瑞，誠齋其别號也。世家陝西長安人，相傳爲横渠先生之」裔族。屬六世同居，敦睦之德溢於遠邇，其事備載《長安誌》中。大父克讓，父本仁，俱隱處不慕」仕進。母蕭氏，以婦德聞。生君之夕，有異鳥止于其居，因取以名。暨長，天資醇篤，言行無僞，善」幹蠱，以貲累雄於關中。然性好遊覽，凡趙、魏、汴、魯、吴、楚、湘、浙山川形勝之地，靡不臨眺躋攀」，足迹將半天下。由是聞見益博，襟度豁然。至維揚，愛煮海之業，遂于邗江卜宅一區。因與伯」仲子姓同處，時叙天倫之樂，人無間言。喜交接海内縉紳名士，舟楫過從者無虚日。且嗜義」如利。成化甲辰歲凶，嘗入粟萬石于公，以賑民困。有司以」聞，例授承事郎冠帶。賈客中有匱乏者，君輒貸其貲，或不能償，亦置而不責。私競者不畏于法」，然每恐君知。事或不平則求直，一言而退巡醝法。侍御李君、楊君，知其爲人公直，舉爲」賈客綱領。時人以爲郭元振、王彦方之復出也。君二弟：曰紀、曰昇，先卒。遺諸孤若金、若錫、若」鏜、若錢、若鐶、若錠，君皆教育之，各擇名門之女以爲室。君配王氏，同邑衣冠大家。父仕原，母」康氏，生氏。雅有令德，貞静柔慧，女紅織絍之事，舉不習而能。父母甚鍾愛之。及笄，歸君。事舅」姑克孝克慎，奉時祀必敬必誠。勤以治家，儉以處己，内相之功多焉。不幸先卒。君繼史氏。生」子三：伯曰鉉，讀書尚義，克世其家。仲曰鑽，早卒。皆王所出也。季曰鑰，史所出也。女三：長適李」昭，次適李蘭，次適彭倫，皆名家子。孫一，曰機，毓秀鄉校，舉止不凡，寔遠大之器。孫女三：長適」李贇，次適府庠生陳裕，次適蕭鸞。群從弟姪，振振衆多，君皆訓誨之，底于成立，靡有疏戚之」間也。君生於永樂戊戌十二月十二日，卒於弘治甲寅六月十一日，閲年七十有七。王氏生」於永樂己亥八月二十九日，卒於景泰丙子七月三十日，閲年三十有八。鉉將扶柩西歸，合」葬於先塋之側。先期介予友高埜航爲之先容，既而奉致事郡守維揚孫君所爲行狀詣予」，泣拜請銘，予因按狀叙之如右。嗟乎！義重者必輕於利，德厚者必徵於人。君雖逐海濱之利」，然能周人之急，不責其償；入粟于公，不吝于己；息人之争，不假於威。此非心存乎義德有諸」己者，能若是乎！藉使人皆如君所行，則風俗寧有不厚，而世道惡有不升者乎！視彼鬩牆而」争，紾臂而食，秦越相視，武斷恃力者，豈不大有徑庭耶！人謂元振、彦方復生，非溢美也。此而」不銘，奚其銘？銘曰」：

關西張氏，素豐於貲。一門雍睦，累葉同居。逮君之生，尤嗜於義。争予解紛，匱予施惠。子姓振」振，瑶環瑜珥。君教育之，疏戚靡異。矧有賢室，静慧而貞。克孝克敬，克儉克勤。不幸先殞，奄忽」歲月。君柩西歸，祔同其穴。高風淑行，厥聞四揚。後有考德，視此銘章」。

弘治十四年歲在辛酉菊月上旬之七日

孤哀子鉉等泣血上石」

按

誌主張祥，長安富豪，後遷居揚州，爲大鹽商。卒葬長安故里。此誌書法筆力遒勁，章法疏朗，是明代楷書之佳品。

撰者童軒，字士昂，江西鄱陽人。景泰二年（1451）進士，官至南京吏部尚書。《國朝獻徵録》有傳。

書者鄭紀，字廷綱，號東園，浙江仙遊人。天順四年（1460）進士，曾任太常卿、南京户部尚書。《國朝獻徵録》有傳。

篆蓋者董越，字尚矩，江西寧都人。成化五年（1469）進士，曾任編修、右庶子、南京工部尚書，謚文僖。《國朝獻徵録》有傳。

566.1502　趙彥齡暨配張慧安合葬墓誌

明奉直大夫裕州知州趙公宜人張氏合葬之墓

明故奉直大夫裕州知州趙公宜人張氏合葬墓誌銘
賜進士出身文林郎四川道監察御史關輔謝朝宣撰
賜進士出身亞中大夫四川布政使司右參政前太僕寺卿
盩厔王傳書
賜進士出身朝列大夫四川布政使司右參議前翰林院庶
吉士隴州閻价篆

宜人族出咸寧張氏之良曾祖諱萬紀元廉訪司僉憲祖諱用中父諱鑑母趙氏宜人諱慧安賦性溫柔於女紅不學而能父母鍾愛欲擇佳壻亡何而裕州趙公彥齡遺媒通曰字之既歸在中主饋用度量其有無常不至匱乏公無所縈心故得以一意讀書精舉子業登天順己卯鄉薦屢試南宮為造物者奪竟知裕州為名有司人皆謂宜人多內助之力焉事舅姑克孝及事繼姑劉如事先姑劉嬰恙久且劇宜人奉食湯藥浣綴衣裳扶持起居罔不順適其意在裕時親朋道經有入見者雖屢宜人皆厚待且餽之賮無難色公歿于官子年尚髫宜人哀毀骨立同猶子邦式扶柩歸葬祭如禮公側室甯氏有娠後公歿月餘始生子邦寧宜人撫育之愛踰己出稱未亡人凡廿有六年飭家政賴以不墜訓子愛而能嚴友至必供茗饌曰好勸吾兒用工老益好施予婣鄰有惸孤者恒必賙卹至令人多德之子男二人長曰邦憲太學生娶襄陽知府盩厔王公璽之女生孫男三曰表衮襄孫女二曰德蘭德玉次即邦寧府庠生娶同邑良醫何公頎之女生孫男一曰裳孫女一曰德芝女一人曰淑良適鳳陽知府同邑孟俊封恭人宜人歿於弘治辛酉九月廿三日得壽七十有一卜次年十月廿日啓神峪里舊塋裕州公墓而合葬焉按庠生李君澍狀宜人之行如此若裕州公家世之賢政蹟之美有紀善湯公潛墓誌在茲不贅銘曰循吏夫也儲才子也身後褒榮尚多祉也賢哉宜人猶不死也

盩厔劉世貞刊

説 明

明弘治十五年(1502)十月刻。誌、蓋均爲正方形。蓋邊長69厘米,誌邊長68厘米。蓋文5行,滿行4字,篆書"明奉直大」夫裕州知」州趙公宜」人張氏合」葬之墓」"。誌文楷書27行,滿行25字。謝朝宣撰文,王傅書丹,閻价篆蓋。出土具體時、地不詳。現存西安博物院。《新中國出土墓誌(陝西叁)》著録。

釋 文

明故奉直大夫裕州知州趙公宜人張氏合葬墓誌銘」

賜進士出身文林郎四川道監察御史關輔謝朝宣撰」

賜進士出身亞中大夫四川布政使司右參政前太僕寺卿」盩厔王傅書」

賜進士出身朝列大夫四川布政使司右參議前翰林院庶」吉士隴州閻价篆」

宜人族出咸寧張氏之良。曾祖諱萬紀,元廉訪司僉憲。祖諱用中」,父諱鑑,母趙氏。宜人諱慧安,賦性温柔,於女紅不學而能,父母鍾」愛,欲擇佳埆。亡何,而裕州趙公彦齡遣媒通,因字之。既歸,在中主」饋,用度量其有無,常不至匱乏,公無所縈心,故得以一意讀書,精」舉子業,登天順己卯鄉薦。屢試南宫,爲造物者奪,竟知裕州,爲名」有司,人皆謂宜人多内助之力焉。事舅姑克孝,及事繼姑劉,如事」先姑。劉嬰恙久且劇,宜人奉食湯藥,浣綴衣裳,扶持起居,罔不順」適其意。在裕時,親朋道經有入見者,雖屢,宜人皆厚待,且餽之贐」,無難色。公歿于官,子年尚髫,宜人哀毁骨立,同猶子邦式扶柩歸」,葬祭如禮。公側室甯氏有娠,後公歿月餘,始生子邦寧,宜人撫育」之,愛踰己出。稱未亡人凡廿有六年,飭家政賴以不墜,訓子愛而」能嚴。友至,必供茗饌曰:"好勸吾兒用工。"老益好施予,姻黨有惸孤」者,恒必賙卹,至今人多德之。子男二人,長曰邦憲,太學生,娶襄陽」知府盩厔王公璽之女。生孫男三:曰表、衮、裒。孫女二:曰德蘭、德玉」。次即邦寧,府庠生,娶同邑良醫何公頎之女。生孫男一,曰裳。孫女」一,曰德芝。女一人,曰淑良,適鳳陽知府同邑孟俊,封恭人。宜人歿」於弘治辛酉九月廿三日,得壽七十有一。卜次年十月廿日,啓神」峪里舊塋裕州公墓而合葬焉。按庠生李君澍狀,宜人之行如此」。若裕州公家世之賢,政蹟之美,有紀善湯公潜墓誌在,兹不贅。銘」曰:

循吏夫也,儲才子也。身後褒榮,尚多祉也。賢哉宜人,猶不死也」。

彭衙劉世貞刊」

按

此虽爲合葬墓誌,但因趙彦齡早逝,先有墓誌銘,故此誌以其妻張氏生平爲主。趙彦齡墓誌暂未見出土。

撰者謝朝宣,原籍安徽臨淮,後爲西安左衛籍。弘治六年(1493)進士,曾任監察御史、浙江按察司副使、四川按察司副使。

書者王傅,字良弼,陝西周至人。成化十一年(1475)進士,曾任禮部精膳司主事、主客郎中、通政使、太僕寺卿、四川布政司右參政。乾隆《盩厔縣志》有傳。其父爲王璽,璽之女嫁墓主趙彦齡長子趙邦憲,故王、趙二氏爲姻親。

篆蓋者閻价,陝西隴州人。成化二十三年(1487)進士,曾任庶吉士、監察御史、四川布政司右參議。康熙《隴州志》有傳。

567.1504　蔣琛墓誌

皇明故昭毅
將軍陝西都
司都指揮僉
事蔣公合葬
之墓

皇明故昭毅將軍陝西都司都指揮僉事蔣公合葬墓誌銘
賜進士第前中書科中書舍人長安吉人撰
賜進士第翰林院庶吉士長安吉時篆
鄉貢進士咸寧李澍書
蔣公正統壬戌正月二十五日生於靈州弘治甲子三月二十五日終于省城
是年十月十三日歸于城南木塔里祖塋之次與淑人王氏孺人張氏合葬先
期西安前衛指揮僉事張君光宇狀其行嗣子存禮泣請予銘公予之知己友
存禮又予之姪婿情與義激忍以之文辭公諱琛字青玉別號衛齋其先浙江
諸暨人曾大父諱禮亨洪武初從我
高皇帝征討功陞副千戶大父諱勝累功陞都指揮僉事父諱泰襲註西安前衛亦
功陞都指揮僉事協同參將祖妣張氏李氏妣吳氏三代祖妣俱膺
誥封贈公內剛而外和好玩儒書學古兵法通而不尼作字端楷雖忙中筆千百
言於頃刻亦無一字潦草少因多病覽群醫書大有所得恒施藥濟人亦有驗
走馬鬭雞傍花隨柳衆所好也公避之不預博奕爭高壺觴較勝人所尚也公
辭之不為此處身可錄也養生送死克盡人子之情斷家務付之諸弟而且御
之以和有小過若不聞尺帛分金罔畜私室夫妻相守白頭竟無一戾語教子
讀書守禮不使效浮薄俗此處家可錄也管屯掌印二十餘年上稱舉擢守
階文遷靖虜改西寧皆番漢信服禦寇得奇功陞前秩
勅命寵嘉於兩頒
綸音旌賞於三錫公感恩益勵晚操將追馬援雄志以圖報稱柰何直守不容
而公之疾亦作矣遂休養於家未幾云亡此處官可錄也病間存禮將北上代
職公戒之曰脫不見汝汝宜識吾言勤作官儉治家忠報
主餘復何言存禮悲號不欲行公翻身而卧麾之使出淚亦沾襟矣王氏西安右護
衛指揮同知王震女張氏長安義民張泰女婦道母德為官家規範綽有內助
之益先公相繼而卒弟五璁璽璋璜瑀皆恩榮官志行名合於兄璁璽璋先
逝璜瑀存妹一曰三姐適前階文守備行都指揮事張啓子二長即存禮舉業
未遂今代厥職娶長安義官吉士女次存智報效有功得冠帶娶儀賓陳詢女
嗚呼繼業於先貽謀於後上不負
君恩而下不遺親志亦庶乎古之孝子忠臣矣可無銘以昭其功德邪
寬乎其外確乎其中于家盡孝于國攄忠能文能武善始善終承宗有子死
亦不空名傳四海萬古香風
長安鄧海刊

説 明

明弘治十七年（1504）十月刻。誌、蓋均爲正方形。蓋邊長65厘米，誌邊長64厘米。蓋文5行，滿行5字，篆書“皇明故昭毅」將軍陝西都」司都指揮僉」事蔣公合葬」之墓”。誌文楷書32行，滿行30字。吉人撰文，李澍書丹，吉時篆蓋。蓋及誌四周均飾纏枝花紋，四角飾寶相花。出土時、地不詳。現存西安博物院。

釋 文

皇明故昭毅將軍陝西都司都指揮僉事蔣公合葬墓誌銘」

賜進士第前中書科中書舍人長安吉人撰」

賜進士第翰林院庶吉士長安吉時篆」

鄉貢進士咸寧李澍書」

蔣公，正統壬戌正月二十五日生於靈州，弘治甲子三月二十五日終于省城」。是年十月十三日歸于城南木塔里祖塋之次，與淑人王氏、孺人張氏合葬。先」期，西安前衛指揮僉事張君光宇狀其行，嗣子存禮泣請予銘。公，予之知己友」；存禮，又予之姪婿。情與義激，忍以乏文辭？公諱琛，字青玉，別號衡齋，其先浙江」諸暨人。曾大父諱禮二，洪武初，從我」高皇帝征討功，陞副千户。大父諱勝，累功陞都指揮僉事。父諱泰，襲注西安前衛，亦」功陞都指揮僉事、協同參將。祖妣張氏、李氏，妣吴氏，三代祖妣俱膺」誥封贈。公内剛而外和，好玩儒書，學古兵法，通而不尼。作字端楷，雖忙中，筆千百」言於頃刻，亦無一字潦草。少因多病，覽群醫書，大有所得，恒施藥濟人，亦有驗」。走馬鬬雞，傍花隨柳，衆所好也，公避之不預。博奕争高，壺觴較勝，人所尚也，公」辭之不爲。此處身可録也。養生送死，克盡人子之情。斷家務付之諸弟，而且御」之以和，有小過若不聞。尺帛分金，罔畜私室。夫妻相守白頭，竟無一戾語。教子」讀書守禮，不使效浮薄俗。此處家可録也。管屯掌印二十餘年，上下稱舉，擢守」階文，遷靖虜，改西寧，皆番漢信服。禦寇得奇功，陞前秩」，敕命寵嘉於兩頒」，綸音旌賞於三錫。公感恩益勵，晚操將追馬援，雄志以圖報稱。奈何直守不容」，而公之疾亦作矣，遂休養於家，未幾云亡。此處官可録也。病間，存禮將北上代」職，公戒之曰：“脱不見汝，汝宜識吾言，勤作官，儉治家，忠報」主，餘復何言！”存禮悲號不欲行，公翻身而卧，麾之使出，淚亦沾榻矣！王氏，西安右護」衛指揮同知王震女。張氏，長安義民張泰女。婦道母德，爲宦家規範，綽有内助」之益。先公相繼而卒。弟五：瑰、璽、璋、瓚、瑀，皆恩榮官，志行允合於兄。瑰、璽、璋先」逝，瓚、瑀存。妹一，曰三姐，適前階文守備、行都指揮事張啓。子二：長即存禮，舉業」未遂，今代厥職，娶長安義官吉士女；次存智，報效有功，得冠帶，娶儀賓陳詢女」。嗚呼！繼業於先，貽謀於後。上不負」君恩而下不違親志，亦庶乎古之孝子忠臣矣！可無銘以昭其功德邪」？

寬乎其外，確乎其中。于家盡孝，于國攄忠。能文能武，善始善終。承宗有子，死」亦不空。名傳四海，萬古香風」。

長安鄧海刊」

按

此誌出土具體地域不詳，據墓誌“歸于城南木塔里”，當出土於今西安城南木塔寨一帶。

撰者吉人，陝西長安人。成化二十三年（1487）進士，曾任中書舍人。弘治二年（1489），以妄言亂政，發還原籍爲民。《明實録》有載。

書者李澍，陝西咸寧人，弘治十七年（1504）舉人，曾任樂安知縣。嘉靖《陝西通志》有載。此誌書法堅勁疏朗，嚴謹不苟，係書法上品。

篆蓋者吉時，陝西長安人。弘治十一年（1498）舉人，十五年進士，曾任翰林院庶吉士、吏科給事中。嘉靖《陝西通志》有載。

568.1507　朱誠瀾壙誌

大明宗室
永興榮惠
王壙誌

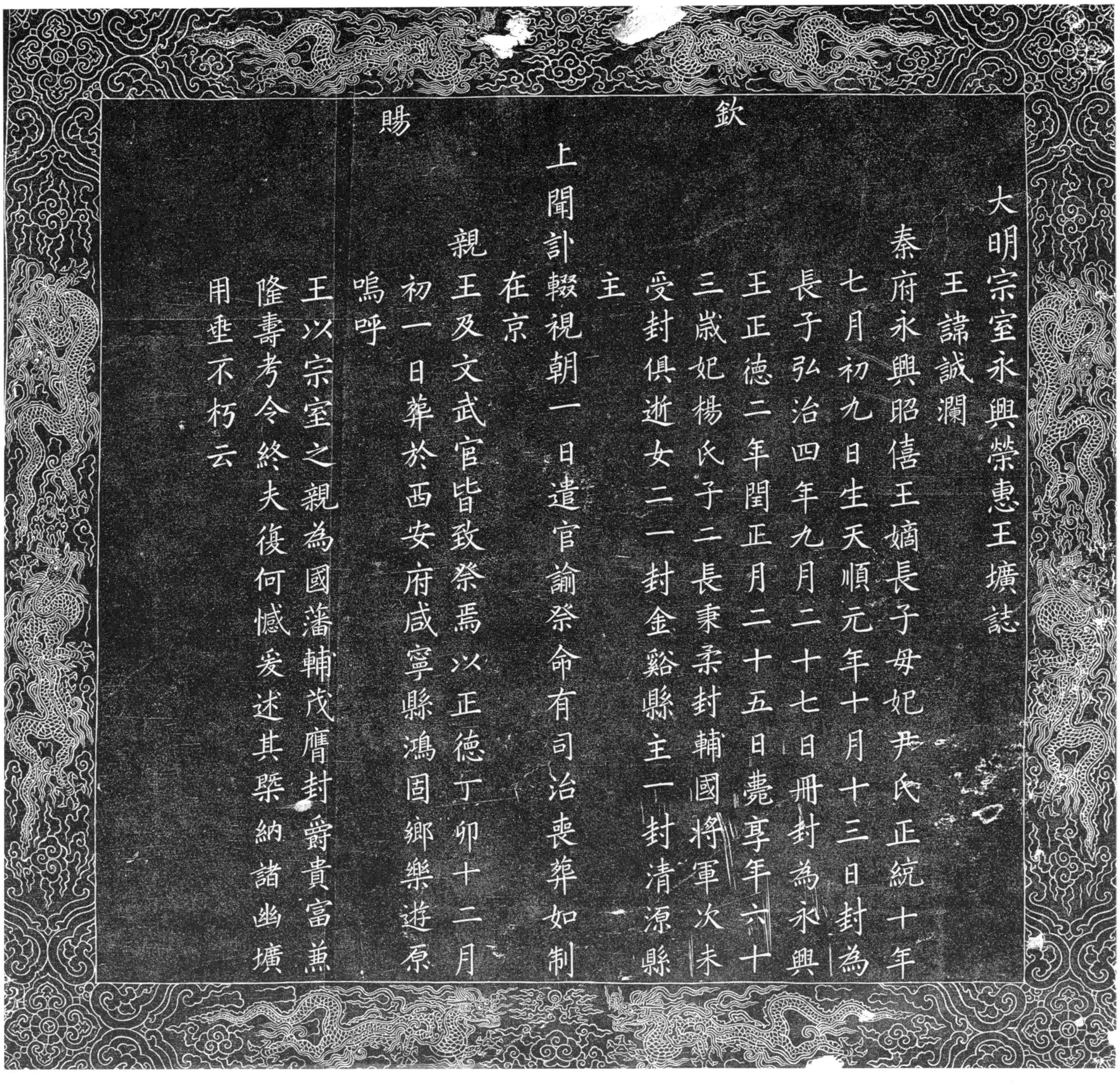

欽　賜

大明宗室永興榮惠王壙誌

王諱誠瀾

秦府永興昭僖王嫡長子母妃尹氏正統十年七月初九日生天順元年十月十三日封為長子弘治四年九月二十七日冊封為永興王正德二年閏正月二十五日薨享年六十三歲妃楊氏子二長秉柔封輔國將軍次未受封俱逝女二一封金谿縣主一封清源縣主

上聞訃輟視朝一日遣官諭祭命有司治喪葬如制

在京

親王及文武官皆致祭焉以正德丁卯十二月初一日葬於西安府咸寧縣鴻固鄉樂遊原

嗚呼

王以宗室之親為國藩輔茂膺封爵貴富兼隆壽考令終夫復何憾爰述其槩納諸幽壙用垂不朽云

説 明

明正德二年（1507）十二月刻。誌、蓋均爲正方形，尺寸相同。邊長均99厘米。蓋文3行，滿行4字，楷書“大明宗室」永興榮惠」王壙誌」”。誌文楷書17行，滿行17字。誌上方横刻楷書“欽賜”二字。誌、蓋四角飾寶相花，四周飾雙龍戲珠、捲雲、如意紋。1984年西安市雁塔區觀音廟村出土。現存西安博物院。《新中國出土墓誌（陝西叁）》著録。

釋 文

大明宗室永興榮惠王壙誌」

王諱誠瀾」，秦府永興昭僖王嫡長子，母妃尹氏。正統十年」七月初九日生，天順元年十月十三日封爲」長子，弘治四年九月二十七日册封爲永興」王。正德二年閏正月二十五日薨，享年六十」三歲。妃楊氏。子二：長秉柔，封輔國將軍；次未」受封。俱逝。女二：一封金谿縣主，一封清源縣」主」。上聞訃，輟視朝一日，遣官諭祭，命有司治喪葬如制」。在京」親王及文武官皆致祭焉。以正德丁卯十二月」初一日，葬於西安府咸寧縣鴻固鄉樂遊原」。嗚呼」！王以宗室之親，爲國藩輔。茂膺封爵，貴富兼」隆。壽考令終，夫復何憾！爰述其概，納諸幽壙」，用垂不朽云」。

按

據《明史》記載，誌主榮惠王朱誠瀾爲昭僖王嫡長子，弘治四年（1491）襲封，正德二年（1507）薨，二子俱夭。《明史》記載與墓誌吻合。

569.1509　孟俊墓誌

詔進嘉議
大夫註陞
山西布政
司右叅政
孟公之墓

詔進嘉議大夫註陞山西布政使司右叅政孟公墓誌銘
鄉進士前文林郎南京湖廣道監察御史同邑任諾譔文
賜進士第嘉議大夫刑部左侍郎致仕前都察院右副都御史大理寺卿同邑張鸞篆蓋
賜進士第徵仕郎中書科中書舍人長安吉人書丹
正德三年秋八月廿四日直隸鳳陽知府註陞山西布政司右叅政孟公卒于家以明年冬十一月
二日卜葬于城東金華鄉新建之塋先期遺孤奉前監察御史高君世德狀請銘其墓石諾於公內
交家厚墓銘之託不可孤也謹序而銘之公諱俊字世傑世為陝之咸寧巨家歷年既遠譜系無徵
高祖君實隱居養晦曾祖士廉歷官至慶陽知府祖敬由鄉貢士主直隸元城縣簿考瑛號竹窓不
喜任事用公貴封文林郎監察御史加贈中憲大夫直隸鳳陽知府妣寇氏有淑德封孺人加贈恭
人公在娠寇恭人數有異夢生公于正統己未十一月廿二日幼穎悟舉止不凡見者目為公輔器
甫成童為郡庠生受季父良辟先生範經指示中天順己卯陝西鄉試第時歲方十九也屢上南宮
違主司售遂卒業成均成化壬辰授浙江桐鄉知縣初視篆頗近嚴峻越一載令行禁止邑民相安
如父子所居內外懸絶眼用蕭然無絲毫可愧己亥春由績著拜湖廣道監察御史諤諤不啫彈劾
不避艱險辛丑按治蘇松激揚得體有古范趙之風癸卯科監順天府鄉試塲盡心厥事士論得人
是歲冬以寇恭人憂歸服闋補浙江道監察御史弘治改元奉
勅巡視山海關直抵古北口一帶其委託事重不輕公奉行一一皆至己酉秋陞直隸蘇州府知府蘇郡
古吳故墟錢穀浩繁詞訟簿書之叢脞十倍他郡公植善擊彊薄賦正供具有成績屬邑人民咸以
神明稱之越庚戌以竹窓公憂歸制終補直隸鳳陽府知府鳳陽
聖祖根本重地
中都留守在焉軍民雜處世稱難治公執法論事必歸至當有所不合正色昌言更無佞諛彼處軍民
至今思之未已公兩守名郡撫按臺臣學校師生耆老軍民交章保薦而
孝廟眷注方隆將有不次之擢公懇乞休致
命下進公秩為山西布政司右叅政時弘治甲子夏六月也公自謝事深居簡出脫卻世故與鄉邦交往
緩急周至觴詠笑談終日忘倦視古人進退老壯之節蓋無愧也乙丑秋奉
詔進階嘉議大夫榮益至矣夫何天不憖遺無疾而卒嗚呼惜哉以卒日距生年壽凡七十娶米氏蚤卒
贈孺人加贈恭人繼娶山西安邑令楊公宗器女再繼河南裕州守趙公彥齡女儀度祇嚴性資柔
婉封孺人進封恭人側陳氏恪盡婦道以佐夫子顛隨趙恭人同甘苦誓無二志大抵皆公平日德
孚閨門非使然也公以乏後立族弟景山子司經為長子同母之弟分教世中子司平為次子司經
由承差聽選吏部娶華州陳氏鴻臚序班斌之女司平甫弱冠未娶習舉業孫男一幼而未名諾自
丱角為良辟先生門下士時公待選家居每以長兄事之凡所以玉我成我者備至以是臨楮執筆
幾不成語直著其實授其子納之幽宮亦庶幾盡友情以慰公于地下云尔銘曰
體用之學蚤行于世進退之節晚全于身烏乎壽不滿德天喪斯文

説 明

明正德四年（1509）十一月刻。誌、蓋均正方形，尺寸相同。邊長均78厘米。蓋文5行，滿行4字，篆書“詔進嘉議」大夫注陞」山西布政」司右參政」孟公之墓」”。誌文楷書32行，滿行38字。任諾撰文，吉人書丹，張鸞篆蓋。1980年西安市韓森寨秦莊襄王陵南側土崖上大路北沿出土。現存西安博物院。《新中國出土墓誌（陝西叁）》著録。

釋 文

詔進嘉議大夫注陞山西布政使司右參政孟公墓誌銘」

鄉進士前文林郎南京湖廣道監察御史同邑任諾撰文」

賜進士第嘉議大夫刑部左侍郎致仕前都察院右副都御史大理寺卿同邑張鸞篆盖」

賜進士第徵仕郎中書科中書舍人長安吉人書丹」

正德三年秋八月廿四日，直隸鳳陽知府、注陞山西布政司右參政孟公卒于家。以明年冬十一月」二日，卜葬于城東金華鄉新建之塋。先期遣孤奉前監察御史高君世德狀，請銘其墓石。諾於公，内」交最厚，墓銘之託，不可孤也，謹序而銘之。公諱俊，字世傑，世爲陝之咸寧巨家。歷年既遠，譜系無徵」。高祖君實，隱居養晦。曾祖士廉，歷官至慶陽知府。祖敬，由鄉貢士主直隸元城縣簿。考瑛，號竹窗，不」喜任事，用公貴封文林郎、監察御史，加贈中憲大夫、直隸鳳陽知府。妣寇氏，有淑德，封孺人，加贈恭」人。公在娠，寇恭人數有異夢，生公于正統己未十一月廿二日。幼穎悟，舉止不凡，見者目爲公輔器」。甫成童，爲郡庠生，受季父良璧先生葩經指示，中天順己卯陝西鄉試第，時歲方十九也。屢上南宫」，違主司售，遂卒業成均。成化壬辰，授浙江桐鄉知縣。初視篆，頗近嚴峻，越一載，令行禁止，邑民相安」，如父子所居。内外懸絶，服用蕭然，無絲毫可愧。己亥春，由績著拜湖廣道監察御史。諤諤不啱，彈劾」不避艱險。辛丑，按治蘇松，激揚得體，有古范趙之風。癸卯，科監順天府鄉試場，盡心厥事，士論得人」。是歲冬，以寇恭人憂歸。服闋，補浙江道監察御史。弘治改元，奉」敕巡視山海關，直抵古北口一帶。其委託事重不輕，公奉行，一一皆至。己酉秋，陞直隸蘇州府知府。蘇即」古吴故墟，錢穀浩繁，詞訟簿書之叢脞，十倍他郡。公植善擊彊，薄賦正供，具有成蹟。屬邑人民咸以」神明稱之。越庚戌，以竹窗公憂歸。制終，補直隸鳳陽府知府。鳳陽」，聖祖根本重地」，中都留守在焉。軍民雜處，世稱難治，公執法論事，必歸至當。有所不合，正色昌言，更無佞諛。彼處軍民」至今思之未已。公兩守名郡，撫按臺臣、學校師生、耆老軍民，交章保薦，而」孝廟眷注方隆，將有不次之擢，公懇乞休致」。命下，進公秩爲山西布政司右參政，時弘治甲子夏六月也。公自謝事，深居簡出，脱御世故。與鄉邦交往」，緩急周至，觴詠笑談，終日忘倦。視古人進退，老壯之節，盖無愧也。乙丑秋，奉」詔進階嘉議大夫，榮益至矣。夫何天不慭遺，無疾而卒。嗚呼惜哉！以卒日距生年壽凡七十。娶米氏，早卒」。贈孺人，加贈恭人。繼娶山西安邑令楊公宗器女。再繼河南裕州守趙公彦齡女，儀度祇嚴，性資柔」婉，封孺人，進封恭人。側陳氏，恪盡婦道，以佐夫子，願隨趙恭人同甘苦，誓無二志。大抵皆公平日德」孚閨門，非使然也。公以乏後立族弟景山子司經爲長子，同母之弟分教世中子司平爲次子。司經」由承差聽選吏部，娶華州陳氏、鴻臚序班斌之女。司平甫弱冠，未娶，習舉業。孫男一，幼而未名。諾自」丱角，爲良璧先生門下士。時公待選家居，每以長兄事之，凡所以玉我砭我者備至。以是臨楮執筆」，幾不成語，直著其實。授其子納之幽宫，亦庶幾盡友情，以慰公于地下云尔。銘曰」：

體用之學，早行于世。進退之節，晚全于身。烏乎！壽不滿德，天喪斯文」。

按

撰者任諾，陝西咸寧人。弘治五年（1492）舉人。由教諭陞國子監助教，監察御史。嘉靖《陝西通志》有載。

書者吉人，生平見本書567.1504條。

篆蓋者張鸞，字應祥，陝西咸寧人。成化十七年（1481）進士。歷任大名知縣、御史、大理寺卿、刑部侍郎。《國朝獻徵録》有傳。

大明故封徵仕郎中書舍人紀翁墓誌銘

570.1514　紀濚墓誌

明故封徵仕郎中書舍人紀翁墓誌銘
光祿大夫柱國少傅兼　太子太傅吏部尚書
武英殿大學士知　制誥兼　經筵官石淙楊一清撰
光祿大夫柱國　太子太保戶部尚書兼
武英殿大學士　國史　經筵官京口靳貴書
榮祿大夫　太子太保禮部尚書兼
文淵閣大學士知　制誥　經筵　國史官東萊毛紀篆
錦衣千戶紀君世椿謁余為其父
封中書舍人容菴翁請撰墓誌銘予弘治間與翁之兄故太僕少卿宗直交後因與翁子世
梁世楹并世椿世祿通還往且總制陝西稔聞翁行誼有可述者銘不忍辭按翁諱濚字
宗太別號容菴世為鳳陽蒙城淳化鄉人高祖諱二翁
國初隸大將軍麾下戍綏德衛子孫遂家於綏生子信信生獻號濬菴翁父也紀氏自二翁
以醫名出而治疾往往有奇驗翁少從濬菴能世其業每居善藥凡負病求療者不問踈
親賤貴致之輒往投之劑無弗愈者且不責報故人人德之至稱為紀一貼云鎮巡邊備
諸當路多忘貴勢禮接之或贈之詩文獎與甚重孝慈友愛出於天性理家政以勤儉為
族人先壯躍時商遊淮揚間克力幹蠱家日饒裕焉嘗慨然以萬金讓其昆弟有無賴子
加之非禮容弗與校樂為義舉遇貧不能婚喪者出貲助之旅困無所於歸者資給遣之
負貸不能償者輒焚其券蓋雖不廢貨殖而恒持信義義名滿江湖徹于
朝省子姓化之有弗爾者人曰獨不愧容菴乎榆林衛學
宣聖廟災翁慨然謂事莫急於此者矣遂市材木百餘株鳩工庀物以倡導一方之人厥工
用成成化辛卯應例輸邊授七品散官弘治乙丑以世梁貴被
勑封徵仕郎中書舍人又以世椿武階
誥封武略將軍錦衣千戶正德九年七月五日以疾卒於家之正寢距其生正統己巳得年
六十有六配閻氏封宜人有淑行子男四世梁其長終於太常寺丞次世椿次世楹累軍
功拜都指揮僉事充右參將分守延綏次世祿揚州衛帶衛指揮使今為少卿公後女三
長適遊擊將軍都指揮朱鑾次適延安衛都指揮周瑭次適綏德衛千戶周文臣男孫九
女孫一墓在榆林三岔山之原其葬則卒之年九月十一日也銘曰
不汩於利而徇之義善不以伐才而不試紀有世業曰精軒岐翁得其傳厥聞四馳博施
廣取以遺厥子詵詵膝前惟金與紫有丘巋然榆陽之原春秋霜露百禩弗諼

説 明

明正德九年（1514）九月刻。誌、蓋均正方形，尺寸相同。邊長均54厘米。蓋文4行，滿行4字，篆書“大明故封」徵仕郎中」書舍人紀」翁墓誌銘」”。誌文楷書29行，滿行34字。楊一清撰文，靳貴書丹，毛紀篆蓋。榆林市南郊三岔灣出土，具體時間不詳。現存榆林市紅石峽文物管理所。《榆林碑石》著録。

釋 文

明故封徵仕郎中書舍人紀翁墓誌銘」

光禄大夫柱國少傅兼太子太傅吏部尚書」武英殿大學士知制誥兼經筵官石淙楊一清撰」

光禄大夫柱國太子太保户部尚書兼」武英殿大學士國史經筵官京口靳貴書」

榮禄大夫太子太保禮部尚書兼」文淵閣大學士知制誥經筵國史官東萊毛紀篆」

錦衣千户紀君世椿謁余，爲其父」封中書舍人容菴翁請撰墓誌銘。予弘治間與翁之兄故太僕少卿宗直交，後因與翁子世」梁、世楹并世椿、世禄通還往，且總制陝西，稔聞翁行誼有可述者，銘不忍辭。按：翁諱濼，字」宗太，別號容菴，世爲鳳陽蒙城淳化鄉人。高祖諱二翁」，國初隸大將軍麾下，戍綏德衛，子孫遂家於綏。生子信，信生瓛，號澹菴，翁父也。紀氏自二翁以醫名，出而治疾，往往有奇驗。翁少從澹菴，能世其業。每居善藥，凡負疴求療者，不問疏」親賤貴，致之輒往，投之劑無弗愈者，且不責報。故人人德之，至稱爲“紀一貼”云。鎮巡邊備」，諸當路多忘貴勢，禮接之，或贈之詩文，獎與甚重。孝慈友愛，出於天性。理家政，以勤儉爲」族人先。壯强時，商遊淮揚間，克力幹蠱，家日饒裕焉。嘗慨然以萬金讓其昆弟。有無賴子」加之非禮，容弗與校。樂爲義舉，遇貧不能婚喪者，出貲助之。旅困無所於歸者，資給遣之」。負貸不能償者，輒焚其券。蓋雖不廢貨殖，而恒持信義，義名滿江湖，徹于朝省。子姓化之，有弗爾者，人曰：“獨不愧容庵乎？”榆林衛學」宣聖廟灾，翁蹙然謂：“事莫急於此者矣！”遂市材木百餘株，鳩工庀物，以倡導一方之人，厥工」用成。成化辛卯，應例輸邊，授七品散官。弘治乙丑，以世梁貴，被」敕封徵仕郎、中書舍人。又以世椿武階」，誥封武略將軍、錦衣千户。正德九年七月五日，以疾卒於家之正寢，距其生正統己巳得年」六十有六。配閻氏，封宜人，有淑行。子男四：世梁其長，終於太常寺丞；次世椿；次世楹，累軍」功，拜都指揮僉事，充右參將，分守延綏；次世禄，揚州衛帶銜指揮使，今爲少卿公後。女三」：長適遊擊將軍都指揮朱鑾；次適延安衛都指揮周瑭；次適綏德衛千户周文臣。男孫九，女孫一。墓在榆林三岔山之原。其葬則卒之年九月十一日也。銘曰」：

不汩於利，而徇之義。善不以伐，才而不試。紀有世業，曰精軒岐。翁得其傳，厥聞四馳。博施」廉取，以遺厥子。詵詵膝前，惟金與紫。有丘巋然，榆陽之原。春秋霜露，百禩弗諼」。

按

撰者楊一清，字應寧，號邃庵，又號石淙，湖南巴陵人。成化八年（1472）進士，曾任中書舍人、山西按察僉事、陝西三邊總制、太子太師，特進左柱國、華蓋殿大學士，謚文襄。《明史》有傳。楊一清與墓主紀濼之兄紀温爲友。紀温，字宗直，成化元年（1465）舉人，曾任吏部司務、太僕寺少卿。乾隆《綏德直隸州志》有傳。

書者靳貴，字充道，號戒庵，江蘇丹徒人。弘治三年（1490）進士，曾任翰林院授編修、武英殿大學士，謚文僖。《國朝獻徵録》有傳。

篆蓋者毛紀，字維之，山東掖縣人。成化二十三年（1487）進士，曾任禮部尚書、大學士，謚文簡。《明史》有傳。

571.1514　大明敕修忠武侯祠墓碑銘

大明敕修漢丞相諸葛忠武侯祠墓碑銘
賜進士奉敕總制四川湖廣陝西等處軍務太子少保都察院右都御史彭澤撰
賜進士奉敕巡撫陝西等處地方都察院右副都御史陳壽書
賜進士奉敕提督撫治鄖陽等處地方都察院右副都御史王憲篆

説明

明正德九年（1514）九月刻。碑首佚。龜座。高237厘米，寬117厘米。正文楷書29行，滿行53字。彭澤撰文，陳壽書丹，王憲篆額。現存勉縣武侯祠。《漢中碑石》著録。

釋文

大明」敕修漢丞相諸葛武鄉忠武侯祠墓碑銘」

賜進士奉敕總制四川湖廣陝西等處軍務太子少保都察院右都御史彭澤撰」

賜進士奉敕巡撫陝西等處地方都察院右副都御史陳壽書」

賜進士奉敕提督撫治鄖陽等處地方都察院右副都御史王憲篆」

粵正德八年癸酉夏五月，巡撫陝西都察院右副都御史東萊藍公章，具疏請于」上曰：周周公旦、太公望墓在咸陽，漢丞相諸葛亮墓在沔縣。周公、太公之功載于經，諸葛丞相之功載于史。顧周公墓，祠宇卑陋弗稱，太公墓僅」存一丘，諸葛丞相墓雖載祀典，祠宇頹壞已甚。夫以聖賢藏身之所，顧狐兔出没，樵牧凌踐，似無以稱」聖朝褒崇之典。乞舉行祀禮於春秋，更爲治其祠墓。事下禮部議，謂當如所請。顧蜀寇未平，恐興作勞民，兩請于」上。制曰："准建祠致祭。"藍公奉行惟謹，檄所司肇工於四月，畢工於九月。漢丞相諸葛忠武侯祠墓，則專委之按察司分巡副使任丘邊公億。工告」成，謂澤董師討蜀寇，與聞顛末，當銘諸麗牲之碑。澤惟聖賢之生，代天理物，唐虞三代，君臣尚矣。周室東遷，唯孔孟繼作，克承統緒，然皆卒」老于行，自是聖賢之學寥寥無聞焉。漢儒惟董子仲舒正義明道之論，得孔子作《春秋》遺意，先儒謂其度越諸子，然在有漢全盛之際，刓未」見諸行事。若夫當垂滅之運，馭新附之衆，輔孤危之主，仗義履仁，尊漢討賊，置一身死生禍福于度外，窮天下萬物不足以動其心，卒之大」綱以正，兵威載揚，炎祚復興，托孤不貳，使四海之内，英雄黎庶，曉然知昭烈之爲帝胄，操、權之爲漢賊。事雖不竟，而父子咸以死報國焉。先」儒謂爲三代遺才，又曰禮樂可興。有唐工部杜子美，亟以詩推重悼惜之。宋大儒徽國朱文公元晦，大書特書不一，書其出處始末于《通鑑」綱目》，採取嘉言善行于小學書。華陽伯張先生敬夫，極力論辯，而贊其盛，良有以哉。至其爲邦馭衆之才，操存省克之學，正大剛明，嚴毅精」到，而一本之忠誠。獨相兩朝二十餘年，人不知其權自己出，雖未考其師友淵源之所自，其厚得於稟賦之異妙，契于言外之傳者，詎可涯」涘也哉。自比管樂，乃其遜辭。至於晋陳壽及後世横加貶議于侯者，是何不知量也哉。夫際亨嘉之會，而明良相逢以成大業者易爲力；值」草昧之秋，而相左右以濟時艱者難爲功。非言之難，行之難也。況超然違世，獨步聖賢之學之業于百世之下，非豪傑之士乎哉。藍公疏請」于上，不曰名臣而曰聖賢，蓋以周公爲聖，太公、孔明爲賢，灼有見矣。夫真知古人之所至，然後吾之學可以爲的而詣之。藍公於學，其知所」以嚮往哉。他日以太公、孔明之業，輔我」聖明，上希周召之盛，後之學者，將仰公如古之聖賢焉。斯固天理人心之公也。爲之銘曰」：

玄黄肇判，卑高以陳。兩儀無心，心之者人。安焉曰聖，利焉曰賢。作后作相，代彼化權。運會推移，聖賢不世。千載寥寥，寔艱乎繼。漢業再衰，群」雄競起。權據江東，操挾天子。昭烈帝胄，蓋世之雄。徒志恢復，奔播屢窮。惟忠武侯，天賚良弼。藏器待時，魚水其適。草廬數語，大計確然。取蜀」討魏，祀漢配天。無欺之心，匪躬之節。開濟兩朝，卓哉偉烈。五月渡瀘，孟獲屢擒。鉅奸如懿，畏侯以心。用法公嚴，治内攘外。死者誠服，斥者愛」戴。蕭曹避舍，管樂罔論。伊周之志，惜哉莫伸。漢左沔南，侯兹托體。天日照臨，相我人紀。憲臣抗疏，新侯之宫。惟」帝曰都，祀典攸崇。定軍峨峨，清沔瀰瀰。侯神蒞兹，永錫繁祉」。

正德九年歲次甲戌九月十五日建」

陝西分守關南道右參議蘇乾，漢中府知府楊一鈞、賈銓，同知何子奇，通判周盛同建

督工推官劉鄉」

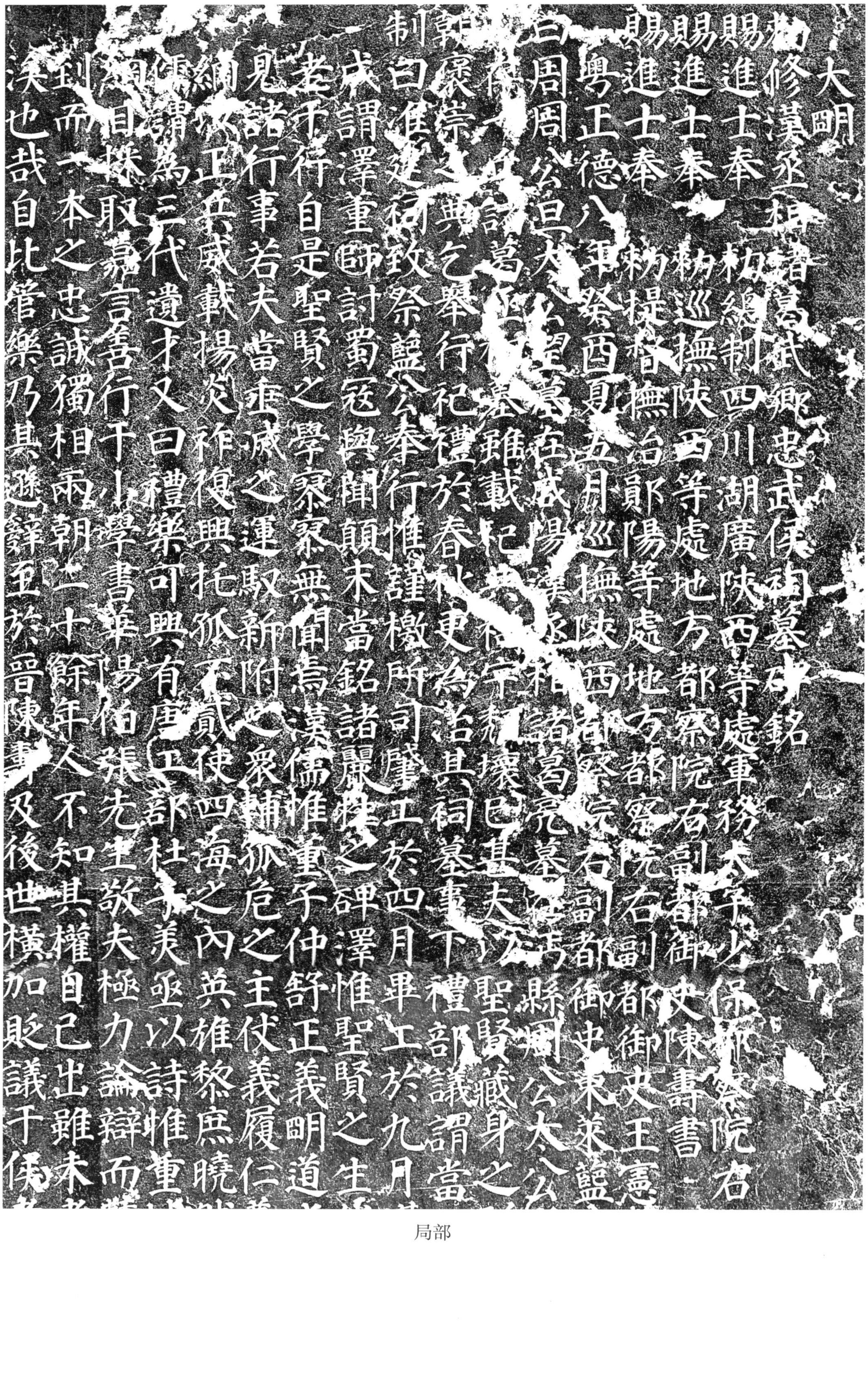
大明
勅修漢丞相諸葛武鄉忠武侯祠墓碑銘
賜進士奉勅總制四川湖廣陝西等處軍務太子少保都察院右
賜進士奉勅巡撫陝西等處地方都察院右副都御史陳壽書
賜進士奉勅提督撫治鄖陽等處地方都察院右副都御史王憲
粵正德八年癸酉夏五月巡撫陝西都察院右副都御史東萊藍
曰周周公旦太公望葛在武陽漢丞相諸葛亮墓在縣周公太公
詔葛祠墓雖載祀典宇壞已甚大聖賢藏身之
褒崇之典乞舉行祀禮於春秋吏為治其祠墓事下禮部議謂當
制曰准遣官致祭藍公奉行惟謹檄所司庀工於四月畢工於九月
成謂澤董師討蜀寇與聞顛末當銘諸麗牲之碑澤惟聖賢之生
老千祚自是聖賢之學寥寥無聞焉漢儒惟董子仲舒正義明道
見諸行事若夫當垂成之運馭新附之衆輔孤危之主仗義履仁
綱以正兵威載揚炎祚復興托孤不貳使四海之內英雄黎庶曉然
傳謂為三代遺才又曰禮樂可興有唐工部杜子美亟以詩惟董
周日株取嘉言善行于小學書華陽伯張先生敬夫極力論辯而
到而一本之忠誠獨相兩朝二十餘年人不知其權自己出雖未
渙也哉自比管樂乃其遜辭至於晉陳壽及後世橫加貶議于侯

局部

按

此碑反映了明代中期褒崇先賢先聖、慎終追遠的思想。其書體沿唐顔真卿之勢，大氣豪放，規整厚重，與文章相得益彰。

撰者彭澤，字濟物，蘭州人。史載其以右副都御史總制湖廣四川陝西等處。《明史》、康熙《陝西通志》有傳。

書者陳壽，字本仁，寧遠衛人。成化八年（1472）進士，曾任户科給事中、右僉都御史、南京兵部侍郎，以刑部尚書致仕。《明史》、康熙《陝西通志》有傳。

篆額者王憲，字維綱，號荆山，山東東平人。弘治三年（1490）進士，曾任兵部尚書，總制三邊，謚康毅。《明史》《國朝獻徵録》有傳。

572.1516　正德十一年黃帝陵御製祝文碑

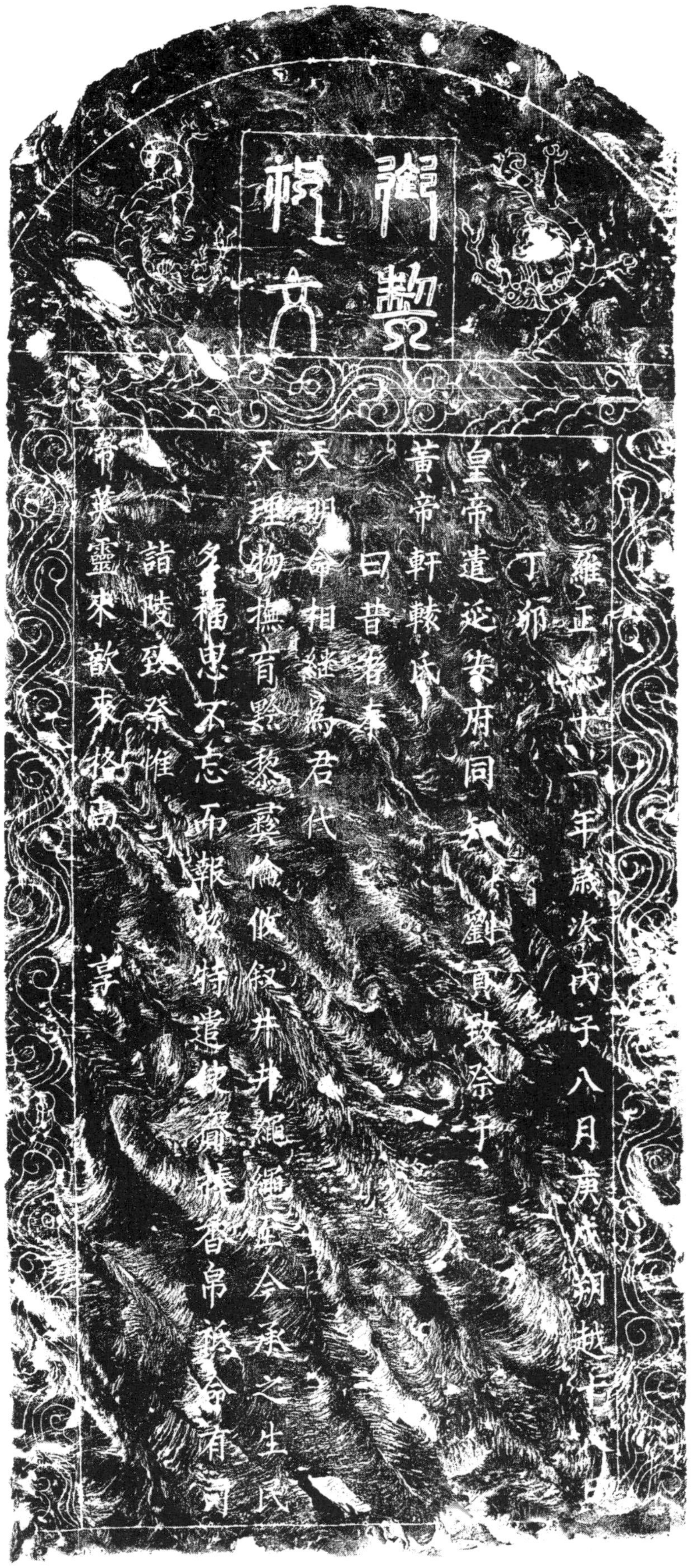
御製祝文
維正德十一年歲次丙子八月庚戌朔越十
丁卯
皇帝遣延安府同知劉貢致祭于
黃帝軒轅氏曰昔者奉
天明命相繼為君代
天理物撫育黔黎彝倫攸叙井井繩繩至今承之生民
多福思不忘報特遣官齎捧香帛祗命有司
詣陵致祭惟
帝英靈來歆來格尚
享
碑陽

碑陰

説明

明正德十一年（1516）八月刻。碑砂石質。圓首方座。通高227厘米，寬81厘米。額文2行，滿行2字，篆書“御製」祝文」”。正文楷書10行，滿行19字。雙面刻。額飾龍紋，四周飾捲雲紋。現存黄帝陵軒轅廟碑廊。《黄帝陵碑刻》著録。

釋文

維正德十一年歲次丙子八月庚戌朔越十八日」丁卯」，皇帝遣延安府同知臣劉貢致祭于」黄帝軒轅氏」。曰：昔者奉」天明命，相繼爲君，代」天理物，撫育黔黎，彝倫攸叙，井井繩繩，至今承之。生民」多福，思不忘而報，兹特遣使齎捧香帛，祗命有司」詣陵致祭。惟」帝英靈，來歆來格。尚享」！（以上碑陽）

欽差道士賈幾良」

鄜州知州趙」

中部縣知縣岳岑」，縣丞駱靖」，典史蒲爵」，儒學教諭王瑞」，訓導胡明，翟道驛丞，僧會司，道會司」，洛川縣知縣郁」，陰陽學李□，醫學」

宜君縣知縣」

致仕官蘭馨、郝友益、鄭□、□全」，舉人□□、馬隆、□□、劉□、劉□」，監生宋綸、秦文、寇文□、劉□、劉□□、王正□」，讀祝生員王重」，禮生馮繼宇、高鸞、馬良、白璧」，王府官鄭隆、王□□、馬敬良、萬延、高潔」，省祭官惠文、吴珏」，禮房吏井□□、田□，石匠田孟賢」（以上碑陰）

按

中部縣知縣岳岑，河北香河人，監生。康熙《中部縣志》有載。

573.1518　馬政墓誌

明脩職郎馬先生誌銘

明脩職郎馬先生墓誌銘

鄉貢進士咸寧王聘　撰

西安　庠生劉汝麒　書篆

脩職郎馬先生卒於家厥嗣文輝再拜稽首泣血謂予曰吾先君於予為姻家也知先君者莫若予盍誌銘予無狀可攷因與之坐而問焉先生受易少特敏異十五舉秀才每為督學者所推重然累科不第先生欣然曰斯固命也迺以長安學生貢於國學後竟不第先生奮然曰周召伊傅百世之師也業與三王爭流名與天壤相弊亦獨何取於科也遂受命為山東登州府招遠縣丞云招遠素號難治民嗜獄訟先生至懲其尤以例其餘黨頑悉迸迹時值群寇作亂流毒海內山東尤當控候都憲張君即授以兵事先生顏色不變辭氣不悖顧諸寮左右曰殺身亡軀絕世滅後功名不立非智也遂提劍以身先士卒部伍甚嚴軍壘所至多所樹立張君嘉其能具聞於上吏部方於擢用而先生蓴鱸之興極矣累乞休當道者弗能奪志迺許家居僅踰年而卒人咸稱曰善哉馬君之進退也文輝曰諾予又問曰汝祖曰成妣曰宋氏成早卒宋勵節匪容匪飾惟正惟謹撫二孤訓惟實方各有成立堅操踰七十餘載德音靡贅也里閈頌其賢有司旌其美天子賜扁其第曰節婦之門古有烈傳今覩其人先生伯仲惟性孝友庭闈怡如故令大總戎楊侯宏載歌之詩用彰厥休人咸稱曰善哉馬兄弟之友愛也予不佞数奉教於君子是可為先生誌予文輝起而再拜曰命之矣因衍其世系於後云先生世為直隸廬州合肥縣人高祖旺娶劉氏從戎於陝遂占籍為西安後衛中所十夫長旺生成成生先生先生諱政字尚德弟愷字尚賢愷寔文輝父也輝以父命為先生嗣故謂先生為先君先生娶李氏生女一曰淑清適倪文愷娶楊氏再生文瑞八歲物故輝為秦藩引禮娶郭氏養子曰聰娶吳氏女曰淑潔適陳榮孫女二長曰趙九輝出次曰小東聰出俱幼先生生於正統己巳十一月二十七日卒於正德丁丑十月初六日葬於次年己卯正月二十六日從講武原故兆次也因銘曰順爾生無惡爾志敬恭爾位弗究弗恔吁嗟邦家之瑞兮

長安蕭滋鐫

説明

明正德十三年（1518）正月刻。誌、蓋均正方形，尺寸相同。邊長均59厘米。蓋文3行，滿行3字，篆書“明修職」郎馬先」生誌銘」”。誌文楷書30行，滿行28字。王聘撰文，劉汝麒書丹并篆蓋。出土具體時、地不詳。現存西安博物院。

釋文

明修職郎馬先生墓誌銘」

鄉貢進士咸寧王聘撰」

西安庠生劉汝麒書篆」

修職郎馬先生卒於家。厥嗣文輝再拜稽首泣血，謂予曰：“吾先君於子爲」姻家也，知先君者莫若子，盍誌銘。”予無狀可考，因與之坐而問焉。先生受」易，少特敏異，十五舉秀才，每爲督學者所推重，然累科不第。先生欣然曰」：“斯固命也！”乃以長安學生貢於」國學，後竟不第。先生奮然曰：“周召伊傅，百世之師也。業與三王爭流，名與天」壤相弊，亦獨何取於科也！”遂受」命爲山東登州府招遠縣丞云。招遠素號難治，民嗜獄訟。先生至，懲其尤以例」，其餘黨頑悉迸迹。時值群寇作亂，流毒海内，山東尤當控喉。都憲張君即」授以兵事，先生顏色不變，辭氣不悖，顧諸寮左右曰：“殺身亡軀，絶世滅後」，功名不立，非智也！”遂提劍，以身先士卒。部伍甚嚴，軍壘所至，多所樹立。張」君嘉其能，具聞於」上。吏部方於擢用，而先生蓴鱸之興極矣。累乞休，當道者弗能奪志，乃許家居」，僅踰年而卒。人咸稱曰：“善哉！馬君之進退也。”文輝曰：“諾！”予又問曰汝祖曰」成，妣曰宋氏。成早卒，宋勵節匪容匪飾，惟正惟謹，撫二孤，訓惟寶方，各有」成立，堅操踰七十餘載，德音靡瞀也。里閈頌其賢，有司旌其美」，天子賜扁其第，曰“節婦之門”。古有烈傳，今覿其人。先生伯仲，惟性孝友，庭闈怡」如。故今大總戎楊侯宏載歌之詩，用彰厥休。人咸稱曰：“善哉！馬兄弟之友」愛也。”予不佞，数奉教於君子，是可爲先生誌乎？文輝起而再拜曰：“命之矣」！”因衍其世系於後云。先生世爲直隸廬州合肥縣人。高祖旺，娶劉氏，從戎」於陝，遂占籍爲西安後衛中所十夫長。旺生成，成生先生。先生諱政，字尚」德。弟愷，字尚賢。愷寔文輝父也，輝以父命爲先生嗣，故謂先生爲先君。先」生娶李氏，生女一，曰淑清，適倪文。愷娶楊氏，再生文瑞，八歲物故。輝爲」秦藩引禮，娶郭氏。養子曰聰，娶吴氏。女曰淑潔，適陳榮。孫女二：長曰趙九，輝」出；次曰小東，聰出。俱幼。先生生於正統己巳十一月二十七日，卒於正德」丁丑十月初六日。葬於次年己卯正月二十六日，從講武原故兆次也。因」銘曰：

順爾生無，恶爾志敬。恭爾位弗究弗忮，吁嗟邦家之瑞兮」。

長安蕭滋鎸」

按

撰者王聘，陝西咸寧人。西安府學生，正德八年（1513）舉人。嘉靖《陝西通志》有題名。

574.1518　朱公鈔壙誌

大明秦藩宗室鎮國将軍别號王峯道人壙誌
秦府左長史
賜階從三品大中大夫食正四品俸汝南強晟譔文幷書篆
王峯諱公鈔實我
太祖高皇帝之五世孫
秦愍王之四世孫
宜川莊靖王之第二子夫人趙氏出也生於正統五年四月八日越八年十月
賜名在
玉牒正統十二年閏四月
誥封鎮國将軍食禄一千石天順元年十月選配張氏
誥封夫人乃澄城縣醫學訓科張欒女也先四十二年而卒王峯自幼孝敬本於天
性其待下有恩與人交而有禮且酷嗜書史蓄積萬卷又嗜吟詠稱為作者恒
居惟教子讀書勉以忠孝雖飲食衣服亦皆有制然又好施予濟貧乏望之者
宛然賢士大夫不知其為宗室也
秦簡王存日待以宗老而每與倡和時以為榮今有王峯集傳世今正德十一年
壽躋七十又七乃於正月十八日召諸子及孫從容笑語勉以忠孝勤儉遂端
坐而逝訃聞
秦王奏于
上上及中宮親王各賜祭
命有司營葬如制嫡孫奉國将軍秉檮卜正德十三年四月二日奉于咸寧縣新開
鄉鴻固原與張夫人合葬從吉兆也子六人俱封輔國将軍長誠淛配李氏次
誠灃配王氏誠滬未配卒誠瀗配邢氏誠浮未封卒誠灝配張氏俱封夫人孫
男三人俱封奉國将軍秉木早卒誠淛出也秉檮配唐氏封淑人誠灃出也秉
榛配程氏封淑人誠瀗出也曾孫二人曾孫女二人俱尚幼未封秉檮出也女
四人長封新會郡君適儀賓蔚橒次羅城郡君適儀賓杜隆又次義寧郡君適
儀賓王彥昭又次永業郡君適儀賓吴克仁孫女二長封平陵縣君適儀賓張
子洋次幼誠瀗出也於乎王峯爵階一品禄享萬鍾且壽幾八十而文名德行
朝野共聞實我
皇明之鉅孝宗室之鴻儒也是宜誌其墓俾後之人過者必式
奉祀嫡孫奉國将軍秉檮泣血上石　長安蕭滋刋

説 明

明正德十三年（1518）四月刻。誌正方形。邊長68厘米。誌文楷書30行，滿行30字。强晟撰文并書篆。誌四側飾龍雲纹，四角飾寶相花。出土具體時、地不詳。現存西安博物院。

釋 文

大明秦藩宗室鎮國將軍别號玉峯道人壙誌」

秦府左長史」賜階從三品大中大夫食正四品俸汝南强晟撰文并書篆」

玉峯諱公鈔，實我」太祖高皇帝之五世孫」，秦愍王之四世孫」，宜川莊靖王之第二子，夫人趙氏出也。生於正統五年四月八日，越八年十月」，賜名在」玉牒，正統十二年閏四月」，誥封鎮國將軍，食禄一千石。天順元年十月，選配張氏」，誥封夫人，乃澄城縣醫學訓科張鑾女也，先四十二年而卒。玉峯自幼孝敬，本於天」性。其待下有恩，與人交而有禮。且酷嗜書史，所積萬卷。又嗜吟詠，稱爲作者。恒」居惟教子讀書，勉以忠孝。雖飲食衣服，亦皆有制。然又好施予，濟貧乏，望之者」宛然賢士大夫，不知其爲宗室也」。秦簡王存日，待以宗老。而每與倡和，時以爲榮。今有《玉峯集》傳世。今正德十一年」，壽躋七十又七，乃於正月十八日，召諸子及孫，從容笑語，勉以忠孝勤儉。遂端」坐而逝。訃聞」，秦王奏于」上，上及中宫親王各賜祭」，命有司營葬如制。嫡孫奉國將軍秉檎，卜正德十三年四月二日，奉于咸寧縣新開」鄉鴻固原，與張夫人合葬，從吉兆也。子六人，俱封輔國將軍。長誠溆，配李氏；次」誠灑，配王氏；誠滬，未配，卒；誠濾，配邢氏；誠浮，未封，卒；誠灝，配張氏。俱封夫人。孫」男三人，俱封奉國將軍。秉术，早卒，誠溆出也；秉檎，配唐氏，封淑人，誠灑出也；秉」榛，配程氏，封淑人，誠濾出也。曾孫二人、曾孫女二人，俱尚幼未封，秉檎出也。女」四人：長封新會郡君，適儀賓蔚椿；次羅城郡君，適儀賓杜隆；又次義寧郡君，適」儀賓王彦昭；又次永業郡君，適儀賓吴克仁。孫女二，長封平陵縣君，適儀賓張」子洋；次幼。誠濾出也。於乎！玉峯爵階一品，禄享萬鍾，且壽幾八十，而文名德行」朝野共聞，實我」皇明之鉅老，宗室之鴻儒也。是宜誌其墓，俾後之人過者必式」。

奉祀嫡孫奉國將軍秉檎泣血上石」

長安蕭滋刊」

按

誌主朱公鈔，爲秦愍王之四世孫，宜川莊靖王之第二子，正統十二年（1447）封爲鎮國將軍。史載不詳，則墓誌所載其家族世系、生平事迹及其子嗣封賜等，是研究秦藩王府之重要資料。另，誌出土具體地點不詳，據墓誌葬於“咸寧縣新開鄉鴻固原”所載，當出土於今西安市長安區三府井村一帶。其子朱誠溆壙誌見本書560.1486條。

575.1518　重修孫真人廟洞記

重修孫真人廟洞之記

重修孫真人廟洞記

孫君諱思邈，華原人也。蓋華原本京兆屬邑，後建為列郡，曰耀州，今其名矣。然環耀多山，水其城之東爲漆，白漆漆水之東二三里有山曰五臺，其峯迴環相望者有五，因以名焉。臺上有廟洞，所在乃真人隱之地耳。蓋思邈始以七歲就學，日誦千餘言，百家說。洛州揔管獨孤信見其少而異之，曰：聖童也，顧器大難為用。隋文帝召為國子博士，不拜。太宗初召詣京師，年已老，而聽視聰瞭，帝嘆曰：有道者。欲官之，不受。顯慶中復召見，拜諫議大夫，固辭。上元元年，稱疾還山。曾除胡僧之害，以救昆明池龍之厄。又著千金方行於世。及卒年百餘歲，經月餘，顏貌不改，舉屍就木，猶若空衣。時人驚異，遂以真人目之也。自隋唐以迄今幾千歲矣，雖歷代有重修廟洞之敘，世遠亦有崩壞之理。嗚呼！人雖沒矣，而其名猶存；世雖遠矣，而厥神尚在。歲當季夏，

欽差鎮守陝西太監廖，諱鑾，伊姪錦衣千戶諱愷，偶然得疾，飲藥弗痊。一日忽見一老人，鬚眉皓白，衣冠甚偉，來醫其疾。問伊姓名，曰：吾乃五臺山洞中孫真人也。及退方知為夢，不[illegible]日而疾即愈。茲非真人之靈感，何以至是耶！千戶廖愷感然動心，曰：有陰德者必有陽報。遂以其夢上白，乃伯厥伯欣然而喜，即捐俸銀五十兩，遣百戶胡盛、諸耀以整飭之。郡守田天澤遂慨然命夫匠以任其事，仍以郡判韓思毅以董其事，于為廟之傾頹者整修之，洞之塌壞者補葺之，又作碑[illegible]廟前。其用心之密，可謂誠矣。由是洞門墻垣勃然恢弘，廟貌粉飾煥然一新，視昔為倍麗也。時當九月壬戌，茲因群工告成，欲立石為文以誌之，予故曰：真人固有道有德之士矣，而廖之伯姪亦有道有德者，烏能感真人之來應乎？烏能不惜白金之費而重修之乎？故書此以紀歲月，以示不朽云。

儒學學正楊表正撰文

聽選官魏昭書丹　義官呂[illegible]

皇明正德十三年歲在戊寅菊月吉日立　西安後衛百戶胡盛督工　州吏陳儀監[illegible]

説 明

明正德十三年（1518）九月刻。碑圓首方座。高205厘米，寬78厘米。額文3行，滿行3字，楷書“重修孫」真人廟」洞之記」”。正文楷書19行，滿行40字。楊表正撰文，魏昭書丹。四周飾捲雲紋。原存銅川耀縣藥王山南庵。現存藥王山博物館。《藥王山碑刻》著録。

釋 文

重修孫真人廟洞記」

孫君諱思邈，華原人也。盖華原本京兆屬邑，後建爲列郡。曰耀州，今其名矣。然環耀多山水，其城之東有」水曰漆，漆水之東二三里有山曰五臺，其峰迴環相望者有五，因以名焉。臺上有廟洞，所在乃真人舊隱」之地耳。盖思邈始以七歲就學，日誦千餘言、百家説。洛州總管獨孤信見其少而異之，曰聖童也，顧器大」難爲用。隋文帝召爲國子博士，不拜。太宗初，召詣京師，年已老，而聽視聰瞭，帝嘆曰有道者。欲官之，不受」。顯慶中，復召見，拜諫議大夫，固辭。上元元年，稱疾還山。曾除胡僧之害，以救昆明池龍之厄。又著《千金方」》行於世。及卒，年百餘歲。經月餘，顔貌容不改。舉屍就木，猶若空衣。時人驚異，遂以真人目之也。自隋唐以」迄今，幾千歲矣，雖歷代有重修廟洞之敬，世遠亦有崩壞之理。嗚呼！人雖没矣，而其名猶存；世雖遠矣，而」厥神尚在。歲當季夏」，欽差鎮守陜西太監廖諱鑾、伊姪錦衣千户諱愷，偶然得疾，飲藥弗痊。一旦，忽見一老人，鬚眉皓白，衣冠甚偉」，來醫其疾。問伊姓名，曰：“吾乃五臺山洞中孫真人也。”及退，方知爲梦。不旋日而疾即愈，兹非真人之靈感」，何以至是邪！千户廖愷戚然動心曰：“有陰德者必有陽報。”遂以其梦上白乃伯，厥伯欣然而喜，即捐俸銀」五十兩，遣百户胡盛詣耀以整飭之。郡守田天澤遂慨然命夫匠以供其事，仍以郡判韓思穀以董其事」。于焉廟之傾頹者整修之，洞之塌壞者補葺之，又作碑楼於廟前。其用心之密，可謂誠矣。由是洞門墻垣」勃然恢弘，廟貌粉飾焕然一新，視昔爲倍屣也。時當九月壬戌，兹因群工告成，欲立石爲文以誌之。予故」曰：“真人固有道有德之士矣。而廖之伯姪非有道有德者，烏能感真人之來應乎，烏能不惜白金之費而」重修之乎！”故書此以紀歲月，以示不朽云。

儒學學正楊表正撰文」

聽選官魏昭書丹」

時正德十三年歲在戊寅菊月吉旦立西安後衛百户胡盛督工

義官吕朝宗、州吏陳鷺監造」

按

孫思邈生平事迹詳載《舊唐書》《新唐書》本傳。碑文所述“曾除胡僧之害，以救昆明池龍之厄”事載於《酉陽雜俎》。

撰者楊表正，山東金鄉人。正德時任耀州州學學正。嘉靖《耀州志》有題名。

576.1522　吏部劄付碑

吏部
劄付
西安府鄠縣爲舉保住持事據本縣羅漢寺僧人淨深等并隣住新碣寺里地方居
住軍民賀普明王錦劉原等各告保本寺僧人湛文平昔行止端莊堪爲住持連名
告保到縣已行應役外續據本縣草堂等寺住持行翥等告稱僧會司印信欽賞
管今各寺衆所推服羅漢寺住持湛文堪以署掌等因據此緣係舉保署掌本司印信事
理擬合就行爲此合行給帖付照仰自文書到日照依帖文内事理署掌本司印信
仍鈐束各寺僧衆謹守戒行焚脩香火不許縱容無籍之徒在寺生事及不許藏匿
面生之人違者指實呈來以憑施行須至帖者
右帖下羅漢寺住持湛文准此
弘治拾陸年捌月初壹日　古鄠義官張仕隆書
西安府鄠縣僧會司爲除授官員事正德叁年玖月拾柒日抄蒙
吏部令填文字肆百柒拾捌號劄付文憑齎道本官前赴陝西西安府鄠縣僧會司
定限本年拾壹月初拾日到任本衙門遵將本官原領文憑并到任月日開繳合該
上司轉達赴部以憑稽考毋得本處徑申變亂若過關津把截去處驗實放行須至
劄付者
計官壹員僧會司僧會湛文
右劄付僧會湛文准此
正德叁年玖月拾柒日
嘉靖元年叁月初拾日發心師孫　深聰　深表　深祥　深泉　抄立
富平縣鐫字匠趙應祥

説 明

明嘉靖元年（1522）三月刻。碑圓首。座佚。身首一體，通高124厘米，寬56厘米。額文2行，滿行2字，楷書“吏部」劄付」”。正文楷書19行，滿行32字。張仕隆書丹。額文兩側飾以雲鶴紋，碑身四周飾以捲雲紋。現存西安市鄠邑區秦渡街道龐村羅漢寺。《户縣碑刻》著録。

釋 文

西安府鄠縣爲舉保住持事，據本縣羅漢寺僧人净深等，并鄰住新陽等里地方居」住軍民賀普明、王錦、劉原等，各告保本寺僧人湛文，平昔行止端莊，堪爲住持，連名」告保到縣。已行，應役外續，據本縣草堂等寺住持行翥等告稱，僧會司印信缺官掌」管，今各寺衆所推服羅漢寺住持湛文堪以署掌等，因據此緣，係舉保署掌印信事」。理擬合就行，爲此合行給帖付照。仰自文書到日，照依帖文内事理署掌本司印信」。仍鈐束各寺僧衆謹守戒行，焚修香火。不許縱容無藉之徒在寺生事，及不許藏匿」面生之人。違者指實呈來，以憑施行。須至帖者」。

右帖下羅漢寺住持湛文准此」

弘治拾陸年捌月初壹日

古鄠義官張仕隆書」

西安府鄠縣僧會司，爲除授官員事，正德叁年玖月拾柒日抄，蒙」吏部今填文字肆佰柒拾捌號劄付文憑壹道，本官前赴陜西西安府鄠縣僧會司」，定限本年拾壹月初拾日到任。本衙門速將本官原領文憑并到任月日開徵，合該」上司轉達赴部，以憑稽考，毋得本處徑申變亂。若過關津把截，去處驗實放行，須至劄付者」。

計官壹員僧會司僧會湛文」

右劄付僧會湛文准此」

正德叁年玖月拾柒日」

嘉靖元年叁月初拾日

發心師孫深聰、深表、深祥、深泉抄立」

富平縣鐫字匠趙應祥」

按

碑共録文書二封：一爲弘治十六年帖付，一爲正德三年劄付。此碑對於研究明代宗教管理有一定的價值。另，碑左下角有清康熙元年第五橋善士捐土地舍糧差題記。

明奉直
大夫德
州知州
王公墓

577.1524　王宇墓誌

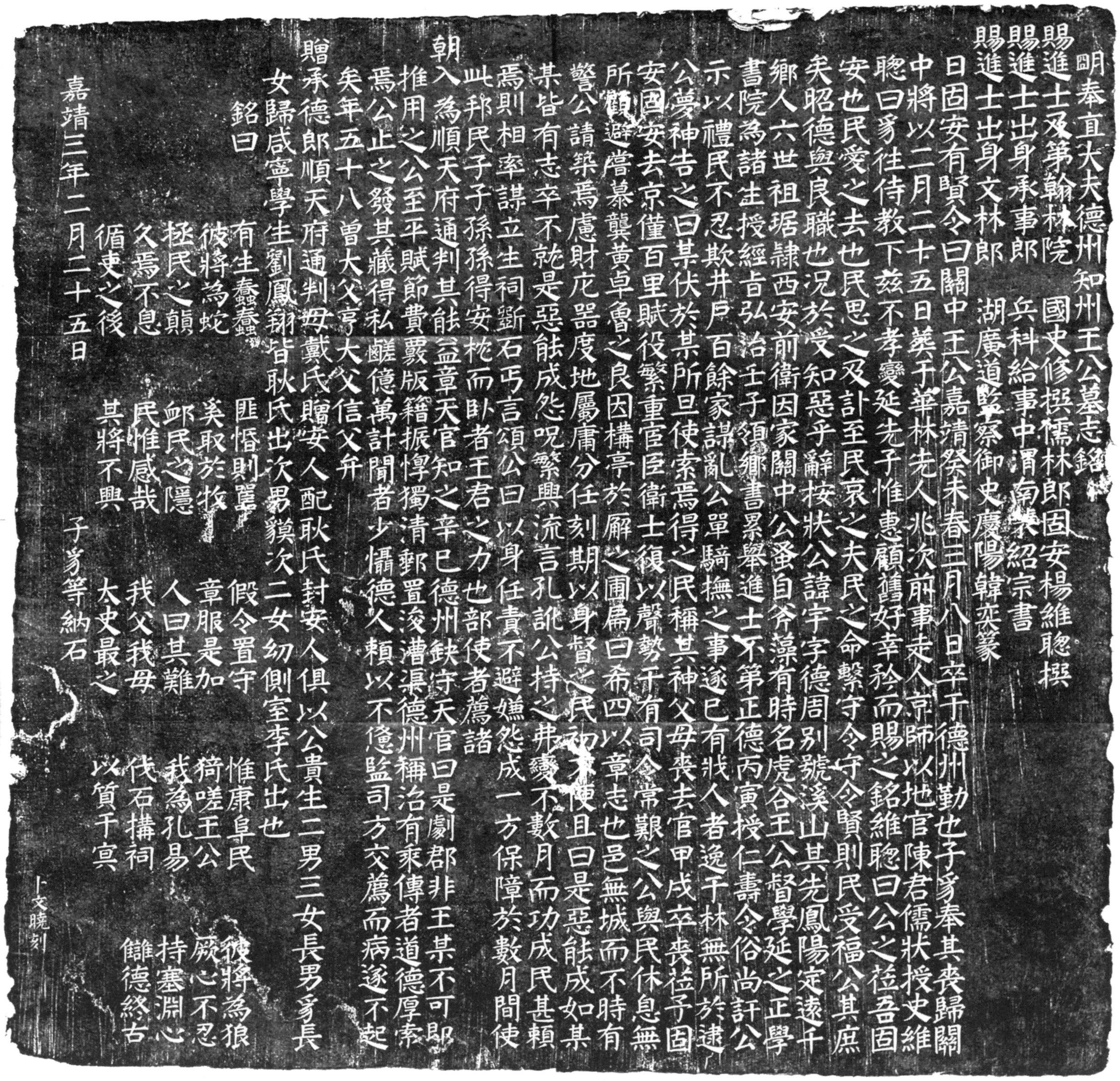
明奉直大夫德州知州王公墓志銘
賜進士及第翰林院國史修撰儒林郎固安楊維聰撰
賜進士出身承事郎兵科給事中渭南秦紹宗書
賜進士出身文林郎湖廣道監察御史慶陽韓奕篆
日固安有賢令曰關中王公嘉靖癸未春三月八日卒于德州勤也子冢奉其喪歸關
中將以二月二十五日葬于華林先人兆次前事走人京師以地官陳君儒狀授史維
聰曰冢往侍教下茲不孝釁延先子惟惠顧舊好幸矜而賜之銘維聰曰公之莅吾固
安也民愛之去也民思之及訃至民哀之夫民之命繫守令守令賢則民受福公其庶
矣昭德與良職也況於愛知惡乎辭按狀公諱宇字德周別號溪山其先鳳陽定遠千
鄉人六世祖据隸西安前衛因家關中公蚤自斧藻有時名虎谷王公督學延之正學
書院為諸生授經旨弘治壬子領鄉書累舉進士不第正德丙寅授仁壽令俗尚訐公
示以禮民不忍欺井戶百餘家謀亂公單騎撫之事遂已有狀人者逸于林無所於逮
公夢神告之曰某伏於某所旦使索焉得之民稱其神父母喪去官甲戌卒喪莅予固
安固安去京僅百里賦役繁重宦臣衛士復以聲勢干有司令常艱之公與民休息無
所顧避嘗募龔黃卓魯之良因構亭於廨之圃扁曰希四以章志也邑無城而不時有
警公請築焉慮財庀器度地屬庸分任刻期以身督之民初不便且曰是惡能成如其
某皆有志卒不就是惡能成怨呪繁興流言孔訛公持之弗變不數月而功成民甚賴
焉則相率謀立生祠斲石丐言頌公曰以身任責不避嫌怨成一方保障於數月間使
此邦民子子孫孫得安枕而卧者王君之力也部使者薦諸
朝入為順天府通判其能益章天官知之辛巳德州缺守天官曰是劇郡非王某不可即
推用之公至平賦節費覈版籍振惸獨清鄆置浚漕渠德州稱治有乘傳者道德厚索
焉公止之發其藏得私鹺億萬計聞者少懾德人賴以不僨監司方交薦而病遂不起
矣年五十八曾大父亨大父信父弁
贈承德郎順天府通判母戴氏贈安人配耿氏封安人俱以公貴生二男三女長男冢長
女歸咸寧學生劉鳳翔皆耿氏出次男貘次二女幼側室李氏出也
銘曰
有生蠢蠢　匪惛則囂　假令置守　惟康阜民　彼將為狼
彼將為蛇　奚取於牧　章服是加　猗嗟王公　厥心不忍
拯民之顛　卹民之隱　人曰其難　我為孔易　持塞淵心
久焉不息　民惟感哉　我父我母　伐石搆祠　龤德終古
循吏之後　其將不興　太史最之　以質于冥
嘉靖三年二月二十五日　子冢等納石
卜文曉刻

説明

明嘉靖三年（1524）二月刻。誌、蓋均正方形。蓋邊長71厘米，誌邊長70厘米。蓋文4行，滿行3字，篆書“明奉直」大夫德」州知州」王公墓」”。誌文楷書32行，滿行33字。楊維聰撰文，裴紹宗書丹，韓奕篆蓋。出土具體時、地不詳。現存西安博物院。《新中國出土墓誌（陝西叁）》著録。

釋文

明奉直大夫德州知州王公墓志銘」

賜進士及第翰林院國史修撰儒林郎固安楊維聰撰」

賜進士出身承事郎兵科給事中渭南裴紹宗書」

賜進士出身文林郎湖廣道監察御史慶陽韓奕篆」

曰固安有賢令曰關中王公，嘉靖癸未春三月八日卒于德州，勤也。子豸奉其喪歸關」中，將以二月二十五日葬于華林先人兆次。前事走人京師，以地官陳君儒狀授史維」聰曰：“豸往侍教下，兹不孝變延先子，惟惠顧舊好，幸矜而賜之銘。”維聰曰：“公之莅吾固」安也，民愛之。去也，民思之。及訃至，民哀之。夫民之命繫守令，守令賢則民受福，公其庶」矣昭德與良職也。況於受知，惡乎辭？”按狀：公諱宇，字德周，別號溪山。其先鳳陽定遠千」鄉人。六世祖琚，隸西安前衛，因家關中。公早自斧藻，有時名。虎谷王公督學，延之正學」書院爲諸生，授經旨。弘治壬子，領鄉書，累舉進士不第。正德丙寅，授仁壽令。俗尚訐，公」示以禮，民不忍欺。井户百餘家謀亂，公單騎撫之，事遂已。有戕人者逸于林，無所於逮」。公夢神告之曰：某伏於某所。旦使索焉，得之，民稱其神。父母喪，去官。甲戌卒喪，莅予固」安。固安去京僅百里，賦役繁重。宦臣衛士，復以聲勢干有司，令常艱之。公與民休息，無」所顧避。嘗慕龔黄卓魯之良，因構亭於廨之圃，扁曰“希四”，以章志也。邑無城，而不時有」警，公請築焉。慮財庀器，度地屬庸，分任刻期，以身督之。民初不便，且曰：“是惡能成？如某」某皆有志，卒不就，是惡能成？”怨咒繁興，流言孔訛。公持之弗變。不數月而功成，民甚賴」焉。則相率謀立生祠，斲石丐言，頌公曰：以身任責，不避嫌怨，成一方保障於數月間，使」此邦民子子孫孫得安枕而卧者，王君之力也。部使者薦諸」朝，入爲順天府通判。其能益章，天官知之。辛巳，德州缺守，天官曰：“是劇郡，非王某不可。”即」推用之。公至，平賦節費，覈版籍、振惸獨、清郵置、浚漕渠，德州稱治。有乘傳者道德，厚索」焉，公止之，發其藏，得私鹺億萬計，聞者少慴，德人賴以不僨。監司方交薦，而病遂不起」矣。年五十八。曾大父亨，大父信，父弁」，贈承德郎、順天府通判。母戴氏，贈安人。配耿氏，封安人。俱以公貴。生二男三女：長男豸，長」女歸咸寧學生劉鳳翔，皆耿氏出；次男貘、次二女幼，側室李氏出也」。銘曰：

有生蠢蠢，匪惛則嚚。假令置守，惟康阜民。彼將爲狼」，彼將爲蛇。奚取於牧，章服是加。猗嗟王公，厥心不忍」。拯民之顛，卹民之隱。人曰其難，我爲孔易。持塞淵心」，久焉不息。民惟感哉，我父我母。伐石構祠，讎德終古」。循吏之後，其將不興。太史最之，以質于冥」。

嘉靖三年二月二十五日

子豸等納石」

卜文曉刻」

按

撰者楊維聰，字達甫，號方城，河北固安人。正德十六年（1521）進士第一，曾任翰林院修撰、太子中允、山西布政使、山東布政使、太僕寺卿。

書者裴紹宗，字伯修，陝西渭南人。正德十二年（1517）進士，曾任海門知縣，署江都事、兵科給事中。《明史》有傳。

篆蓋者韓奕，江蘇吴縣人，改籍慶陽衛。正德九年（1514）進士，曾任新都縣知縣、監察御史、四川按察司僉事。嘉靖《陝西通志》有載。

578.1524　滿富墓誌

大明明威
將軍滿侯
墓志銘

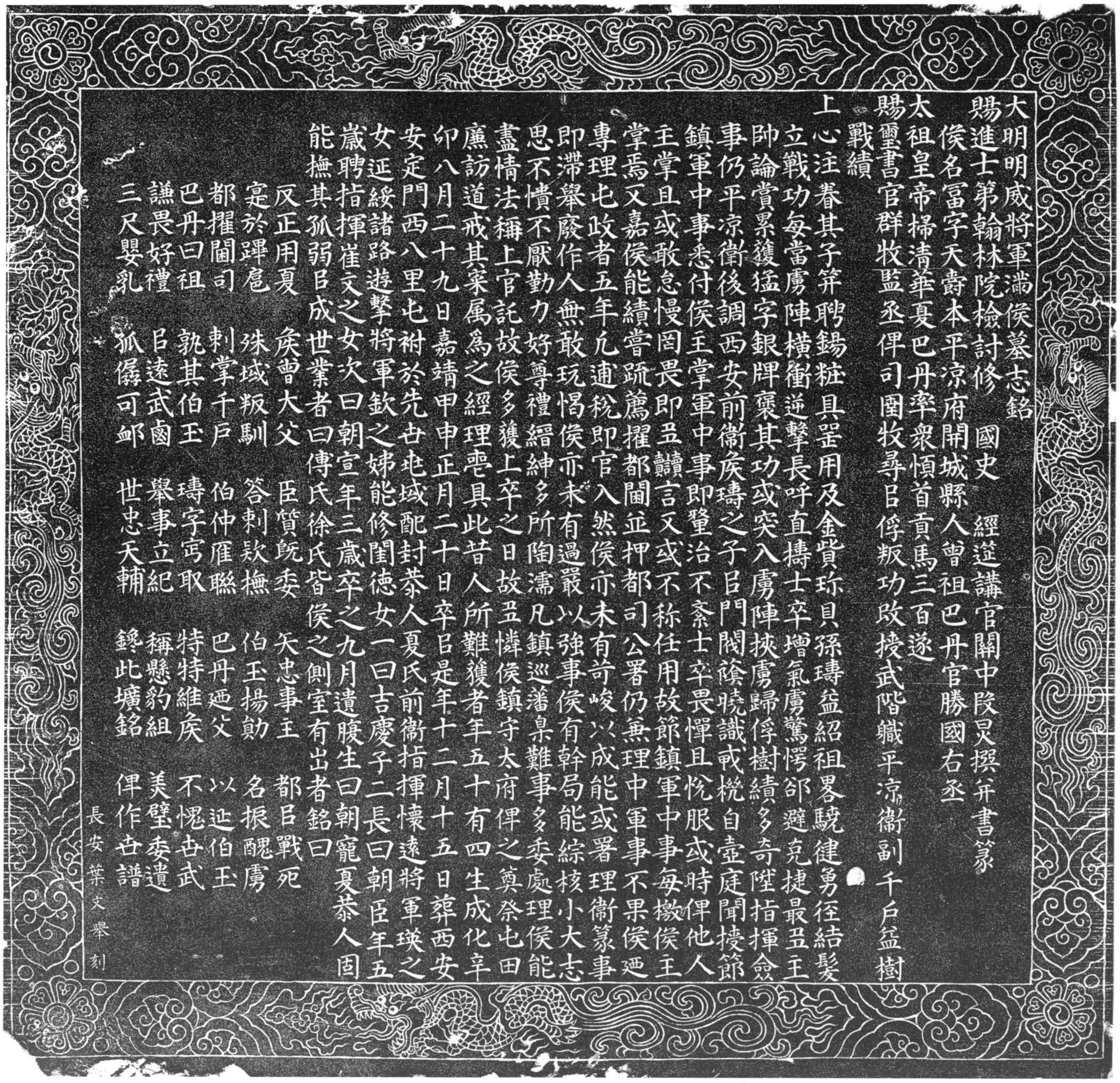

大明明威將軍滿侯墓志銘

賜進士第翰林院檢討修　國史　經筵講官關中段炅撰并書篆

侯名富字天壽本平涼府開城縣人曾祖巴丹官勝國右丞

太祖皇帝掃清華夏巴丹率衆傾首貢馬三百遂

賜璽書官群牧監丞俾司圉牧尋以俘叛功改授武階職平涼衛副千戶益樹

戰績

上心注眷其子笄聘錫粧具器用及金貲珎貝孫璹益紹祖畧驍健勇往結髮

立戰功每當虜陣橫衝逆擊長呼直擣士卒增氣虜驚愕卻避克捷最丑王

帥論賞累獲猛字銀牌褒其功或突入虜陣挾虜歸俘樹績多奇陞指揮僉

事仍平涼衛後調西安前衛庚璹之子以門閥蔭驍識戎機自壺庭聞摟節

鎮軍中事悉付侯主掌軍中事即釐治不紊士卒畏憚且悅服或時俾他人

主掌且或敢怠慢罔畏即丑讟言又或不称任用故節鎮軍中事每檄侯主

掌焉又嘉侯能績嘗疏薦擢都閫並押都司公署仍兼理中軍事不果侯廼

專理屯政者五年凡逋税即官入然侯亦未有苛峻以成能或署理衛篆事

即滯舉廢作人無敢玩愒侯亦未有過嚴以強事侯有幹局能綜核小大志

思不憒不厭勤力好尊禮縉紳多所陶濡凡鎮巡藩臬難事多委處理侯能

盡情法稱上官託故侯多獲上卒之日故丑憐侯鎮守太府俾之奠祭屯田

廉訪道戒其棠屬為之經理壱具此昔人所難獲者年五十有四生成化辛

卯八月二十九日嘉靖甲申正月二十日卒以是年十二月十五日葬西安

安定門西八里屯祔於先世兆域配封恭人夏氏前衛指揮懷遠將軍瑛之

女延綏諸路遊擊將軍欽之姊能修閨德女一曰吉慶子二長曰朝臣年五

歲聘指揮崔文之女次曰朝宣年三歲卒之九月遺腹生曰朝寵夏恭人固

能撫其孤弱以成世業者曰傅氏徐氏皆侯之側室有出者銘曰

反正用夏　庚曾大父　臣質既委　矢忠事主　都以戰死

寔於蹕扈　殊域叛馴　答刺欵撫　伯玉揚勛　名振醜虜

都擢閫司　刺掌千戶　伯仲雁聯　巴丹廼父　以延伯玉

巴丹曰祖　孰其伯玉　璹字寫取　特特維庚　不愧世武

謙畏好禮　以遠武鹵　舉事立紀　稱懸豹組　美璧委遺

三尺嬰乳　孤孱可卹　世忠天輔　鋟此壙銘　俾作世譜

長安葉文舉刻

説 明

明嘉靖三年（1524）十二月刻。誌、蓋均正方形。蓋邊長67厘米，誌邊長66厘米。蓋文3行，滿行4字，篆書"大明明威」將軍滿侯」墓志銘」"。誌文楷書30行，滿行29字。段炅撰文并書篆。誌、蓋四角飾寶相花，四周飾雲龍紋、捲雲如意紋。1978年西安西郊720研究所出土。現存西安博物院。《陝西碑石精華》《新中國出土墓誌（陝西叁）》著録。

釋 文

大明明威將軍滿侯墓志銘」

賜進士第翰林院檢討修國史經筵講官關中段炅撰并書篆」

侯名富，字天爵，本平凉府開城縣人。曾祖巴丹，官勝國右丞」。太祖皇帝掃清華夏，巴丹率衆順首，貢馬三百，遂」賜璽書，官群牧監丞，俾司圉牧。尋以俘叛功，改授武階，職平凉衛副千户。益樹」戰績」，上心注眷。其子笄聘，錫粧具器用及金貲珍貝。孫璹，益紹祖略，驍健勇徑，結髮」立戰功。每當虜陣，横衝逆擊，長呼直擣，士卒增氣，虜驚愕卻避。克捷最多，主」帥論賞，累獲猛字銀牌褒其功。或突入虜陣，挾虜歸俘，樹績多奇，陞指揮僉」事，仍平凉衛，後調西安前衛。侯，璹之子，以門閥蔭，曉識戎機。自壺庭閫授節」鎮軍中事，悉付侯主掌，軍中事即釐治不紊，士卒畏憚且悦服。或時俾他人」主掌，且或敢怠慢罔畏，即多譃言。又或不称任用。故節鎮軍中事，每檄侯主」掌焉。又嘉侯能績，嘗疏薦擢都閫，並押都司公署，仍兼理中軍事，不果。侯乃」專理屯政者五年，凡逋税即官入，然侯亦未有苛峻以成能。或署理衛篆事」，即滯舉廢作，人無敢玩愒，侯亦未有過嚴以强事。侯有幹局，能綜核小大，志」思不憒，不厭勤力。好尊禮縉紳，多所陶濡。凡鎮巡藩臬，難事多委處理。侯能」盡情法，稱上官託，故侯多獲上。卒之日，故多憐侯。鎮守太府俾之奠祭。屯田」廉訪，道戒其家，属爲之經理喪具。此昔人所難獲者。年五十有四，生成化辛」卯八月二十九日，嘉靖甲申正月二十日卒。以是年十二月十五日，葬西安」安定門西八里屯，祔於先世兆域。配封恭人夏氏，前衛指揮懷遠將軍瑛之」女，延綏諸路遊擊將軍欽之姊，能修閨德。女一，曰吉慶。子二：長曰朝臣，年五歲，聘指揮崔文之女；次曰朝宣，年三歲。卒之九月，遺腹生曰朝寵。夏恭人固」能撫其孤弱，以成世業者。曰傅氏、徐氏，皆侯之側室，有出者。銘曰」：

反正用夏，侯曾大父。臣質既委，矢忠事主。都以戰死」，寔於蹕扈。殊域叛馴，笞剌款撫。伯玉揚勛，名振醜虜」。都擢閫司，剌掌千户。伯仲雁聯，巴丹乃父。以延伯玉」，巴丹曰祖。孰其伯玉，璹字守取。特特維侯，不愧世武」。謙畏好禮，以遠武鹵。舉事立紀，稱懸豹組。美璧委遺」，三尺嬰乳。孤僝可卹，世忠天輔。鑱此壙銘，俾作世譜」。

長安葉文舉刻」

按

誌主滿富，寧夏固原人。誌載其曾祖巴丹於明太祖時由勝國投明。父滿璹，頗立戰功，改西安前衛，《明史》有載。

撰者段炅，甘肅臨洮人。弘治十八年（1505）進士，曾任翰林院檢討、修國史經筵講官。《明史》有載。

579.1525 重修重陽天聖宮碑記

重修重陽天聖宮碑記

賜同進士出身前翰林院國史檢討徵仕郎經筵講官鄠社王九思撰

賜同進士出身文林郎□□東巡按監察御史邑人張纘篆

賜同進士出身文林郎□江西道監察御史邑人王□書

天物之有廢而興舉存人廢而能興則繼美前人垂名於後世有人之心有托矣咸陽城西北三十餘里白良里其村名曰大魏村原有祖師誕育之處也其重陽王氏名喆字知明重陽乃號母孕二十四月而生美鬚髯目長於口形質魁偉任氣而好以讀書係儒籍又隸名武選當元春之初以財雄鄉里歲且饑人多殍亡有盜盡劫其貲以去一日適自物色得盜終不之問遠近正心誠意精□□□日求學於道得純陽之真傳登東海而領七真人號為馬曰丹陽譚曰長真劉曰長生丘曰長春王曰玉陽郝曰廣寧孫曰清靜與散人並結為方外俱得飛騰以成仙家之妙斯□地靈人傑有仙跡之遺風乃立一宮名曰先聖誕祖師像於其間有道士朝夕以奉香火俾後世愈加忻羨之言厥宮肇刱自□□宗皇帝時殿宇廊廡及考之數代俱歷歷猶存累被風雨浸壞危困於雨木蠹於風日就傾圮誠所謂仙靈無可依之處人無敬戴之所迺宮內道士趙崇啓處心風起廣徹四方德厚之人攸攸乎以求其財起於弘治六年修葺仍回故基鳩工掄財置蓋三清殿三間祖師殿三間□聖官殿間右傍玄丈一院祖師殿三間盡心修理又捐貲買碑欲勒間盡天年遂逝未完此功遂繼徒衆是宮以為鮮然矣偶蒙本縣知縣李公誠意懇切給帖遺本縣太清觀道士王道玄同徒崇樞等到宮道玄又故有崇先崇樞屢觀前人之修蹟未完恪恭厥心勵志攸存慨陳跡之就湮憫流風之遂泯爰究爰度募四方之財同心力以張前人之光不四三年掄換其財又修雷神殿一間將前修未完一槩缮砌龍鱗之狀節拱繪金碧之色新其所舊而舊其所新繚以藩垣列以危逼蔭以茂林嘉樹環置稽地蔬圃以給歲時所謂城市山林此其勝也落成於嘉靖歲三郎今先樞等詣成立之不易懼廢墜之或有設以丕揚宗風自是勝跡偉觀西土稱首碑誌迺徵余文以昭不朽以勸諸石焉以成頌祖師之德非文則無以傳後後曰其請而記曰人之流聲於天地間以其跡有可考也考其跡而知其德百世之上流聲於百世之下既乎百世之上其聲且不□□世乎師之德及於當世而流聲於百世迹之不泯聲之所不泯也聲流於百世之下曰其迹而推其德於百世之上者噫道在天地間無物不有無時不然而亦不免於興替者蓋行道身得所安則其道廣大矣若是宮者其率性之郛郭入聖之堂奧者歟自今游於斯行於斯□妙用於斯俾成性之存不移於物者吾知先樞等益有光矣傳曰修道之謂教衆等亦當勉乎哉若徒儒之畢竟淪喪實德以負

國家興復靈秘祗述天休之意豈惟世俾於名教亦非吾鄙之所願望也是為記

文林郎知咸陽縣事濬縣李仁　渭水驛驛丞李志　遞運所大使上蔡王瑩

賜秦府承奉□飛魚正□沂副王聰　典寶梁洪　臨潼王府管家劉彝　太清觀住持楊崇錫　徒楊教文

臨潼王府輔國將軍□欽下在京建成白高隆　涇陽生員楊自良　遇咪　趙崇貞

軍都督府□歷　邑人劉□　功德主魏資　道人崔教貞

嘉靖四年歲次乙酉孟冬吉日知宮事道士王道玄　本宮道人□崇先　侯崇樞　董崇濟　楊崇遇　立石　富平趙應祥鐫

説 明

明嘉靖四年（1525）十月刻。碑螭首圭額。通高280厘米，寬100厘米。額文3行，滿行3字，篆書“重修重」陽天聖」宮碑記」”。正文楷書26行，滿行56字。王九思撰文，王獻書丹，張緯篆額。額失拓。四周飾纏枝、如意紋。碑首斷爲兩截，碑身斷爲五塊，已黏接復原，唯碑上部有泐蝕，個別字受損。原在咸陽市秦都區大魏村王重陽故里，1963年移藏咸陽博物館。現存咸陽博物館。《咸陽碑石》著録。

釋 文

重修重陽天聖宮碑記」

賜同進士出身前翰林院國史檢討徵仕郎經筵講官鄠社王九思撰」

賜同進士出身文林郎遼東巡按監察御史邑人張緯篆」

賜同進士出身文林郎江西道監察御史邑人王獻書」

夫物之有廢，而興舉在人。廢而能興，則繼美前人。垂名於後世，仁人之心有托矣。咸陽城西北三十餘里白良里，其村名曰大魏村，原有祖師誕育」之處也。其重陽，姓王氏，名喆，字知明，重陽乃號。母孕二十四月而生，美鬚髯，目長於口，形質魁偉，任氣而好。少讀書，係儒籍，又隸名武選。當天眷之」初，以財雄鄉里。歲且飢，人多殍亡，有盜盡劫其貲以去。一日，適因物色得盜，終不之問遠近。正心誠意，精志苦行。日求學於道，得純陽之真傳。登東」海而領七真人，號爲馬曰丹陽，譚曰長真，劉曰長生，丘曰長春，王曰玉陽，郝曰廣寧，孫曰清静，與散人並結爲方外，俱得飛騰，以成仙家之妙。斯見」地靈人傑，有仙迹之遺風，乃立一宮，名曰天聖，設祖師像於其間，有道士朝夕以奉香火，俾後世愈加忻羡之。言厥宮肇創自」世宗皇帝時，殿宇廊廡，及考之数代，俱歷歷猶存，累被風雨浸壞，瓦困於雨，木蠹於風，日就傾圮。誠所謂仙靈無可依之處，人無敬戴之所。乃宮内道」士趙崇啓，虔心風起，廣徼四方德厚之人，攸攸乎以求其財。起於弘治六年，修葺仍因故基，鳩工掄財，置盖三清殿三間、祖師殿三間、左靈官殿一」間、右傍方丈一院、祖師殿三間，盡心修理。又捐貲買碑，欲勒間，盡天年遠逝，未完此功，乏繼徒衆，是宮以爲解烈矣。偶蒙本縣知縣李公，誠意懇切」，給帖遣本縣太清觀道士王道玄同徒崇樞等到宮。道玄又故。有崇先、崇樞屢觀前人之修蹟未完，恪恭厥心，勵志攸存。慨陳迹之就湮，憫流風之」遂泯，爰究爰度，募四方之財，同心力以張前人之光。不四三年，掄換其財。又修雷神殿一間，將前修未完，一概瓦縫砌龍鱗之狀，節拱繪金碧之色」，新其所舊，而舊其所新。繚以藩垣，列以庖湢，蔭以茂林，嘉樹環置，穡地蔬圃，以給歲時。所謂城市山林，此其勝也。落成於嘉靖歲三。即今先樞等諗」成立之不易，懼廢墜之或有，設以丕揚宗風，自是勝迹偉觀，西土稱首。碑誌乃徵余文，以昭不朽，以勒諸石焉，以成頌祖師之德，非文則無亦傳後」。後因其請而記曰：人之流聲於天地間，以其迹有可考也。考其迹而知其德百世之上，流聲於百世之下。嘅乎！百世之上，其聲且不泯，况當世乎？師」之德及於當世，而流聲於百世。迹之不泯，聲之所不泯也。聲流於百世之下，因其迹而推其德於百世之上者，噫！道在天地間，無物不有，無時不然」，而亦不免於興替者，盖行道於身，身得所安，則其道廣大矣。若是宮者，其率性之郛郭，入聖之堂奥者歟！自今游於斯，行於斯，參妙用於斯，俾成性」之存不移於物者，吾知先樞等益有光矣。傳曰：修道之謂，教衆等亦當勉乎哉？若徒儒之異行，淪隳實德，以負」國家興復，靈秘祇迓，天休之意，豈惟世俾於名教，亦非吾黨之所願望也。是爲記」。

文林郎知咸陽事濬縣李仁、渭水驛驛丞李志、遞運所大使上蔡王瑩」

賜秦府承奉飛魚正張泝、副王聰、典賓梁洪」

臨潼王府輔國將軍殿下在京建成白高隆、臨潼王府管家劉彞」

□軍都督府經歷邑人劉玉、涇陽生員楊自良過硃」

功德主魏資

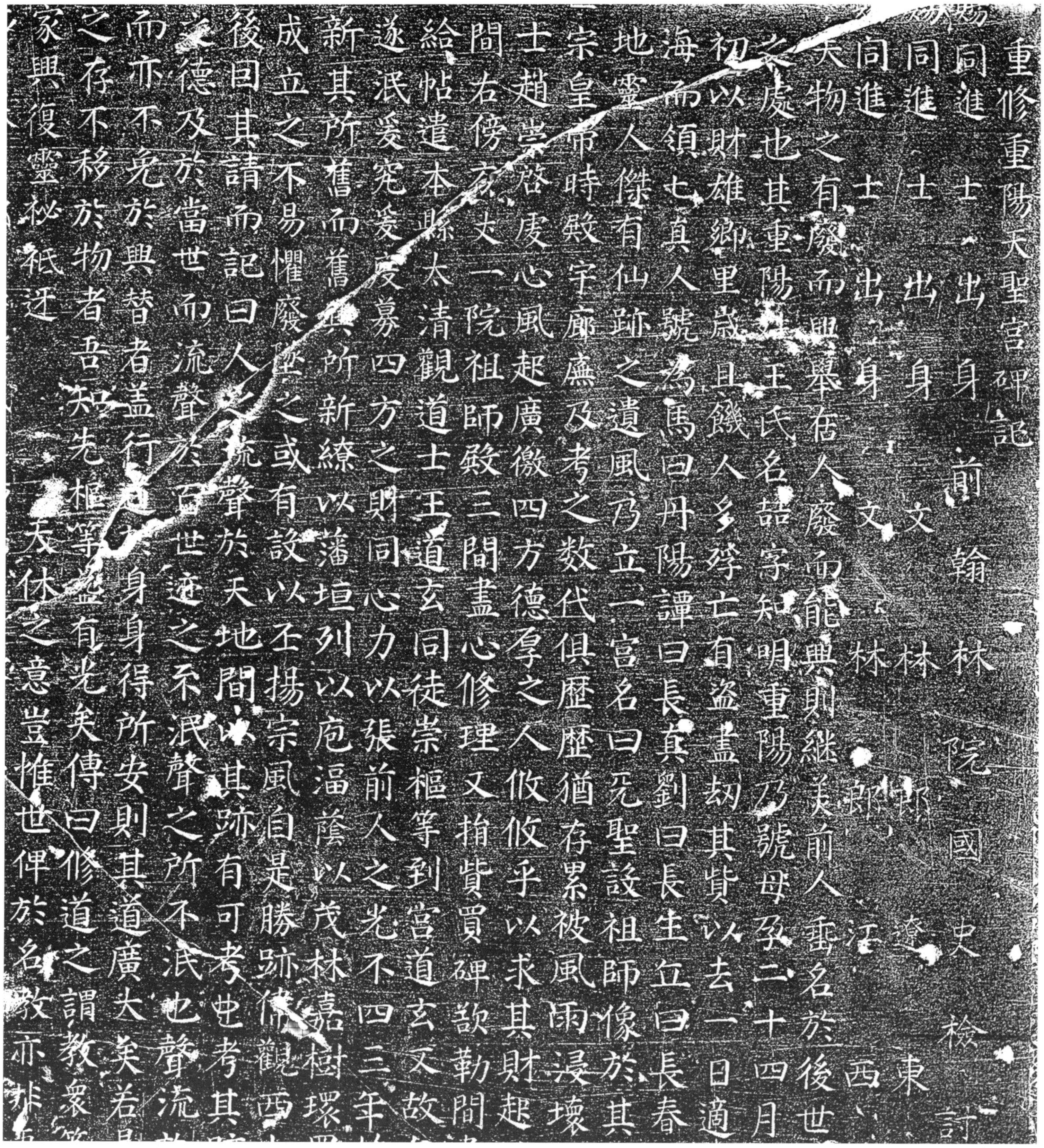
重修重陽天聖宮碑記
賜同進士出身前翰林院國史檢討
賜同進士出身文林郎遼東
賜同進士出身文林郎江西
天物之有廢而興舉在人廢而能興則繼美前人垂名於後世
之處也其重陽王氏名嚞字知明重陽乃號母孕二十四月
初以財雄鄉里歲且饑人多殍亡有盜盡劫其貲以去一日適
海而領七真人號為馬曰丹陽譚曰長真劉曰長生丘曰長春
地靈人傑有仙跡之遺風乃立一宮名曰元聖設祖師像於其
宗皇帝時殿宇廊廡及考之數代俱歷歷猶存累被風雨浸壞
士趙崇啓虔心風起廣儆四方德厚之人攸攸乎以求其財起
間右傍玄丈一院祖師殿三間盡心修理又捐貲買碑歆勒間
給帖遣本縣太清觀道士王道玄同徒崇樞等到宮道玄又故
遂泯爰究爰度募四方之財同心力以張前人之光不四三年
新其所舊而舊其所新繚以藩垣列以庖湢蔭以茂林嘉樹環
成立之不易懼廢墜之或有設以丕揚宗風自是勝跡儲觀西
後曰其請而記曰人之流聲於天地間以其跡有可考也考其
之德及於當世而流聲於百世迹之不泯聲之所不泯也聲流
而亦不免於興替者蓋行道之身身得所安則其道廣大矣若
之存不移於物者吾知先樞等益有光矣傳曰修道之謂教衆
家興復靈祕祇迓天休之意豈惟世俾於名教亦非

局部

太清觀住持：楊崇錫、孟崇爵、趙崇貞。徒：楊教文、尹教先、許教紳、張教明、牛教春、高教鶴」。道人：崔教賢。徒：演勤」

□□嘉靖四年歲次乙酉孟冬吉日

知宫住持道士王道玄，本宫道人米崇先、侯崇樞、董崇濟、楊崇遇立石

富平趙應祥鐫」

按

天聖宫，在咸陽西北三十里大魏村。碑文中載"言厥宫肇創自世宗皇帝時"，此世宗當指金世宗大定年間，天聖宫當建於此後。刻碑人或不知世宗非本朝皇帝，故而將碑文另起一行、頂頭書寫。

篆額者張緯，陝西咸陽人，正德十六年（1521）進士，曾任江西道御史。乾隆《咸陽縣志》有載。

580.1526　敬一箴

御製

説 明

明嘉靖五年（1526）六月刻。碑通高206厘米，寬117厘米。額文篆書“御製”二字。正文楷書25行，滿行47字。明嘉靖帝朱厚熜撰文并書丹。額飾二龍戲珠圖案，四周飾雲龍紋。現存西安碑林博物館。《西安碑林全集》著録。

釋 文

敬一箴有序」

夫敬者，存其心而不忽之謂也。元后敬則不失天下，諸侯敬則不失其國，卿大夫敬則不失其家，士庶人敬則不失其身。禹」曰：后克艱厥后，臣克艱厥臣。《五子之歌》有云：予臨兆民，如朽索之馭六馬。爲人上者，奈何不敬？其推廣敬之一言，可謂明矣」。一者，純乎理而無雜之謂也。伊尹曰：德惟一，動罔不吉；德二三，動罔不凶。其推廣一之一言，可謂明矣。盖位爲元后，受」天付託，承」天明命。作萬方之君，一言一動，一政一令，實理亂安危之所繫。若此心忽而不敬，則此德豈能純而不雜哉？故必兢懷畏慎於」郊禋之時，儼神明之鑒享，發政臨民，端莊戒謹，惟恐拂於人情。至於獨處之時，思我之咎何如，改之不吝；思我之德何如，勉而不」懈。凡諸事至物來究夫至理，惟敬是持，惟一是協。所以盡爲」天之子之職，庶不忝厥」祖厥」親。由是九族親之、黎民懷之，仁澤覃及於四海矣。朕以冲人纘承丕緒，自諒德惟寡昧，勉而行之，欲盡持敬之功，以馴致乎一德」。其先務又在虚心寡慾，驅除邪逸，信任耆德，爲之匡輔。敷求善人布列庶位，斯可行純王之道，以坐致太平雍熙之至治也」。朕因讀書而有得焉，乃述此以自勗云」：

人有此心，萬理咸具。體而行之，惟德是據。敬焉一焉，所當先務。匪一弗純，匪敬弗聚」。元后奉天，長此萬夫。發政施仁，期保鴻圖。敬怠純駁，應驗頓殊。徵諸天人，如鼓答桴」。朕荷天眷，爲民之主。德或不類，以爲大懼。惟敬惟一，執之甚固。畏天勤民，不遑寧處」。曰敬維何？怠荒必除。郊則恭誠，廟嚴孝趨。肅于明廷，慎於閒居。省躬察咎，儆戒無虞」。曰一維何？純乎天理。弗参以三，弗貳以二。行顧其言，終如其始。静虚無欲，日新不已」。聖賢法言，備見諸經。我其究之，擇善必精。左右輔弼，貴于忠貞。我其任之，鑑别必明」。斯之謂一，斯之謂敬。君德既修，萬邦則正。天親民懷，永延厥慶。光前垂後，綿衍蕃盛」。咨爾諸侯，卿與大夫。以至士庶，一遵斯謨。主敬協一，罔敢或渝。以保禄位，以完其軀」。古有盤銘，目接心警。湯敬日躋，一德受命。朕爲斯箴，拳拳希聖。庶幾湯孫，底于嘉靖」。

欽文」

嘉靖五年六月二十一日」

之璽」

按

《敬一箴》是明世宗朱厚熜爲教化天下而撰、書的勸誡文，主旨是對“敬”的内涵進行理解發揮，探究治國安民之道。該箴言撰成後，下令勒石成碑，立於全國學宫文廟之中，以昭告天下。西安碑林所藏《敬一箴》即是西安府學文廟舊物。碑中損泐文字據《南雍志》補。

581.1527　宋儒范氏心箴

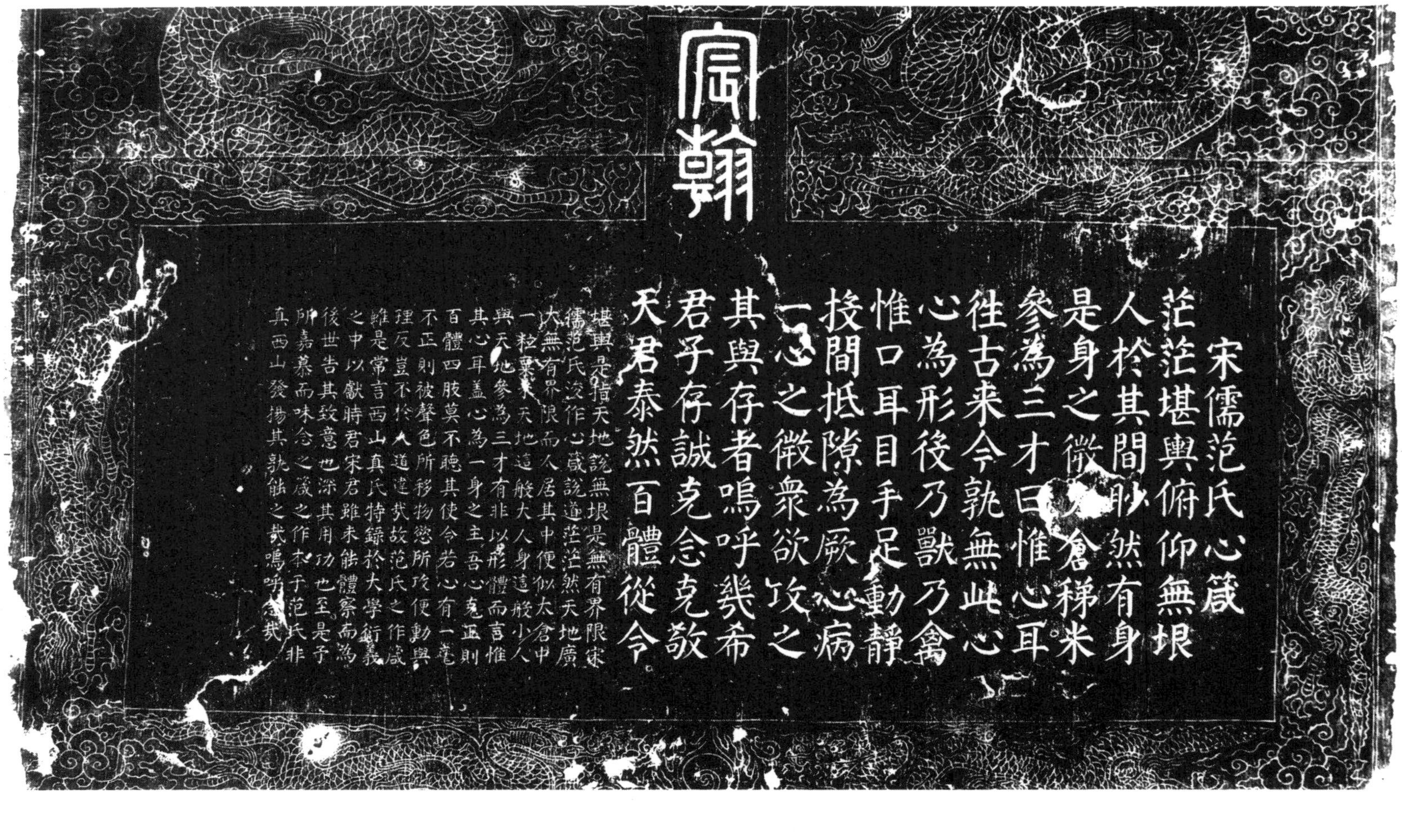

宸翰

宋儒范氏心箴
茫茫堪輿俯仰無垠
人於其間眇然有身
是身之微太倉稊米
參為三才曰惟心耳
往古来今孰無此心
心為形役乃獸乃禽
惟口耳目手足動靜
投間抵隙為厥心病
一心之微衆欲攻之
其與存者嗚呼幾希
君子存誠克念克敬
天君泰然百體從令

堪輿是指天地說無垠是無有界限宋
儒范氏淡作心箴說道茫茫然天地廣
大無有界限而人居其中便似太倉中
一粒粟米天地這般大人身這般小人
與天地參為三才有非以形體而言惟
其心耳蓋心為一身之主吾心克正則
百體四肢莫不聽其使令若心有一毫
不正則被聲色所移物慾所攻便動與
理反豈不於人道遠哉故范氏之作箴
雖是常言西山真氏特錄於大學衍義
之中以獻時君宋君雖未能體察而為
後世告其致意也深其用功也至是予
所嘉慕而味念之箴之作本于范氏非
真西山發揚其孰能之哉嗚呼念哉

説明

明嘉靖六年（1527）刻。碑高98厘米，寬142厘米。額文篆書“宸翰”二字。正文楷書，分大字《心箴》、小字注兩部分。大字13行，滿行8字；小字14行，滿行15字。宋范浚撰，明嘉靖帝朱厚熜注并書丹。碑四周飾雲龍紋。此碑與《程子四箴》原在臨潼縣學，近世移藏西安碑林。現存西安碑林博物館。《西安碑林全集》著録。

釋文

宋儒范氏心箴」

茫茫堪輿，俯仰無垠」。人於其間，眇然有身」。是身之微，太倉稊米」。參爲三才，曰惟心耳」。往古来今，孰無此心」。心爲形役，乃獸乃禽」。惟口耳目，手足動静」。投間抵隙，爲厥心病」。一心之微，衆欲攻之」。其與存者，嗚呼幾希」。君子存誠，克念克敬」。天君泰然，百體從令」。

堪輿，是指天地説；無垠，是無有界限。宋」儒范氏浚作《心箴》説道：茫茫然天地，廣」大無有界限。而人居其中，便似太倉中」一粒粟米。天地這般大，人身這般小。人」與天地參爲三才，有非以形體而言，惟」其心耳。蓋心爲一身之主，吾心克正，則」百體四肢莫不聽其使令。若心有一毫」不正，則被聲色所移，物慾所攻，便動與」理反，豈不於人道違哉！故范氏之作箴」，雖是常言，西山真氏特録於《大學衍義》」之中，以獻時君。宋君雖未能體察，而爲」後世告，其致意也深，其用功也至。是予」所嘉慕而味念之。箴之作本于范氏，非」真西山發揚，其孰能之哉！嗚呼念哉！

按

此碑無年款，與《程子四箴》同時頒行全國，命立碑文廟。《程子四箴》由嘉靖帝朱厚熜於嘉靖六年（1527）親自注釋。可知該碑亦作於同時。嘉靖七年二月，張聰逢建議立石於各地學校，准奏。各地方志多有收録。

《心箴》作者范浚，字茂明，號香溪，浙江蘭溪人。紹興間賢良方正，以秦檜當國不起，閉門講學，篤志求道，學者稱其爲香溪先生。

明文林郎文安縣知縣朱公孺人韓氏合葬誌銘

582.1529　朱朝聘暨配韓孺人墓誌

明文林郎文安縣知縣朱公孺人韓氏合葬墓誌銘
賜進士第嘉議大夫前戶部左侍郎野田韓福撰
賜進士第資善大夫都察院右都御史東溪鄒昊篆
賜進士第中順大夫河南右布政使東莊劉顯書
人在天地間生則為人愛敬死則為人哀慕者無他焉必其人立心行已寬平和厚所致耳
然世豈易得哉予妹丈朱公眞其人哉公嘉靖七年八月十日偶嬰痰疾三日而卒其孤永
昌等執其親學正楊奇逢所為狀來乞予銘予雖不能文然樂道人之善知公之善在人可
敬可慕者予忝瓜葛習於聞見舊矣銘可辭耶公諱朝聘字朝重別號華峯其先直隸鳳陽
府滁州人也譜牒不存遠莫可考五世祖諱曷者　國初從戎陝西因占籍西安前衛右
所遂家焉曷生曾祖諱英英生祖諱亮皆隱居弗仕亮生考義官諱旻配倪氏生公公生而
資性穎悟氣貌清雅年未冠隨義官公商遊淮浙間義官公察其質有可教稍長乃命從師
習舉子業日益開發記誦過人凡講說經書義理卽能領解下筆亹亹輒有生意見者奇之
其師亦時加賞鑑焉且恂恂雅飭不敢以氣加人年二十七以麟經領成化丙午科鄉薦累
試春闈輒不偶因自念曰命也豈可強哉令吾父旣不逮祿養已抱終天之恨幸母老在堂
可復他望稽吾母祿養乎卽謁選天曹授霸州文安縣知縣文安畿輔近地多權要多供億
多盜賊多水患故民多艱食多逃移者前尹率多不得展布坐累而去者往往公扶母之任
下車以來以寬平和厚為本公廉勤幹自勵抑強扶弱輕徭薄賦疏通水患得退灘地萬餘
頃分贍貧民各安其業民為豎碑以頌公其功其增修孔子文廟創塑兩廡諸賢儲蓄預備倉
糧以此可紀者尚多未易殫述也於時當道巡撫都御史劉公璁巡按御史李公錫楊公武
各以禮獎勵不次之擢直旦夕間耳値鉅寇劉六等竊發隣境大被劫掠獨文安以公在得
免且束身投見公用好言譬解之卽時散去公宦情素澹又以母年八十不勝故鄉之思遂
乞休西歸有留別詩云三千里路八旬母得遂班衣菽水歡之句其情悰慨可見矣公事母
以孝聞母殁哀毀踰禮鄉黨稱之爾後優游林下教子抱孫飲酒賦詩尤喜著棋嘗曰吾平
生所嗜銷落向盡獨於著棋拳拳尤有餘懷公賦性和厚平居溫溫不妄喜怒自心而身自
身而家兄弟子姪下及僮僕一以和厚處之無間言自家而鄉黨宗親朋友無遠近厚薄一
以和厚接之無違言自窮居而及仕宦居上臨下一以和厚御之無怨言歿之日弔者垂泣
聞者興哀良有以哉配韓氏乃予妹先公五年卒予嘗銘其墓其性行故不復及也生二男
永昌太學生娶新鄉知縣西安右護衛楊公際元女永隆　王府引禮舍人取新都知縣
咸寧施公忠女孫男三祖堯祖舜祖禹公生於天順庚辰四月二十八日享年六十有九以
卒之明年十二月廿二日葬於長安縣金光里新塋啓孺人之壙而合葬焉予故次第其事
而為之銘銘曰寬平和厚兮立心行已生前死後兮德音不已嗟嗟華峯兮高山仰止光前
啓後兮銘具終始　不肖子永昌等泣血上石　富平馬廷芳刊

説 明

明嘉靖八年（1529）十二月刻。誌、蓋均正方形，尺寸相同。邊長均66厘米。蓋文5行，滿行4字，篆書“明文林郎」文安縣知」縣朱公孺」人韓氏合」葬墓誌銘」”。誌文楷書32行，滿行35字。韓福撰文，劉顯書丹，鄒昊篆蓋。1986年西安市南郊商業學校出土。現存西安博物院。《新中國出土墓誌（陝西叁）》著録。

釋 文

明文林郎文安縣知縣朱公孺人韓氏合葬墓誌銘」

賜進士第嘉議大夫前户部左侍郎野田韓福撰」

賜進士第資善大夫都察院右都御史東溪鄒昊篆」

賜進士第中順大夫河南右布政使東莊劉顯書」

人在天地間，生則爲人愛敬，死則爲人哀慕者，無他焉，必其人立心行己寬平和厚所致耳」。然世豈易得哉？予妹丈朱公，真其人哉。公嘉靖七年八月十日偶嬰痰疾，三日而卒。其孤永」昌等執其親學正楊奇逢所爲狀，来乞予銘。予雖不能文，然樂道人之善。如公之善，在人可」敬可慕者，予忝瓜葛，習於聞見舊矣，銘可辭耶？公諱朝聘，字朝重，别號華峰，其先直隸鳳陽」府滁州人也。譜牒不存，遠莫可考。五世祖諱昺者，國初從戎陝西，因占籍西安前衛右」所，遂家焉。昺生曾祖諱英，英生祖諱亮，皆隱居弗仕。亮生考義官諱旻，配倪氏，生公。公生而」資性穎悟，氣貌清雅，年未冠，隨義官公商遊淮浙間。義官公察其質有可教，稍長，乃命從師」，習舉子業。日益開發，記誦過人。凡講説經書義理，即能領解，下筆亹亹，輒有生意，見者奇之」，其師亦時加賞鑑焉。且恂恂雅飭，不敢以氣加人。年二十七，以麟經領成化丙午科鄉薦。累」試春闈，輒不偶，因自念曰：“命也，豈可强哉？今吾父既不逮禄養，已抱終天之恨，幸母老在堂」，可復他望，稽吾母禄養乎？”即謁選天曹，授霸州文安縣知縣。文安，畿輔近地，多權要、多供億」、多盗賊、多水患，故民多艱食，多逃移者。前尹率多不得展布，坐累而去者往往。公扶母之任」，下車以来，以寬平和厚爲本。公廉勤幹自勵，抑强扶弱，輕徭薄賦，疏通水患，得退灘地萬餘」頃，分贍貧民，各安其業，民爲豎碑以頌其功。其增修孔子文廟，創塑兩廡諸賢，儲蓄預備倉」糧，似此可紀者尚多，未易殫述也。於時當道巡撫都御史劉公聰，巡按御史李公錫、楊公武」各以禮奬勵，不次之擢，直旦夕間耳。值鉅寇劉六等竊發，鄰境大被劫掠，獨文安以公在得」免，且束身投見，公用好言譬解之，即時散去。公宦情素澹，又以母年八十，不勝故鄉之思，遂」乞休西歸，有留别詩云“三千里路八旬母，得遂斑衣菽水歡”之句，其情悰概可見矣。公事母」以孝聞，母殁，哀毁踰禮，鄉黨稱之。爾後優游林下，教子抱孫，飲酒賦詩，尤喜著棋，嘗曰：“吾平」生所嗜，銷落向盡，獨於著棋拳拳尤有餘懷。”公賦性和厚，平居温温，不妄喜怒。自心而身，自」身而家，兄弟子姓，下及僮僕，一以和厚處之，無間言；自家而鄉黨宗親朋友，無遠近厚薄，一」以和厚接之，無違言；自窮居而及仕宦，居上臨下，一以和厚御之，無怨言。殁之日，吊者垂泣」，聞者興哀，良有以哉。配韓氏，乃予妹，先公五年卒。予嘗銘其墓，其性行故不復及也。生二男」：永昌，太學生，娶新鄉知縣、西安右護衛楊公際元女；永隆，王府引禮舍人，娶新都知縣」咸寧施公忠女。孫男三：祖堯、祖舜、祖禹。公生於天順庚辰四月二十八日，享年六十有九，以」卒之明年十二月廿二日，葬於長安縣金光里新塋，啓孺人之壙而合葬焉。予故次第其事」，而爲之銘，銘曰：

寬平和厚兮，立心行己。生前死後兮，德音不已。嗟嗟華峰兮，高山仰止。光前」啓後兮，銘具終始。

不肖子永昌等泣血上石

富平馬廷芳刊」

按

誌主朱朝聘，嘉靖《陝西通志》有載。

撰者韓福，字德夫，號野田，西安人，原籍安徽天長。成化十七年（1481）進士，曾任滑縣知縣、大名知府、右副都御史、户部左侍郎。《明史》《國朝獻徵録》有傳。

書者劉顯，號東莊，陝西咸寧人。成化二十年（1484）進士，曾任南京户部郎中、四川布政司右參議、河南布政司右參政、河南布政司右布政使。《明實録》有載。

篆額者鄒昊，即馬昊，初姓馬，字宗大，號東溪，寧夏固原人，原籍江蘇揚州。弘治十二年（1499）進士，曾任監察御史、山東按察司僉事、四川按察司僉事、都察院右都御史、四川巡撫等。《明實録》有載。

583.1530　御製正孔子祀典説

説 明

明嘉靖九年（1530）十月刻。碑通高129厘米，寬57厘米。正文楷書29行，滿行64字。明世宗朱厚熜撰文。現存漢中市博物館。

釋 文

御製正孔子祀典説」

朕惟孔子之道王者之道也，德王者之德也，功王者之功也，事王者之事也，特其位也非王者之位焉。昨輔臣少傅張璁再疏，請正其號稱、服章等事，已命禮官集翰林」諸臣議正外，惟號與服章二事所關者重，亦關於朕者，不得不爲言之。朕惟我」聖祖高皇帝應」天作辟，以繼羲農堯舜，而君天下，傳至我」皇兄」。皇兄昇遐，以朕爲我」皇考至親之子」，命入奉」大統，繼承」宗祀，以主」郊廟百神爾，豈敢於義理不當爲者而率爲之？兹所議祀典，俱未爲輕，而號稱、服章實又重焉。孔子當周家衰時，知其不能行王者之道耳，乃切切以王道望於魯、衛二國」，二國之君竟不能用孔子之道。孔子既逝，後世至唐玄宗，乃薦謚曰"文宣"，加以王號。至元，又益其謚爲"大成"。夫孔子之於當時，諸侯有僭王者，皆筆削而心誅之。故曰"孔」子作《春秋》，而亂臣賊子懼"。孔子生如是，其死乃不體聖人之心，漫加其號，雖曰尊崇，其實目爲亂賊之徒，是何心哉？又我」聖祖當首定天下之時，命天下崇祀孔子于學，不許祀于釋老宫。又除去塑像，止令設主，樂舞用六佾，籩豆以十。可謂尊崇孔子極其至矣，無以加矣！特存其號，豈無望於」後人哉？亦或當時草創未暇歟？至我」皇祖文皇帝始建北京國學，因元人之舊，塑像猶存，盖不忍毁之也。又至我」皇祖考用禮官之議，增樂舞用八佾，籩豆用十二，牲用熟，而上擬乎事」天之禮也，略無忌焉。夫孔子設或在今，肯安享之？昔不觀魯僭王之禮，寧肯自僭祀」天之禮乎？果能體聖人之心，决當正之也。至於稱王，賊害聖人之甚。王者以有是德，宜居是位，堯舜是也；無其德，而居是位者，昏亂之君，如桀紂幽厲是也。若至於後世之」爲君，而居王者之位者，其德於孔子或二三肖之、十百肖之，未有能與之齊也。至我」太祖高皇帝，雖道用孔子之道，而」聖仁神智，武功文德，直與堯舜並矣，恐有非孔子所可擬也。由是觀之，王者之名，不宜僞稱；王者之德，不容僞爲。僞稱者近於僭亂，僞爲者其實有未盡之也。至於服章之」加，因其位耳。孔子昔曰："名不正則言不順，言不順則事不成。"何其不幸，身遭之哉！夫既以王者之名而横加於孔子，故使顔回、曾參、孔伋以子而並配於堂上，顔路、曾晳」、孔鯉以父從列於下，安有子坐堂上而父食於下乎？此所謂"名不正"者焉。皆因綱領一紊而百目因之，以隳傳至有宋，而程頤以親接道統之傳，遂主英宗不可父濮王」之禮，誠所謂"是可忍也，孰不可忍也"之明驗哉！今也不正，滋來世之非。道將見子不父其父，臣不君其君，内離外叛，可勝言哉！除待該部集議施行外，兹朕不得不辯，亦」不得不爲輔臣辯。璁也，爲名分也，爲義理也，非諛君也，非滅師也。若朕所正者，亦如是，所以防閑于萬世之下也。設或有謂朕以位而凌先師，實非原心之者。是爲説」。

嘉靖九年十月二十八日奉」旨刊布」

按

正德十六年（1521）嘉靖帝朱厚熜以外藩繼承皇位，掀起了"繼統"是否需要"繼嗣"的"大禮議"之争。在張璁等大臣的支持之下，最終以朱厚熜獲勝，追封其父興獻王朱祐杬爲皇考告終。此碑文正是在上述背景下産生的。正孔子祀典，去孔子"大成至聖文宣王"之號，改稱"至聖先師"；又建啓聖祠，尊崇孔子及其歷代名儒之父，爲嘉靖帝尊崇其父尋找法理依據。

秦藩引
禮舍人
王公合
葬之墓

584.1531　王英暨配賈氏張氏孫氏合葬墓誌

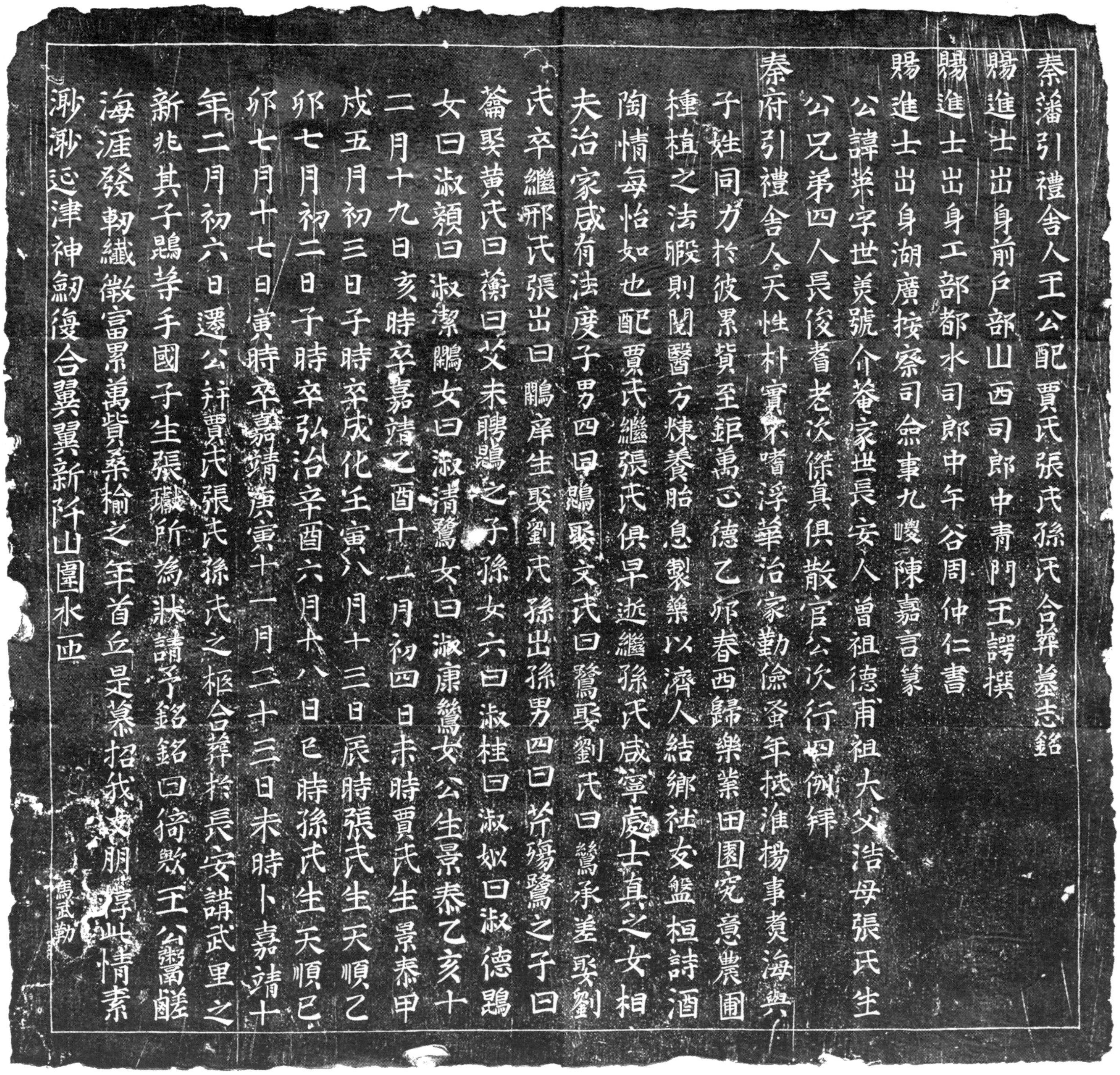
秦藩引禮舍人王公配賈氏張氏孫氏合葬墓志銘
賜進士出身前户部山西司郎中青門王諤撰
賜進士出身工部都水司郎中午谷周仲仁書
賜進士出身湖廣按察司僉事九峻陳嘉言篆
公諱英字世美號介菴家世長安人曾祖德甫祖大父浩母張氏生
公兄弟四人長俊耆老次傑真俱散官公次行四例拜
秦府引禮舍人天性朴實不嗜浮華治家勤儉蚤年抵淮揚事煮海與
子姓同力於彼累貲至鉅萬正德乙卯春西歸樂業田園究意農圃
種植之法暇則閱醫方煉養胎息製藥以濟人結鄉社友盤桓詩酒
陶情每怡如也配賈氏繼張氏俱早逝繼孫氏咸寧處士真之女相
夫治家咸有法度子男四曰鵾娶文氏曰鷺娶劉氏曰鸞承差娶劉
氏卒繼邢氏張出曰鵬庠生娶劉氏孫出孫男四曰芹殤鷺之子曰
蘥娶黃氏曰蘅曰艾未聘鵾之子孫女六曰淑桂曰淑姒曰淑德鵾
女曰淑穎曰淑潔鵬女曰淑清鷺女曰淑康鸞女公生景泰乙亥十
二月十九日亥時卒嘉靖乙酉十一月初四日未時賈氏生景泰甲
戌五月初三日子時卒成化壬寅八月十三日辰時張氏生天順乙
卯七月初二日子時卒弘治辛酉六月廿八日巳時孫氏生天順己
卯七月十七日寅時卒嘉靖庚寅十一月二十三日未時卜嘉靖十
年二月初六日遷公并賈氏張氏孫氏之柩合葬於長安講武里之
新兆其子鵾等手國子生張瓛所為狀請予銘銘曰猗歟王公鬻鹺
海涯發軔纖微富累萬貲桑榆之年首丘是慕招我友朋敦此情素
渺渺迡津神劍復合翼翼新阡山圍水匝
馮武勒

説明

明嘉靖十年（1531）二月刻。誌、蓋均爲正方形。蓋邊長67厘米，誌邊長69厘米。蓋文4行，滿行3字，篆書“秦藩引」禮舍人」王公合」葬之墓」”。誌文楷書22行，滿行26字。王諤撰文，周仲仁書丹，陳嘉言篆蓋。出土具體時、地不詳。現存西安博物院。《新中國出土墓誌（陝西叁）》著録。

釋文

秦藩引禮舍人王公配賈氏張氏孫氏合葬墓志銘」

賜進士出身前户部山西司郎中青門王諤撰」

賜進士出身工部都水司郎中午谷周仲仁書」

賜進士出身湖廣按察司僉事九峻陳嘉言篆」

公諱英，字世美，號介菴，家世長安人。曾祖德甫，祖大，父浩。母張氏，生」公兄弟四人：長俊，耆老；次傑、真，俱散官。公次行四，例拜」秦府引禮舍人。天性朴實，不嗜浮華，治家勤儉。蚤年抵淮陽事煮海，與」子姓同力於彼，累貲至鉅萬。正德乙卯春西歸，樂業田園，究意農圃」種植之法。暇則閲醫方，煉養胎息，製藥以濟人。結鄉社友，盤桓詩酒」陶情，每怡如也。配賈氏，繼張氏，俱早逝。繼孫氏，咸寧處士真之女。相」夫治家，咸有法度。子男四：曰鵾，娶文氏；曰鷺，娶劉氏；曰鸑，承差，娶劉」氏，卒，繼邢氏，張出；曰鵬，庠生，娶劉氏，孫出。孫男四：曰芹，殤，鷺之子；曰」蘅，娶黄氏；曰蘅、曰艾，未聘，鵾之子。孫女六：曰淑桂、曰淑姒、曰淑德，鵾」女；曰淑顔、曰淑潔，鵬女；曰淑清，鷺女；曰淑康，鸑女。公生景泰乙亥十」二月十九日亥時，卒嘉靖乙酉十一月初四日未時。賈氏生景泰甲」戌五月初三日子時，卒成化壬寅八月十三日辰時。張氏生天順乙」卯七月初二日子時，卒弘治辛酉六月十八日巳時。孫氏生天順己」卯七月十七日寅時，卒嘉靖庚寅十一月二十三日未時。卜嘉靖十」年二月初六日，遷公并賈氏、張氏、孫氏之柩，合葬於長安講武里之」新兆。其子鵾等手國子生張瓛所爲狀，請予銘。銘曰：

猗歟王公，鬻鹺」海涯。發軔纖微，富累萬貲。桑榆之年，首丘是慕。招我友朋，惇此情素」。渺渺延津，神劍復合。翼翼新阡，山圍水匝。

馬武勒」

按

誌主王英以煮鹽致富，家族財力雄厚，因此捐有秦藩引禮舍人一職。該官掌接對賓客，贊相威儀。王英逝世後，請三位進士撰寫墓誌銘，亦可證其家族貲財之富。

撰者王諤，陝西白水人。正德三年（1508）進士，曾任户部郎中。

書者周仲仁，浙江長興人。正德九年（1514）進士，曾任工部郎中。嘉靖《陝西通志》有載。

篆蓋者陳嘉言，浙江西安人。正德九年（1514）進士，曾任湖廣按察司僉事、山東按察司副使、山西行太僕寺卿、江西按察使。嘉靖《陝西通志》有載。

585.1531　白賁暨配扈氏邊氏合葬墓誌

明醫官
白朴齋
合葬墓

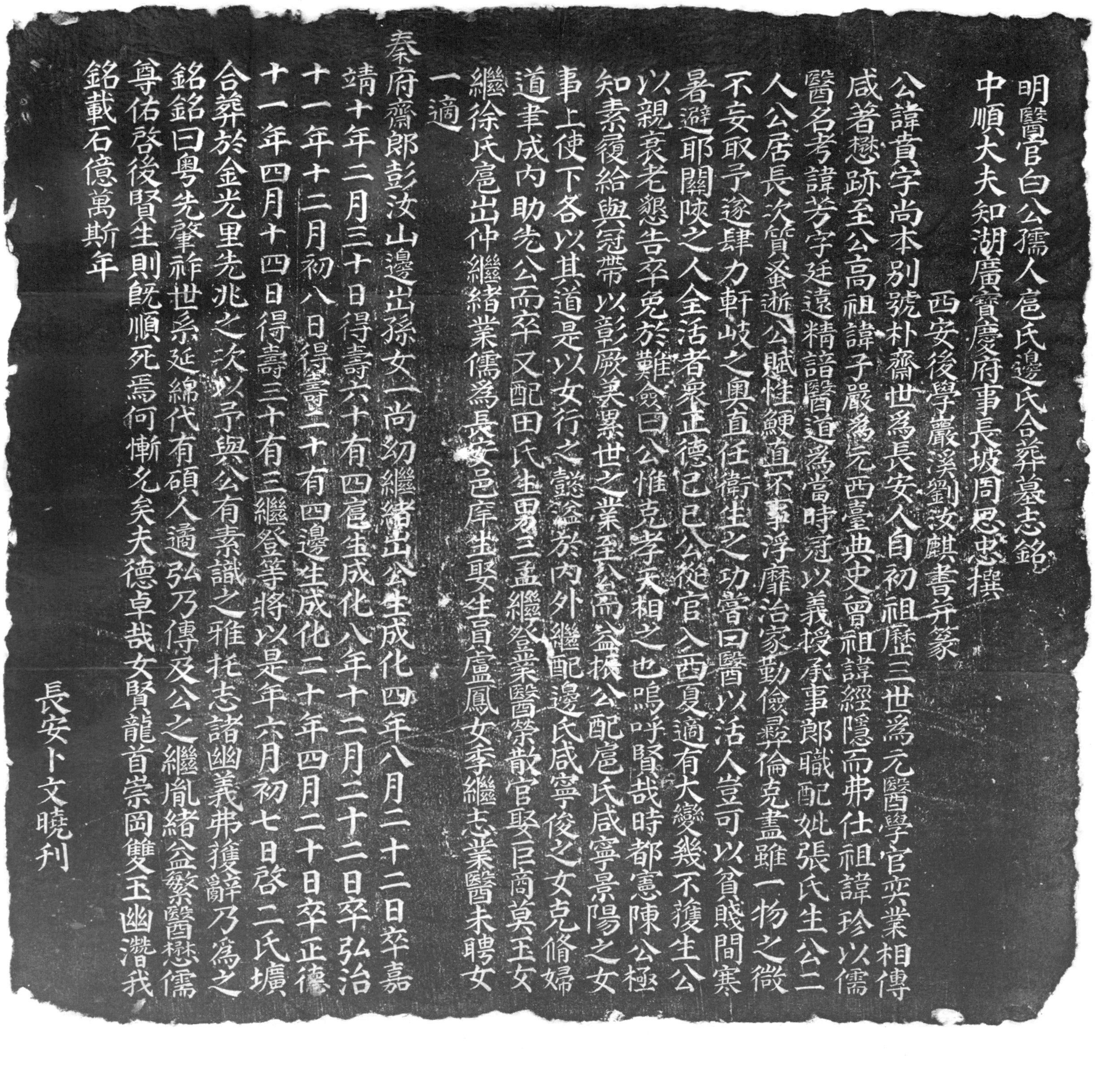
明醫官白公孺人扈氏邊氏合葬墓志銘
中順大夫知湖廣寶慶府事長坡周思忠撰
西安後學叢溪劉汝麒書并篆
公諱賁字尚本别號朴齋世為長安人自初祖歷三世為元醫學官奕業相傳
咸著懋跡至公高祖諱子嚴為元西臺典史曾祖諱經隱而弗仕祖諱珍以儒
醫名考諱芳字廷遠精諳醫道為當時冠以義授承事郎職配妣張氏生公二
人公居長次質蚤逝公賦性鯁直不事浮靡治家勤儉彛倫克盡雖一物之微
不妄取予遂肆力軒岐之奥直任衛生之功嘗曰醫以活人豈可以貧賤間寒
暑避耶關陝之人全活者衆正德己巳公從官入西夏適有大變幾不獲生公
以親衰老懇告卒免於難僉曰公惟克孝天相之也嗚呼賢哉時都憲陳公極
知素履給與冠帶以彰厥美累世之業至公而益振公配扈氏咸寧景陽之女
事上使下各以其道是以女行之懿益於內外繼配邊氏咸寧俊之女克脩婦
道聿成內助先公而卒又配田氏生男三孟繼登業醫榮散官娶巨商莫王女
繼徐氏扈出仲繼緒業儒為長安邑庠生娶生員盧鳳女季繼志業醫未聘女
一適
秦府齋郎彭汝山邊出孫女一尚幼繼緒出公生成化四年八月二十二日卒嘉
靖十年二月三十日得壽六十有四扈生成化八年十二月二十二日卒弘治
十一年十二月初八日得壽二十有四邊生成化二十年四月二十日卒正德
十一年四月十四日得壽三十有三繼登等將以是年六月初七日啓二氏壙
合葬於金光里先兆之次以予與公有素識之雅托志諸幽義弗獲辭乃為之
銘銘曰粵先肇祚世系延綿代有碩人逷弘乃傳及公之繼胤緒益繁醫懋儒
尊佑啓後賢生則既順死焉何慚允矣夫德卓哉女賢龍首崇岡雙玉幽潛我
銘載石億萬斯年
長安卜文曉刊

説 明

明嘉靖十年（1531）六月刻。誌、蓋尺寸相同，均長66厘米、寬65厘米。蓋文3行，滿行3字，篆書“明醫官」白朴齋」合葬墓」”。誌文楷書24行，滿行30字。周思忠撰文，劉汝麒書丹并篆蓋。出土具體時、地不詳。現存西安博物院。《新中國出土墓誌（陝西叁）》著録。

釋 文

明醫官白公孺人扈氏邊氏合葬墓志銘」

中順大夫知湖廣寶慶府事長坡周思忠撰」

西安後學巖溪劉汝麒書并篆」

公諱貫，字尚本，别號朴齋，世爲長安人。自初祖歷三世爲元醫學官，奕業相傳」，咸著懋迹。至公高祖諱子嚴，爲元西臺典史。曾祖諱經，隱而弗仕。祖諱珍，以儒」醫名。考諱芳，字廷遠，精諳醫道，爲當時冠。以義授承事郎職。配妣張氏，生公二」人。公居長，次質，早逝。公賦性鯁直，不事浮靡。治家勤儉，彝倫克盡。雖一物之微」，不妄取予。遂肆力軒岐之奥，直任衛生之功。嘗曰：醫以活人，豈可以貧賤間寒」暑避耶！關陝之人全活者衆。正德己巳，公從官入西夏，適有大變，幾不獲生。公」以親衰老懇告，卒免於難。僉曰：公惟克孝，天相之也。嗚呼賢哉！時都憲陳公極」知素履，給與冠帶，以彰厥美。累世之業，至公而益振。公配扈氏，咸寧景陽之女」。事上使下，各以其道，是以女行之懿，溢於内外。繼配邊氏，咸寧俊之女。克修婦」道，聿成内助。先公而卒。又配田氏。生男三：孟繼登，業醫，榮散官，娶巨商莫玉女」，繼徐氏，扈出；仲繼緒，業儒，爲長安邑庠生，娶生員盧鳳女；季繼志，業醫，未聘。女」一，適」秦府齋郎彭汝山，邊出。孫女一，尚幼，繼緒出。公生成化四年八月二十二日，卒嘉」靖十年二月三十日，得壽六十有四。扈生成化八年十二月二十二日，卒弘治」十一年十二月初八日，得壽二十有四。邊生成化二十年四月二十日，卒正德」十一年四月十四日，得壽三十有三。繼登等將以是年六月初七日啓二氏壙」，合葬於金光里先兆之次。以予與公有素識之雅，托志諸幽。義弗獲辭，乃爲之」銘。銘曰：

粤先肇祚，世系延綿。代有碩人，遹弘乃傳。及公之繼，胤緒益繁。醫懋儒」尊，佑啓後賢。生則既順，死焉何慚。允矣夫德，卓哉女賢。龍首崇岡，雙玉幽潛。我」銘載石，億萬斯年」。

長安卜文曉刊」

按

撰者周思忠，陝西咸寧人，弘治十四年（1501）舉人，曾任寶慶知府。乾隆《西安府志》、道光《寶慶府志》有載。

586.1532　屈直墓誌

説 明

明嘉靖十一年（1532）十一月刻。誌、蓋尺寸相同，均長97厘米、寬90厘米。蓋文5行，滿行4字，篆書“大明故嘉」議大夫都」察院左副」都御史屈」公墓誌銘」”。誌文楷書46行，滿行48字。許誥撰文，許論書丹，許讚篆蓋。蓋左下角斷裂。誌下部泐蝕，個别字殘損。1974年華陰縣南營村出土，後爲張江濤收藏。現存西安碑林博物館。《華山碑石》著録。

釋 文

明故嘉議大夫都察院左副都御史屈公墓誌銘」

賜進士第通議大夫吏部右侍郎前太常寺卿管國子監祭酒事翰林院侍講學士」經筵講官同修」國史會典靈寶許誥撰」

賜進士第資政大夫户部尚書前刑部尚書侍」經筵靈寶許讚篆」

賜進士第承直郎兵部武選清吏司主事靈寶許論書」

嗚呼！余乃忍銘公也耶！余方期公起用，康濟時艱，乃遽至於是耶！然公履歷行實，惟余知之爲詳，可終辭而不銘公也耶！按苑」洛韓庶子狀：公諱直，字道伸，號西溪。先世爲楚公族，漢高祖徙齊楚豪傑於關中，屈氏與焉，遂爲華陰人。曾祖亨，洪武時辭書」幣徵禮不仕。祖諱韶，號誠齋，經明行修歲貢，入國學，任山西隰州同知，有惠政。父諱弘仁，號樸庵，涉獵子、史，秉義執禮，至老不」倦。以公貴」，封奉直大夫、刑部署郎中事員外郎。母李宜人。樸庵夢日出如輪，流入懷，覺而公生。方十歲而宜人卒，繼母劉宜人寔撫育。公體」貌魁梧，天性聰敏。六七歲時，樸庵教以讀書，即能記憶。稍長，就外傅，讀益勤。成化乙未充邑庠生。庚子，浮梁戴恭簡公歲試至」華陰，公試已未成材，兩題皆佳，恭簡深加獎譽。秋，遂中鄉試榜，甲辰登進士第。秋九月，劉宜人卒，公守制。丁未初，授刑部浙江」司主事。執法不撓，案無滯獄，不數月，聲名籍甚。尚書江西何公甚見禮重，委署浙江司郎中印。公以主事辭，何曰：主事非尋常」主事，亦不可以常格待也。數攬頭發覺，錦衣權勢邀留之。公往見錦衣曰：攬頭犯法，宜加究治。錦衣」，朝廷心腹法官，乃不容刑官守法耶？果出攬頭，抵之罪。弘治五年夏，陞廣西司署員外郎。七年冬，奉」命偕清平伯吴公宗持節」册封隰川、宣城二王，餽儀一無所受。八年秋，陞山西司郎中。遼東巡撫、武臣交惡」，廷命公勘問。武臣屢誣奏公」，朝廷知論當不問。公在刑部歷三司，幾十年，執法不撓於權勢。九年夏，陞重慶知府。土官軍衛雜處，知府無見仕陞遷者。公既視」事，吏呈金床簿、鋪面簿、地步簿，征需甚多。乃嘆曰：小民營利爲生，何預於官而爲此横斂耶？取簿火之。府有妖，每擲磚石毁人」房屋，又有火灾。公乃告於城隍，謂神與知府均受」天子寵命，以主此一方。妖怪肆行，以爲民患，神亦安得辭責？妖火果息。境内旱，公禱於真武山。既而大雨如注，歲則大熟。守重慶九」年，撫按林、曾、姚、陳、蔡皆旌薦，而蕭公又特薦焉。弘治十八年冬，陞河南左參政。巡按鳳翔王公、巡撫绛州陶公皆加旌薦。正德」二年，陞浙江按察使，一方爲之澄清。司禮監巨瑺劉籍故錢都憲鉞家，威臨三司，欲使之跪。公率衆不屈，劉瑺怒。公以禮曉譬」之，劉即援公手揖衆入坐。初，公至浙，巡按欲懲其吏。公曰：事之不集，官之不職也。乞寬三月，重治之。不待期而完，甫至河南□」太僕卿，太僕多攬納，請托弊，公一切禁之。三年，陞右副都御史，總督南京糧儲。復改爲南京大理卿，多平反冤獄，有駁稿存。居」數月，復改左副都御史，總督漕運。公以運船多稽遲，乃置方眼簿，給付運官，日記所運水程及阻風守淺時日，以備查考。由是」運船留滯者少，其法至今用之。山陽田知縣饋銀器一棹，公怒甚，田曰：“此舊例也。”公曰：“是何憲綱所載？”叱出之。瑾既敗，有譖公」爲瑾鄉人，宜罷，遂致仕。公剛直而有謀，才敏而力，足以行之。故宦迹所至，皆有聲稱。與人言，侃侃無隱，然亦以此得罪于人□」曰：造化運而不息，君子憂勤之心，無時可逸。優游自放，不幾于倡狂耶？故公里居二十年，耕讀不倦。性恭儉，非大喜慶□□衣」錦綉。于人無貴賤，謙謙致禮。事樸庵孝，樸庵年九十卒，公年七十，哀毁皆如禮。公弟泰寓京，感疾，時有名醫難致，公跪以請，□」感而至，且辭謝禮曰：“公爲友愛人，某獨不得爲義人耶？”在淮時，日惟支廪，家人多，乃於衙後空地種粟食之。咸怨曰：未□□□」糠都堂。嘉靖丁亥，奉」詔進階一級。己丑，總制尚書王公疏薦用，不果。公年雖七十餘，而强健如少年，衆謂：“必有樸庵先生之壽。”乃一疾竟不起。公生於」天順戊寅八月五日，卒於嘉靖辛卯六月二十日戌時，享年七十有四。訃聞」，朝廷遣官諭祭營葬事。配石宜人，側室田氏。子男四：曰召、曰登，俱國子生，石宜人出；曰嘉，邑庠生；曰愚漢，幼，未聘，田氏出。女五：曰」士，適洪洞縣丞李鉞；曰淑，適山西布政司參議朝邑韓邦靖；曰愛，適國子生商州南溱，出石氏；曰淮，適靈寶邑庠生許佖，余長」子也；曰五，字邑庠生李光祖，出田氏。孫男七：廷柱、廷楠、廷楝、廷椿、廷栢，俱召子；廷相，邑庠生；柰存，幼，俱登子。孫女五：沉，字刑部」郎中藍田榮察子；曰檀、曰乳，俱幼，召女；曰

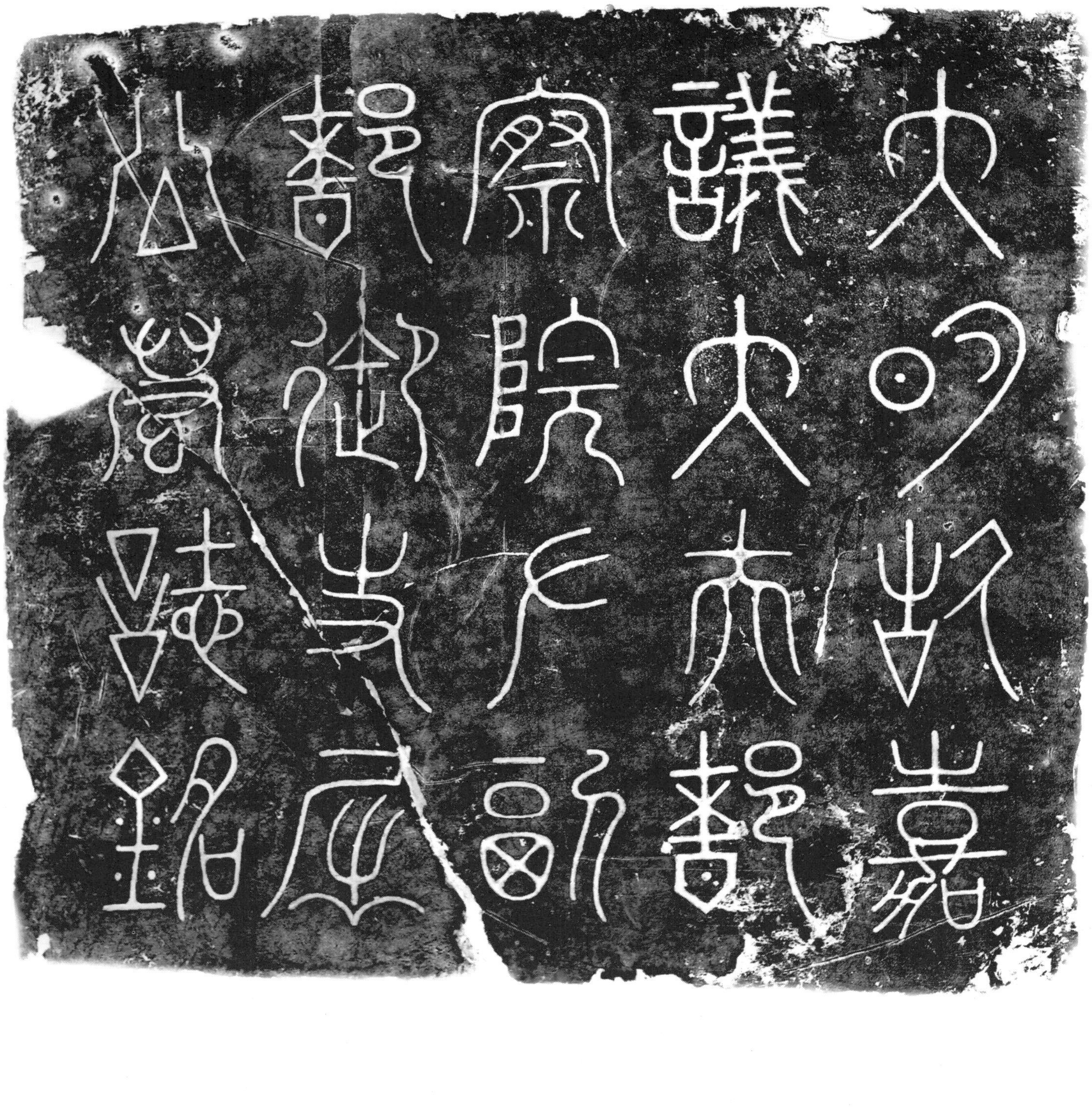
大明故嘉
議大夫都
察院右副
公墓誌銘

丁，適國子生華州石堅，曰蒙，幼，俱登女。召等將以嘉靖十一年十一月二十八日，葬」公於邑城之西。召等以余爲公姻家，不遠千里来求銘。銘曰」：

華山之麓，渭水湍洑。萃爲哲人，以膺多福。執法清勤，籍籍聲聞。出讞大獄，衡平糾紛」。重慶太守，富庶不有。惠民感神，召父杜母。按察浙江，法筆如杠。澄清一路，奸□心降」。都臺棘寺，靖共爾位。事必利民，强直自遂。致政還鄉，山水徜徉。明農教子，化□□長」。夫何一疾，卜不習吉。泉臺幽幽，悲含涕出。我銘公塋，適觀厥成。千秋百祀，永□□□」。

按

誌主屈直，字道伸，號西溪，陝西華陰人。韓邦奇《苑洛集》收有《嘉議大夫總督漕運兼巡撫淮揚等處地方都察院左副都御史西溪屈公傳》，即此墓誌所據行狀。

撰者許誥、篆額者許讚、書者許論三人均爲許進之子，河南靈寶人。許誥，字廷綸，號函谷山人。弘治十二年（1499）進士，曾任翰林檢討、侍講學士、國子監祭酒、南京户部尚書，謚莊敏。與屈直爲姻親。許讚，字廷美，號松皋。弘治九年（1496）進士，曾任吏部尚書，謚文簡。許論，字廷議，號默齋。嘉靖五年（1526）進士，曾任兵部尚書，謚恭襄。《國朝獻徵録》《明史》有傳。

587.1533　遊賢山寺記

遊賢山寺記

遊賢山寺記
賢山寺去扶風縣城一十五里面終南山臨渭水相傳以為賢人嘗聚于斯故名嘉
靖癸巳余令長安當考三年滿問道西入扶風謁家君時岐東王子來視謂余曰縣
南有賢山寺頗極幽勝請子眺之乃五月十有六日戊午家君遂邀泉齋王子東溪
石子鈍齋蕭子世卿王子元鳳趙子挈余往遊焉至則岐東子已先至與僧真金共
話于禪室急出迎余相與大噱曰老僧忙了半日今信然矣遂周旋殿廡間殿廡備
極工巧類非今世工人所作西有一洞甚深邃轉南復入一洞洞下有木橋上覆以
屋相與圍坐其中涼風徐來清興灑然蓋勝遊也或言前令孫君嘗欲毀之後因岐
東言而止則二公之趣可知矣橋西復入一洞出則登高岡極目而望南山若拱渭
水如線時夏田方成錢鎛銍艾之樂遍諸四野家君首舉酒祝曰夫農工既成吾有
司當樂之諸君皆酌酒祝曰我民安田里足衣食皆我明公之賜余曰善哉茲行也
民瘼關焉顧豈浪遊哉日暮將旋真金跪而進曰願作記以置諸山門余曰浮屠氏
之學久不道于吾士大夫之口矣而余何記之余嘗聞東南勝寺有金山與半山焉
夫金山之著誌其實也半山之顯誌其地也未聞有以賢山名者稽諸縣誌賢人姓
名雖俱不可攷然此間去橫渠僅一二十里安知非好事者景慕子厚之風而命茲
名耶明日遂次第書于石付真金刻之使後之君子知余之遊非為此寺為此山非
為此山為此賢也故記之
大明嘉靖十二年癸巳夏五月吉日
賜進士第長安縣知縣河中楊博識
石工彭鏡　彭緒宗
彭堯宗　刻

碑陽

説 明

明嘉靖十二年（1533）五月刻。碑螭首方座。通高154厘米，寬75厘米。雙面刻。碑陽《遊賢山寺記》，額文2行，滿行3字，篆書“遊賢山」寺之記」”。正文楷書19行，滿行32字。楊博撰文。碑陰《扶風楊侯德政序》，24行，滿行40字。王九思撰文。跋文5行，行字不等。王世卿撰文。現存扶風縣午井鎮賢山寺内。

釋 文

遊賢山寺記」

賢山寺去扶風縣城一十五里，面終南山，臨渭水，相傳以爲賢人嘗聚于斯，故名。嘉」靖癸巳，余令長安，當考三年滿，問道西入扶風謁家君時，岐東王子来視，謂余曰：縣」南有賢山寺，頗極幽勝，請子眺之。乃五月十有六日戊午，家君遂邀泉齋汪子、東溪」石子、鈍齋蕭子、世卿王子、元鳳趙子，挈余往遊焉。至，則岐東子已先至，與僧真金共」話于禪室，急出迎余，相與大噱，曰：“老僧忙了半日，今信然矣。”遂周旋殿廡間。殿廡備」極工巧，類非今世工人所作。西有一洞，甚深邃。轉南復入一洞，洞下有木橋，上覆以」屋。相與圍坐其中，凉風徐来，清興灑然，盖勝迹也。或言前令孫君嘗欲毁之，後因岐」東言而止。則二公之趣可知矣。橋西復入一洞，出則登高岡。極目而望，南山若拱，渭」水如線。時夏田方成，錢鎛銍艾之樂，遍諸四野。家君首舉酒祝曰：“夫農工既成，吾有」司當樂之。”諸君皆酌酒祝曰：“我民安田里、足衣食，皆我明公之賜。”余曰：“善哉兹行也」，民瘼關焉，顧豈浪遊哉！”日暮將旋，真金跪而進曰：“願作記以置諸山門。”余曰：“浮屠氏」之學久不道于吾士大夫之口矣，而余何記之？余嘗聞東南勝寺有金山與半山焉」。夫金山之著，誌其實也；半山之顯，誌其地也。未聞有以賢山名者。稽諸縣誌，賢人姓」名雖俱不可考，然此間去横渠僅一二十里，安知非好事者景慕子厚之風而命兹」名耶。”明日，遂次第書于石，付真金刻之，使後之君子知余之遊非爲此寺爲此山，非」爲此山爲此賢也。故記之」。

大明嘉靖十二年癸巳夏五月吉日」

賜進士第長安縣知縣河中楊博識」

石工彭鋭、彭緒宗、彭堯宗刻」（以上碑陽）

扶風楊侯德政序」

扶風李生應隆東来謁予，致其父老豪傑之言曰：縣令蒲郡楊侯下車甫朞年矣，其德政之可書者甚」多也，鄉邑老稚盡歌誦之，敢舉其概請先生爲之辭以聞於侯，庶以見吾民之戴侯者甚切至也。盖衣食」，生民之本，侯督勸之，使盡力於南畝。富者以牛種，貧者以力，交相貸易，各得其宜。侯嘗夜出，聞紡織聲，以」薪米犒之。自是耕織者益勸，無或惰焉。然舊苦多盜，侯曰：不弭盜而養民，猶飼羊而縱之狼也。于是且捕」且諭之言，使賣刀買犢。民有失牛羸者，捕之不獲，侯乃移檄城隍，盜者警懼，縱牛羸于野。乃今盜賊止息」，夜户不閉矣。有拾遺者，輒送之官。壬辰歲旱，飛蝗害稼，

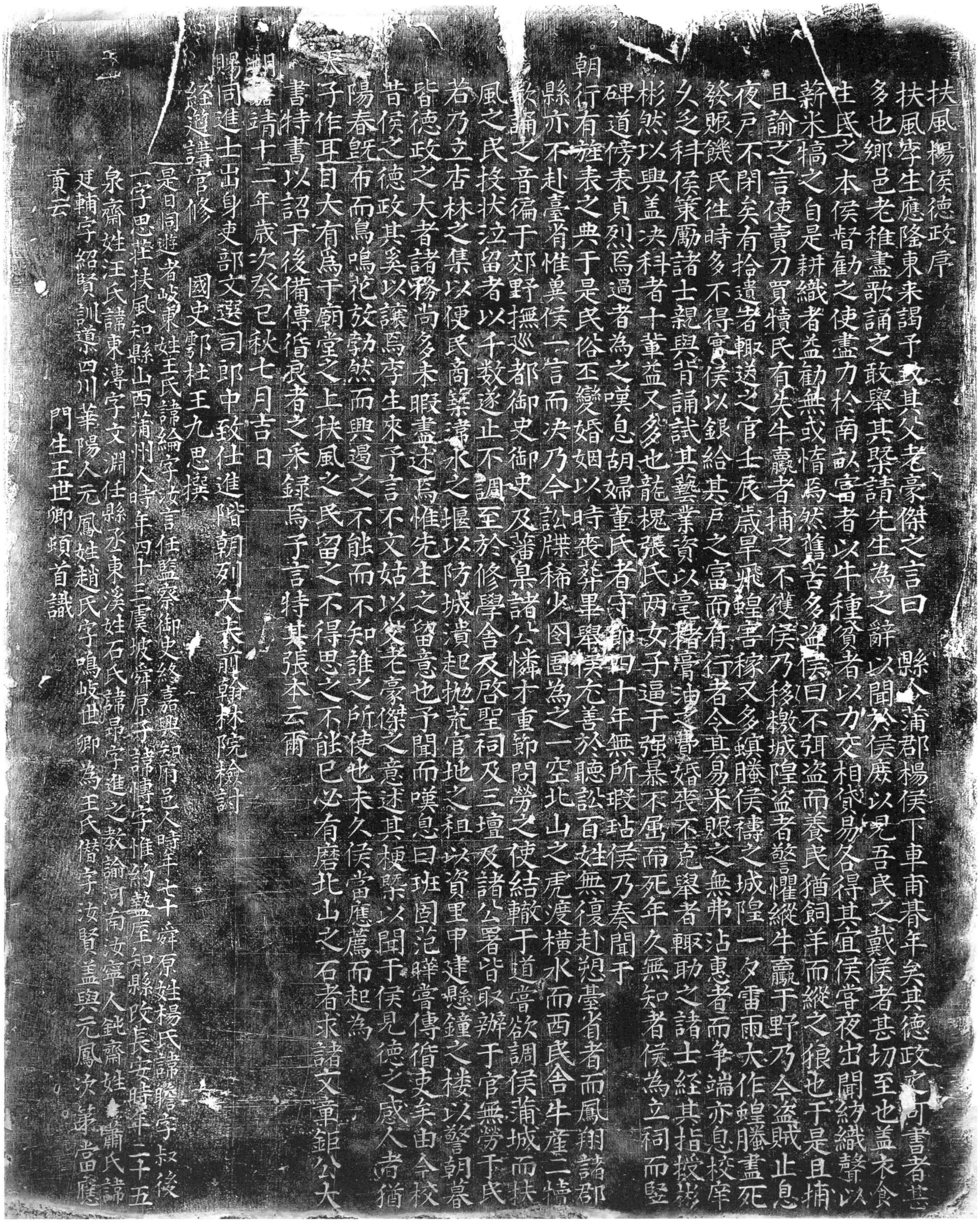

扶風楊侯德政序

扶風孝生應隆東來謁予致其父老豪傑之言曰　縣令蒲郡楊侯下車甫期年矣其德政之可書者甚多也鄉邑老稚盡歌誦之敢舉其槩請先生為之辭以聞於侯庶以見吾民之戴侯者甚切至也蓋衣食生民之本侯督勸之使盡力於南畝富者以牛種貧者以力交相貸易各得其宜侯嘗夜出聞紡織聲以薪米犒之自是耕織者益勸無或惰為然舊苦多盜侯曰不弭盜而養民猶飼羊而縱之狼也于是且捕且諭之言使賣刀買犢民有失牛驘者捕之不獲侯乃移檄城隍盜者警懼縱牛驘于野乃今盜賊止息夜戶不閉矣有拾遺者輒送之官壬辰歲旱飛蝗害稼又多螟螣侯禱之城隍一夕雷雨大作蝗螣盡死發賑饑民往時多不得實侯以銀給其戶之富而有行者令其易米賑之無弗沾惠者而爭端亦息校庠久乏科侯策勵諸士親與背誦試其藝業資以毫楮膏油之費婚喪不克舉者輒助之諸士經其指授彬彬然以興蓋決科者十輩益又多也龍槐張氏兩女子逼于強暴不屈而死年久無知者侯為立祠而竪碑道傍表貞烈焉過者為之嘆息胡婦董氏者守節四十年無所瑕玷侯乃奏聞于

朝行有旌表之典于是民俗丕變婚姻以時喪葬畢舉侯尤善於聽訟百姓無復赴愬臺省者而鳳翔諸郡縣亦不赴臺省惟冀侯一言而決乃今訟牒稀少囹圄為之一空北山之虎渡橫水而西民舍牛產二犢歌誦之音徧于郊野撫巡都御史御史及藩臬諸公憐才重節問勞之使結轍于道嘗欲調侯蒲城而扶風之民投狀泣留者以千數遂止不調至於修學舍及啓聖祠及三壇及諸公署皆取辦于官無勞于民若乃立杏林之集以便民商築滮水之堰以防城潰起拋荒官地之租以資里甲建懸鐘之樓以警朝暮皆德政之大者諸務尚多未暇盡述焉惟先生之留意也予聞而嘆息曰班固范曄嘗傳循吏矣由今校昔侯之德政其奚以讓焉孝生來予言不文姑以父老豪傑之意述其梗槩以聞于侯見德之感人者猶陽春既布而鳥鳴花放勃然而興遏之不能而不知誰之所使也未久侯當應薦而起為

天子作耳目大有為于廟堂之上扶風之民留之不得思之不能已必有磨北山之石者求諸文章鉅公大書特書以詔于後備傳循良者之采録焉予言特其張本云爾

明　嘉靖十二年歲次癸巳秋七月吉日

賜同進士出身吏部文選司郎中致仕進階朝列大夫前翰林院檢討

經筵講官修　國史鄠杜王九思撰

是日同遊者岐東姓王氏諱綸字汝言任監察御史終嘉興知府邑人時年七十　舜原姓楊氏諱瞻字叔後一字思荏扶風知縣山西蒲州人時年四十三　虞坡舜原子諱博字惟約盩厔知縣改長安時年二十五

泉齋姓汪氏諱東溥字文淵任縣丞　東溪姓石氏諱昂字進之教諭河南汝寧人　鈍齋姓蕭氏諱廷輔字紹賢訓導四川華陽人　元鳳姓趙氏字鳴岐　世卿為王氏僭字汝賢蓋與元鳳次第當廳貢云

門生王世卿頓首識

碑陰

又多螟螣，侯禱之城隍。一夕雷雨大作，蝗螣盡死」。發賑饑民，往時多不得實，侯以銀給其户之富而有行者，令其易米賑之，無弗沾惠者，而争端亦息。校庠」久乏科，侯策勵諸士，親與背誦，試其藝業，資以毫楮膏油之費。婚喪不克舉者，輒助之。諸士經其指授，彬」彬然以興。蓋决科者十輩，益又多也。龍槐張氏两女子，逼于强暴，不屈而死，年久無知者，侯爲立祠而竪」碑道傍，表貞烈焉。過者爲之嘆息。胡婦董氏者，守節四十年，無所瑕玷，侯乃奏聞于」朝，行有旌表之典。于是民俗丕變，婚姻以時，喪葬畢舉。侯尤善於聽訟，百姓無復赴愬臺省者。而鳳翔諸郡」縣亦不赴臺省，惟冀侯一言而决。乃今訟牒稀少，囹圄爲之一空。北山之虎渡横水而西，民舍牛産二犢」，歌誦之音，遍于郊野。撫巡都御史、御史及藩臬諸公憐才重節，問勞之使結轍于道。嘗欲調侯蒲城，而扶」風之民投狀泣留者以千数，遂止不調。至於修學舍及啓聖祠及三壇及諸公署，皆取辦于官，無勞于民」。若乃立杏林之集，以便民商；築湋水之堰，以防城潰；起拋荒官地之租，以資里甲；建懸鐘之楼，以警朝暮」。皆德政之大者。諸務尚多，未暇盡述焉。惟先生之留意也。予聞而嘆息曰：班固、范曄嘗傳循吏矣，由今校」昔，侯之德政，其奚以讓焉！李生來，予言不文，姑以父老豪傑之意述其梗概，以聞于侯，見德之感人者，猶」陽春既布，而鳥鳴花放，勃然而興，遏之不能，而不知誰之所使也。未久，侯當應薦而起，爲」天子作耳目，大有爲于廟堂之上。扶風之民留之不得，思之不能已，必有磨北山之石者，求諸文章鉅公，大」書特書，以詔于後，備傳循良者之采録焉。予言特其張本云爾」。

明嘉靖十二年歲次癸巳秋七月吉日」

賜同進士出身吏部文選司郎中致仕進階朝列大夫前翰林院檢討」經筵講官修國史鄠杜王九思撰」

是日同遊者：岐東姓王氏諱綸字汝言，任監察御史，終嘉興知府，邑人，時年七十。舜原姓楊氏諱瞻字叔後」，一字思莊，扶風知縣，山西蒲州人，時年四十三。虞坡，舜原子，諱博字惟約，盩厔知縣，改長安，時年二十五」。泉齋姓汪氏諱東溥字文淵，任縣丞。東溪姓石氏諱昂字進之，教諭，河南汝寧人。鈍齋姓蕭氏諱」廷輔字紹賢，訓導，四川華陽人。元鳳姓趙氏字鳴岐。世卿爲王氏借字汝賢，盖與元鳳次第，當應」貢云。

門生王世卿頓首識」（以上碑陰）

按

賢山寺，在今扶風縣西南午井鎮南官村。據清嘉慶《扶風縣志》載，相傳理學創始人張載曾隱居此處讀書，故名賢山。賢山寺當建於張載之後。

撰者楊博，字惟約，蒲州人。嘉靖八年（1529）進士，除周至知縣，後調任長安知縣。《明史》有傳。

《扶風楊侯德政序》中之楊侯，即時任扶風縣知縣之楊瞻，字思莊，山西蒲州人。

588.1536　張紞墓碑

説 明

明嘉靖十五年（1536）四月刻。碑圓首方座。首佚。高188厘米，寬85厘米。正文楷書25行，滿行69字。楊爵撰文。四周刻纏枝花紋。原在富平縣美原鎮西郊張紞墓前，後殘損移存富平縣文物局。現存富平縣文物局。《富平碑刻》著録。

釋 文

明故資政大夫吏部尚書張先生墓碑」

賜進士出身山東道試監察御史邑人楊爵撰」

君子所履，明於立人之道，篤於綱常之義。則功業之建，可以彌綸參贊；餘風所及，可以廉頑立懦。而天下之能事盡於此矣。余少時考求鄉之先正，即慕吾鷃菴張先生之賢。嘉靖丙」申，先生五世孫元祐，以湖廣辰州府通判謝事歸，欲樹石表先生墓，謂余叙其歷履始終。顧余小子，晚學陋識，誠不足發揚先生之善美。乃據簡籍所載與父老所傳者以識之，蓋僅」什之二三焉。先生諱紞，字昭季，號鷃菴。博通經傳，爲文浩大簡直，自成一家。洪武間，舉明經，授京兆府教授，歷東宮侍正、通政司通政，陞雲南左布政使。時雲南甫平，兵火之餘，聲教」未通，人情未定。兼以諸夷雜處，未易懷撫。先生相時有爲，用夏变夷。凡其土地貢賦、法令條格、祀神壇祠、公署廨宇、上下典儀、公用制度，皆以時裁定，夷民心服，遠近奠安。洪武三十」年三月，内入覲，政考天下第一，深蒙奬諭。并命禮官傳播，以風天下。三十一年，陞吏部尚書。能量才任官，黜陟平允。嘗被旨試翰林任編纂者，得楊文貞公策，謂其明達時務，有」用之才，不但文詞之工。文貞由此知名，後果大用。及靖難之師至，先生與禮部尚書陳迪、太常寺卿黄子澄等，請設法防禦，不克，即不復飲食，死於部之寢堂。時壬午年夏六月也。先」生以聖賢之學、經濟之才，挺出草昧之初，爲人士之傑。然者，其治雲南，能使裔夷鄙陋之俗，一變而爲中國禮義之美。雲南之有文教，實自先生啓之。其教化之在人心者，歷百餘年」猶未泯，則當時感慕，從可知矣。至於臨難不免，殺身成仁，而處之不亂，則凛凛乎歲寒之松柏，備見於少保尹直之贊矣。要其所履，庶幾乎天下之能事，盡於此矣。非明於立人之道」、篤於綱常之義者，能若是乎？據元祐狀，先生世爲吾富平縣頻陽里人。曾祖諱得霖，隱居不仕，以醫術爲鄉里所推重。祖椿，官至奉訓大夫、秘書監丞、飛騎尉。父敏，號月山，以文行知」名，登元太定四年進士，官至左司郎中。生先生兄弟三人：長曰紘，次曰綖。綖曉天文，官至欽天監丞。子敔□□□□□□□官至四川按察司經歷。蓋嘗論之，死生之際，君子所甚重也」。孔子言“殺身成仁”，孟子言“舍生取義”，所謂仁，所謂義，惟其是而已。苟生而有愧於吾心，雖生焉，何所貴？苟死而有裨於世教，雖死焉，何所恤？夫自先生之死，而國家教化之功愈益」著，士君子理義之心浡以興，天理民彜，將百世其不泯。扶持宇宙，建立綱維，生人類於無窮，是可謂死不徒死，而有裨於世教者矣。先生嘗吊王内翰禕死難之文有曰：“致身委命，不」在臨難死節之時，而其平日之胸中，已素定矣。”嗚呼斯言也！今乃身自蹈之矣。使先生不死而相」文皇，後雖有伊傅事功，不足道也。惟先生死之，則清德與夷齊争光，而事業與天壤俱存矣。銘曰：

臨政有爲，謂之曰才。臨危授命，謂之曰節。才節兼全，謂之君子。於惟先生，而無愧於此」。

高祖張□。曾祖張豆。祖張愈。伯張秀，父張和。弟張揀、張元祥。三子：張九思、張九叙、張九疇，姪：張九齡、張九峯、張九韶。

六孫：張瑶、張瓊、張璜、張珫、張珙、張瑯」。

時嘉靖十五年四月十九日

寓美原古城初授東城兵馬轉湖廣辰州府通判承德郎孝曾孫張元祐謹建」

按

誌主張紞，字昭季，號鷃菴，陝西富平人。《明史》有傳，誌較之記載更詳，史、誌可互證。

撰者楊爵，字伯珍，一字伯修，號斛山，陝西富平人。嘉靖八年（1529）進士，曾任山東道試監察御史、河南道監察御史，謚忠介。有《楊忠介集》十三卷傳世。《明史》有傳。

589.1536　田富暨妻韓氏敕命碑

奉
天承運
皇帝勑曰朕於群臣之盡職者必推恩於其親所以敦本而勸孝也爾田智乃武功
右衛經歷司經歷鉞之父隱居弗耀德積厥躬訓子有成為時效用爰頒渙命
以勵顯揚茲特贈為徵仕郎武功右衛經歷司經歷爾靈不昧尚克歆承
勑曰母之慈實無乎教育子之孝莫大乎顯親肆國家推恩之典所由立也爾韓
氏乃武功右衛經歷司經歷田鉞之母巽德含章壼儀可式相夫成子內治允
修錫以綸言用彰往勤茲特贈為孺人惟爾有知歆予時命。
勑命
嘉靖十五年十二月二十二日
之寶

説 明

明嘉靖十五年（1536）十二月刻。碑螭首龜座。高91厘米，寬21厘米。正文楷書11行，滿行30字。現存富平縣宫里鎮董南村田家墓地。《富平碑刻》著録。

釋 文

奉」天承運」，皇帝敕曰：朕於群臣之盡職者，必推恩於其親，所以敦本而勸孝也。爾田智，乃武功」右衛經歷司經歷鉞之父。隱居弗耀，德積厥躬，訓子有成，爲時效用。爰頒涣命」，以勵顯揚。兹特贈爲徵仕郎、武功右衛經歷司經歷。爾靈不昧，尚克歆承」。

敕曰：母之慈，實兼乎教育。子之孝，莫大乎顯親。肆國家推恩之典所由立也。爾韓」氏，乃武功右衛經歷司經歷田鉞之母，巽德含章，壼儀可式，相夫成子，内治允」修，錫以綸言，用彰往勩。兹特贈爲孺人。惟爾有知，歆予時命」。

敕命」

嘉靖十五年十二月二十二日」。

之寶」

按

碑主田智、韓氏，田鉞之父母。田鉞曾任武功右衛經歷司經歷、工部營繕所所正、保德州同知。明制，在官任職盡職盡責者，朝廷對其親屬封敕，四品以上給誥命，五品以下給敕命。此類碑刻陝西高陵、大荔、商洛、洋縣等亦有發現。

590.1537　修太玄洞碑文

修太玄洞碑文
修太玄洞碑文
鄉進士惇物山人張蒙訓撰文
惇物門人王邦憲篆額
武廟來四方之香火盛矣
王子率致政雷瓛更廣其址植傾構而崇之伐石甃階
鬱鬱蒼蒼即蓬萊方丈
叙孫先生行事蓋古之隱君子云今世修
火之何哉豈以先生為技藝流耶觀其所答盧生之論
也歟而不施知隋之將亡也
有稱之者余竊非焉方隋氏
起翼依日月之末光哉先生嘗受徵聘
何邪昔梅福入市辟方詭語見幾保身之智
於禮也或以為交龍
造物翱遊八極之表故能福潔禍穢如響應聲
見募闡道也文成之日嘉靖丁酉夏四月廿二日也

説 明

明嘉靖十六年（1537）四月刻。碑圓首方座。高160厘米，寬76厘米。額文2行，滿行3字，篆書“修太玄」洞碑文」”。正文楷書17行，滿行29字。張蒙訓撰文，左熙書丹，王邦憲篆額。現存銅川藥王山博物館。《陜西金石志》《藥王山碑刻》著録。

釋 文

修太玄洞碑文」

鄉進士惇物山人張蒙訓撰文」

惇物門人左熙書丹」

惇物門人王邦憲篆額」

孫先生太玄洞自」武廟來，四方之香火盛矣。顧址隘構傾，不足以棲明神、愜群望也。今年春，郡守」王子率、致政雷瓛更廣其址，植傾構而崇之。伐石甃階，懸如白虹，雲霧横集」，鬱鬱蒼蒼，即蓬萊方丈在目也。此其意可謂美矣。張蒙訓曰：余讀《唐書·列傳》，」叙孫先生行事，蓋古之隱君子云。今世修黄白方脉之術者，乃肖其像，且香火之」，何哉？豈以先生爲技藝流邪？觀其所答盧生之論，即措之天下國家可」也。斂而不施，知隋之將亡也。然俗士所假嘆世之詞，極鄙陋，不足道，而人或」有稱之者，余竊非焉。方隋氏失鹿，命集於唐。苟負豪傑之才者，孰不雲湧飆」起，冀依日月之末光哉！先生首受徵聘，不爲不遭矣，而不肯以廊廟易丘壑」，何邪？昔梅福入市，薛方詭語，見幾保身之智，乃千古高之矣，而獨疑先生之」於唐也。或以爲艾龍砭虎，蟬脱羽化，皆非事實，不可據。人又言，先生之神與」造物翺遊八極之表，故能福潔禍穢，如響應聲。此則尼父所不談政，難與淺」見寡聞道也。文成之日，嘉靖丁酉夏四月廿二日也。

雷瓛立石

趙璧刊」

按

太玄洞，在銅川市藥王山。據嘉靖《耀州志》記載：“太玄洞，蓋唐孫真人思邈隱居所在也。往時遊者持火可深入，今崩礙不能行。”此碑係明嘉靖年間耀州知州王繼祖和鄉人雷瓛等合力重修太玄洞後所立。

撰者張蒙訓，號惇物山人，陜西耀州人，户部侍郎張璉第四子。嘉靖十三年（1534）進士。書、篆者左熙、王邦憲二人均爲其門人。嘉靖《耀州志》有載。

591.1537 敗吉囊俺答凱旋詩并序

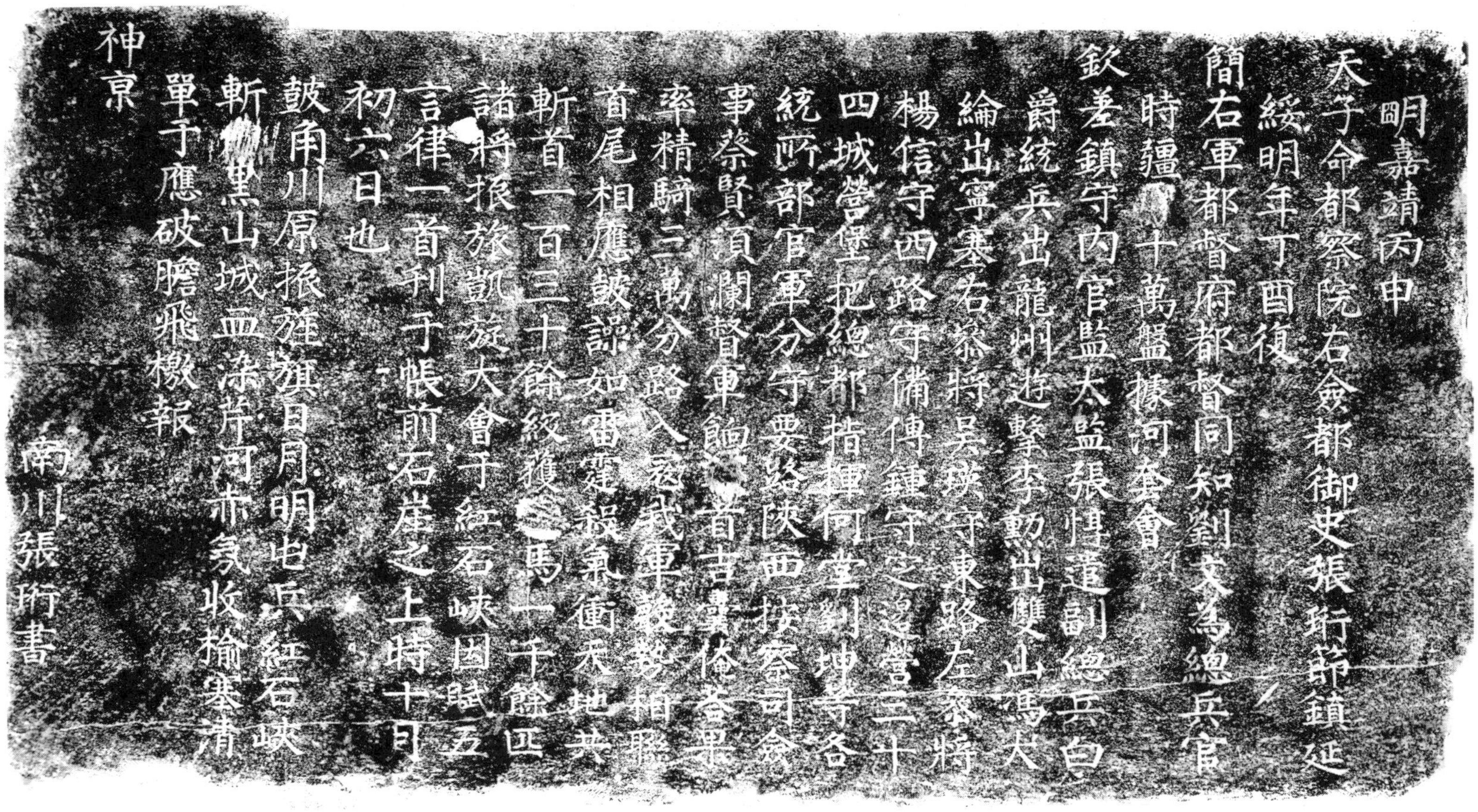

明嘉靖丙申
天子命都察院右僉都御史張珩節鎮延
綏明年丁酉復
簡右軍都督府都督同知劉文為總兵官
時疆□十萬盤據河套會
欽差鎮守內官監太監張愷遣副總兵白
爵統兵出龍州遊擊李勳出雙山馮大
綸出寧塞右參將吴瑛守東路左參將
楊信守西路守備傅鍾守之邊營三十
四城營堡把總都指揮何堂劉坤等各
統所部官軍分守要路陝西按察司僉
事蔡賢員瀾督軍餉首吉囊俺答畢
率精騎三萬分路入寇我軍發勢相聯
首尾相應鼓譟如雷霆殺氣衝天地共
斬首一百三十餘級獲□馬一千餘匹
諸將振旅凱旋大會于紅石峽因賦五
言律一首刊于帳前石崖之上時十月
初六日也
鼓角川原振旌旗日月明屯兵紅石峽
斬□黑山城血染芹河赤氣收榆塞清
單于應破膽飛檄報
神京
南川張珩書

説 明

明嘉靖十六年（1537）十月刻。摩崖刻石。高89厘米，寬167厘米。正文楷書23行，滿行15字。張珩書丹。現存榆林市紅石峽東壁。

釋 文

明嘉靖丙申」，天子命督察院右僉都御史張珩節鎮延」綏。明年丁酉，復」簡右軍都督府都督同知劉文爲總兵官」。時彊□十萬盤據河套。會」欽差鎮守内官監太監張惇遣副總兵白」爵統兵出龍州，遊擊李勳出雙山，馮大」綸出寧塞，右參將吴瑛守東路，左參將」楊信守西路，守備傅鍾守定邊營三十」四城營堡，把總都指揮何堂、劉坤等各」統所部官軍分守要路。陝西按察司僉」事蔡賢須瀾督軍餉。□首吉囊、俺答果」率精騎三萬，分路入寇。我軍聲勢相聯」，首尾相應，鼓噪如雷霆，殺氣衝天地。共」斬首一百三十餘級，獲□馬一千餘匹」。諸將振旅凱旋，大會于紅石峽。因賦五」言律一首，刊于帳前石崖之上。

時十月初六日也」。

鼓角川原振，旌旗日月明。屯兵紅石峽」，斬□黑山城。血染芹河赤，氛收榆塞清」。單于應破膽，飛檄報」神京」。

南川張珩書」

按

此碑所記當爲《明史》斷續所載之蒙古親王吉囊、俺答嘉靖十六年進犯陝北之事。此役以蒙古軍三萬分路進犯，明延綏總督張珩布署總兵官劉文固守河套，副總兵白爵出隴州，游擊將軍李勳出雙山、馮大綸出寧塞，右參將吴瑛守東路，左參將楊信守西路，守備傅鍾守定邊，其他官軍分守要路，遥相呼應，一舉殲敵。凱旋於紅石峽，總督張珩有感於此，作詩一首。此碑雖簡，但對於此役之布兵排陣記載詳細，可補《明史》所載之闕。另，文中個别字被人爲磨去，據本卷《王效墓誌》當爲“虜”字。

撰書者張珩，山西石州人。正德十六年（1521）進士。歷官督察院右僉都御史、延綏總督等。

592.1538　王效墓誌

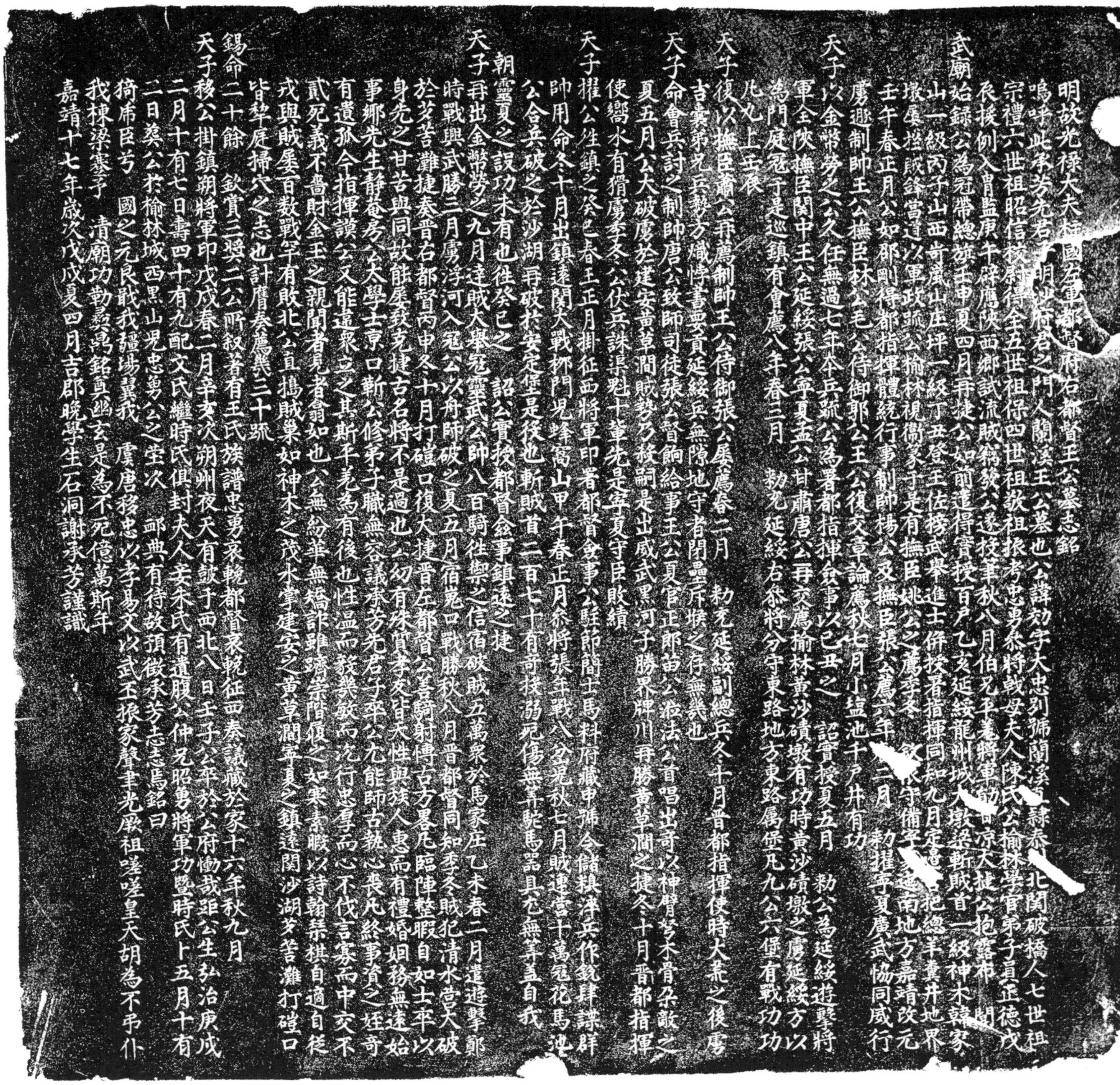

明故光祿大夫柱國左軍都督府右都督王公墓誌銘
嗚呼此承芳先君子明□府君之門人蘭溪王公墓也公諱効字大忠別號蘭溪□隸泰□北關破橋人七世祖
宗禮六世祖昭信校尉得全五世祖保四世祖敬祖振考忠勇叅將戟母夫人陳氏公榆林學官弟子員正德戊
辰援例入胄監庚午辟應陝西鄉試流賊竊發公遂投筆秋八月伯兄平羌將軍勳□涼大捷公抱露布聞
武廟始錄公為冠帶總旗壬申夏四月再捷公如前遂得實授百戶乙亥延綏龍州城大墩□斬賊首一級神木韓家
山一級丙子山西苛嵐山庄坪一級丁丑登王佐榜武舉進士併授署指揮同知九月定邊□把總羊糞井地界
墩屢挫賊鋒當道以軍政號公榆林視衛篆于是有撫臣姚公之薦季冬欽□守備寧夏□遊南地方嘉靖改元
壬午春正月公如鄖剛得都指揮體統行事制師楊公及撫臣張公薦六年□二月　勑擢寧夏廣武協同威行
虜遯制師王公撫臣林公毛公侍御鄭公王公復交章論薦秋七月小塩池千戶井有功
天子以金幣勞之公久任無過七年本兵號公為署都指揮僉事以己丑之　詔實授夏五月　勑公為延綏遊擊將
軍全陝撫臣閔中王公延綏張公寧夏孟公甘肅唐公再交薦榆林黃沙磧墩有功時黃沙磧墩之虜延綏方以
為門庭冠于是巡鎮有會薦八年春三月　勑充延綏右叅將分守東路地方東路屬堡凡九公六堡有戰功
凡允上壬辰
天子復以撫臣蕭公再薦制師王公侍御張公屢薦春二月　勑充延綏副總兵冬十月晉都指揮使時大荒之後虜
吉囊弟兄兵勢方熾悖書要貢延綏兵無隙地守者閉壘斥堠之存無幾也
天子命會兵討之制師唐公致師司徒張公督餉給事王公夏官正郎苗公淑法公首唱出奇以神臂弩木骨朶敵之
夏五月公大破虜於建安黃草澗賊勢乃殺嗣是出威武黑河子勝界牌川再勝黃草澗之捷冬十月晉都指揮
使嚮水有猾虜季冬公伏兵誅渠魁十輩先是寧夏守臣敗績
天子擢公往鎮之癸巳春王正月掛征西將軍印署都督僉事公駐節閣士馬料府藏申號令儲糧淬兵作銳肆諜群
帥用命冬十月出鎮遠關大戰柳門兒蜂窩山甲午春正月叅將張年戰八盆兒秋七月賊連營十萬冦花馬池
公合兵破之於沙湖再破於安定堡是役也斬賊首二百七十有奇投溺死傷無算駝馬器具亦無算蓋自我
朝靈夏之設功未有也往癸巳之　詔公實授都督僉事鎮遠之捷
天子再出金幣勞之九月達賊大舉寇靈武公帥八百騎往禦之信宿破賊五萬衆於馬家庄乙未春二月遣遊擊鄭
時戰興武勝三月虜浮河入冦公以舟師破之夏五月宿嵬口戰勝秋八月晉都督同知季冬賊犯清水營大破
於芳苦灘捷奏晉右都督丙申冬十月打磑口復大捷晉左都督公善騎射博古方畧凡臨陣整暇自如士卒以
身先之甘苦與同故能屢致克捷古名將不是過也公幼有殊質孝友皆天性與族人惠而有禮婚姻務無違始
事鄉先生靜菴房公大學士京口靳公修弟子職無容議承芳先君子卒公允能師古執心喪凡終事資之姪奇
有遺孤今指揮謨公又能遣衆立之其斯乎羌為有後也性溫而毅樂敏而沈行忠厚而心不伐言寡而中交不
貳死義不啚財金玉之親聞者見者翕如也公無紛華無矯詐雖躋崇階履之如寒素暇以詩翰棋自適自從
戎與賊壘百數戰罕有敗北公直擣賊巢如神木之茂水掌建安之黃草澗寧夏之鎮遠關沙湖芳苦灘打磑口
皆犂庭掃穴之志也計膺奏薦幾三十疏
錫命二十餘　欽賞三獎二公所叙著有王氏族譜忠勇家乘都督家乘征西奏議藏於家十六年秋九月
天子移公掛鎮朔將軍印戊戌春二月辛亥次朔州夜天有皷于西北八日壬子公卒於公府慟哉距公生弘治庚戌
二月十有七日壽四十有九配文氏繼時氏俱封夫人妾朱氏有遺腹公仲兄昭勇將軍功暨時氏卜五月十有
二日葬公於榆林城西黑山兒忠勇公之塋次　邮典有待故預徵承芳志志焉銘曰
猗𢂋臣兮　國之元良戰我疆場翼我　虞唐移忠以孝易文以武王振家聲聿光厥祖嗟嗟皇天胡為不弔仆
我棟梁寨子　清廟功勳彝鼎銘貞幽玄是為不死億萬斯年
嘉靖十七年歲次戊戌夏四月吉郡晚學生石洞謝承芳謹識

説明

明嘉靖十七年（1538）五月刻。誌、蓋均爲砂石質，正方形。邊長均75厘米。蓋文5行，滿行5字，篆書“皇明故光禄」大夫柱國左」軍都督府右」都督王公墓」誌銘」”。誌文楷書38行，滿行43字。謝承芳撰文。1994年夏榆林城西黑山大墩梁出土。現存榆林市榆陽區文物管理所。《榆林碑石》著録。

釋文

明故光禄大夫柱國左軍都督府右都督王公墓志銘」

嗚呼！此承芳先君子明沙府君之門人蘭溪王公墓也。公諱効，字大忠，别號蘭溪，直隸泰州北關破橋人。七世祖」宗禮，六世祖昭信校尉得全，五世祖保，四世祖敬，祖振，考忠勇参將戟。母夫人陳氏。公榆林學官弟子員。正德戊」辰，援例入胄監。庚午，辟應陝西鄉試。流賊竊發，公遂投筆。秋八月，伯兄平羌將軍助甘涼大捷，公抱露布，聞」武廟，始録公爲冠帶總旗。壬申夏四月，再捷，公如前遣，得實授百户。乙亥，延綏龍州城大墩梁斬賊首一級，神木韓家」山一級。丙子，山西岢嵐山庄坪一級。丁丑，登王佐榜武舉進士，併授署指揮同知。九月，定邊營把總。羊糞井地界」墩屢挫賊鋒，當道以軍政疏公榆林視衛篆，于是有撫臣姚公之薦。季冬，欽派守備寧夏迤南地方。嘉靖改元」壬午春正月，公如邵剛，得都指揮體統行事，制帥楊公及撫臣張公薦。六年春二月，敕擢寧夏廣武協同，威行」虜遁，制帥王公，撫臣林公、毛公，侍御郭公、王公復交章論薦。秋七月，小鹽池千户井有功」，天子以金幣勞之。公久任無過，七年，本兵疏公爲署都指揮僉事，以己丑之詔實授。夏五月，敕公爲延綏遊擊將」軍。全陝撫臣關中王公、延綏張公、寧夏孟公、甘肅唐公再交薦。榆林黄沙磧墩有功，時黄沙磧墩之虜，延綏方以」爲門庭寇，于是巡鎮有會薦。八年春三月，敕充延綏右参將，分守東路地方。東路屬堡凡九，公六堡有戰功，功」凡九上。壬辰」，天子復以撫臣蕭公再薦，制帥王公、侍御張公屡薦，春二月，敕充延綏副總兵。冬十月，晋都指揮使。時大荒之後，虜」吉囊弟兄兵勢方熾，悖書要貢。延綏兵無隙地，守者閉壘，斥堠之存無幾也」，天子命會兵討之。制帥唐公致師，司徒張公督餉，給事王公、夏官正郎苗公涖法。公首唱出奇，以神臂弩、木骨朵敵之」。夏五月，公大破虜於建安黄草澗，賊勢乃殺。嗣是出威武，黑河子勝，界牌川再勝，黄草澗之捷，冬十月，晋都指揮」使。糴水有猾虜，季冬，公伏兵誅渠魁十輩。先是，寧夏守臣敗績」，天子擢公往鎮之。癸巳春王正月，掛征西將軍印，署都督僉事。公駐節，簡士馬、料府藏、申號令，儲糗淬兵，作鋭肆諜，群」帥用命。冬十月，出鎮遠關，大戰柳門兒、蜂窩山。甲午春正月，参將張年戰八岔兒。秋七月，賊連營十萬寇花馬池」，公合兵破之於沙湖，再破於安定堡。是役也，斬賊首二百七十有奇，投溺死傷無算，駝馬器具尤無算。蓋自我」朝靈夏之設，功未有也。往癸巳之詔，公實授都督僉事。鎮遠之捷」，天子再出金幣勞之。九月，達賊大舉寇靈武，公帥八百騎往禦之，信宿破賊五萬衆於馬家庄。乙未春二月，遣遊擊鄭」時戰興武，勝。三月，虜浮河入寇，公以舟師破之。夏五月，宿嵬口戰，勝。秋八月，晋都督同知。季冬，賊犯清水營，大破」於芀苦灘。捷奏，晋右都督。丙申冬十月，打磑口復大捷，晋左都督。公善騎射，博古方略。凡臨陣整暇，自如士卒，以」身先之，甘苦與同。故能屡致克捷，古名將不是過也。公幼有殊質，孝友皆天性，與族人惠而有禮，婚姻務無遠。始」事鄉先生静菴房公、太學士京口靳公，修弟子職無容議。承芳先君子卒，公尤能師古執心喪，凡終事資之。姪奇」有遺孤，今指揮謨，公又能違衆立之，其斯平羌爲有後也。性温而毅，幾敏而沉，行忠厚而心不伐，言寡而中交不」貳，死義不嗇財。金玉之親，聞者、見者，翕如也。公無紛華，無矯詐，雖躋崇階，履之如寒素，暇以詩翰琴棋自適。自從」戎，與賊屡百數戰，罕有敗北。公直搗賊巢，如神木之茂水掌，建安之黄草澗，寧夏之鎮遠關、沙湖、芀苦灘、打磑口，皆黎庭掃穴之志也。計膺奏薦幾三十疏」，錫命二十餘，欽賞三，奬二。公所叙著有《王氏族譜》《忠勇哀輓》《都督哀輓》《征西奏議》，藏於家。十六年秋九月」，天子移公掛鎮朔將軍印。戊戌春二月辛亥，次朔州，夜天有鼓于西北。八日壬子，公卒於公府。慟哉！距公生弘治庚戌」二月十有七日，壽四十有九。配文氏，繼時氏，俱封夫人。妾朱氏，有遺腹。公仲兄昭勇將軍功暨時氏卜五月十有」二日，葬公於榆林城西黑山兒忠勇公之塋次。卹典有待，故預徵承芳志志焉。銘曰」：

皇明故光祿大夫柱國左軍都督府右都督王公墓誌銘

猗虎臣兮，國之元良。戢我疆場，翼我虞唐。移忠以孝，易文以武。丕振家聲，聿光厥祖。嗟嗟皇天，胡爲不弔。仆」我棟梁，蹇予清廟。功勒彝鼎，銘奠幽玄。是爲不死，億萬斯年」。

嘉靖十七年歲次戊戌夏四月

吉郡晚學生石洞謝承芳謹識」

按

誌主王效，字大忠，號蘭溪，陝西榆林人，原籍江蘇泰州。《明史》有傳。墓誌所載較《明史》更詳。王效履歷及戰功散見《明實録》，與誌文大體相合。明世宗以王效屢立戰功，忠勤慎事，贈謚武襄。

撰者謝承芳。嘉靖十九年（1540）舉人，曾任鎮都知縣。萬曆《陝西通志》、道光《榆林府志》有載。

593.1540　張統墓誌

説明

明嘉靖十九年（1540）四月刻。誌長76厘米，寬64厘米。誌文行草41行，滿行37字。馬理撰文并書丹。早年涇陽縣安吴鎮李家莊出土。現存涇陽縣安吴鎮安吴青年訓練班舊址。《新中國出土墓誌（陝西壹）》《咸陽碑刻》著録。

釋文

明朝列大夫宗人府儀賓松豁張先生墓志銘」

賜進士出身中大夫光禄寺卿谿田居士眷生三原馬理撰并書

富平趙應祥刊」

松豁張先生者，諱統，字宗元，號曰松豁，有文行，縉紳雅敬之，稱曰松豁先生云。先渭南人，其徙涇」陽大石里今居者，自夫高祖興始也。興生文成。文成生旌表義民數。數字從學，生三子：孟安、仲樂」、季壽。壽字世齡，配劉氏，身及冢男，置田二十餘頃，生子九人，松豁其第七子也。幼醇謹，作心不苟」，父兄遣就傅，即執業有常。弘治初，年十二，蒙選爲臨潼靖安王長女昆明郡君儀賓。七年十一月」二十二日，合巹禮成。明年四月二十八日」，誥封爲朝列大夫云。年十四，時與余及劉子明興學于孟店寺中，即志于正學。後又遊涇陽儒學，與」褚宣玉、王良臣、劉汝温、魏禮元諸賢爲友。後又與會城諸賢同遊府谷祭□玉□之門，學益邃。爲」法制所拘，不試，以詩鳴關中，其《□孝子》云：雙□流江漢，一誠感鬼神。《即事》云：野性偏宜野外寛，愛」山成癖用翳難。嵯峨就我終南遠，濃淡嵐光取次看。《山行》云：路轉山形變，石横水彎斜。穿林常畏」虎，披草忽驚蛇。《送劉西陂恤刑》聯云：國典身爲主，民生職所司。又誌云：門第須高大，公侯出在兹」。《遊管平田園亭》云：四時分造化，百物遂生成。雲外看山出，花間聽鳥鳴。《聞蛩》云：清吟潛細草，低語」近窗紗。客夢回千里，砧聲起萬家。《詠李斯》云：荀卿論性本來非，受業卒爲不善師。及至臨刑思狡」兔，此心終是未忘機。《苻堅》云：水去魚存失所依。《讀徙戎》云：假使五胡終不亂，斯言畢竟是良謀。《山」簡》云：海内昇平一事無，人臣方可作歡娛。如何國步艱難日，酩酊直教左右扶。《周顗》云：王導全生」更受恩，伯仁屈死反含冤。是非只可分明説，留卻教奴取印看。《梁武》云：亡齊妖物是徠潘，豪傑如」何着眼看。情欲滿懷猶未捨，須知他日挺身難。《魏武》云：廣布恩威久擅權，山陽付與子孫還。平生」自比周文德，五世方延四十年。《趙普》云：丞相高才迥異常，深知傳弟絶非良。如何後語殊前然，不」畏秦王畏晋王。其志可概見矣。初共學日，約曰：他日婚，生男女，當聯爲婚姻，以敦世好。理然之。後」二十六年，長男尚忠娶余次女如約，其交信如此。正德初，有邢憲長者，招余教子于公署，理難之」，謀諸松豁，松豁曰：聞昔長安介菴李氏，爲馬端肅公所延；秦州小泉周氏從戎，爲其帥所延。俱是」招也，辭而不就。小泉嘗曰：役則往役，師則不可。介菴言亦如之。而吾子可就之耶？余從以應邢，邢」不能屈。其爲人謀忠又如此。故三輔縉紳多與賡唱締交，稱良朋焉。昆明郡君嘗謂其子曰：爾父」一生好學，德能潤身，才足輔世，以我故不及一試，稍不自怵，若爾知乎。然昆明以君心爲心，無私」好惡，善内相君，百爾攸爲，不耑而嚶，故其瑟琴之和愈常情。及昆明遊，松豁哀甚，哭詩曰：好事無」邊歸昨夢，佳緣有分待來生。檐前雨滴長流淚，樹杪風添永嘆聲。花徑香閨俱在眼，何時同坐復」同行。蓋自是入内視而多不如意，鬱鬱不乐，久之寢成疾焉。一日因感而踦，歘而語艱，手足不仁」，療久，能舉動，語嘆吟，若未大痊也。時在會城居，理以堯夫《春秋行乐》詩招之，乃欣然移家還，蓋感」疾二年餘矣。兹孟春二十有七日，值余誕辰前，期兒輩速之共觴，連日盡歡。厥明書告，携酒速賓」就飲。及期，賓至，且壽矣，乃輿及村西，而疾作，從者曰：盍歸乎？乃摇首使進。須臾，目瞑，輿心寒，告人」急往，復之蘇，護送歸。余連日問疾，侍者白：有領狀，然弗能視及言也。閱三日而歿。始終厚余如此」，痛可言耶。所生男女凡十二人：長尚忠，娶余女，即幼約結婚踐言者；次尚德，聘刑部鄒郎中汝良」女，未娶而殤；次保家、保全、保祐、保真，俱殤；次尚義，娶雲南曲靖軍民府經歷趙希悦女；次重喜，殤」。女曰春蘭、曰淑女，並殤，俱昆明出。次尚智，室人朱氏出。次女曰閏女，室人唐氏出。孫男三：曰弘支」、□祥、齊祥，尚義出。孫女三：曰孟春，殤；曰仲春，許適三原晳進士兄貞士如心男約，俱尚忠出；曰孟」冬，尚義出。昆明先卒，葬莊東北新塋，事詳本志。松豁生于成化十三年二月五日，卒于嘉靖十九」年正月三十日，享年六十有四。卜是年四月十二日，開昆明君壙而合葬焉。理爰泣而銘，銘曰」：

温温松豁，明而能裁，方而能圓乎而。年未成童，約余結婚，卒踐其言乎而。與人恭遜無失，朋來源」源乎而。胸有藴蓄，即事傾寫，珠玉源源乎而。締交于余，有始有卒，豈以聯姻乎而。乃携榼而壽余」，置座而還而卒，斯其痛余躅乎而。

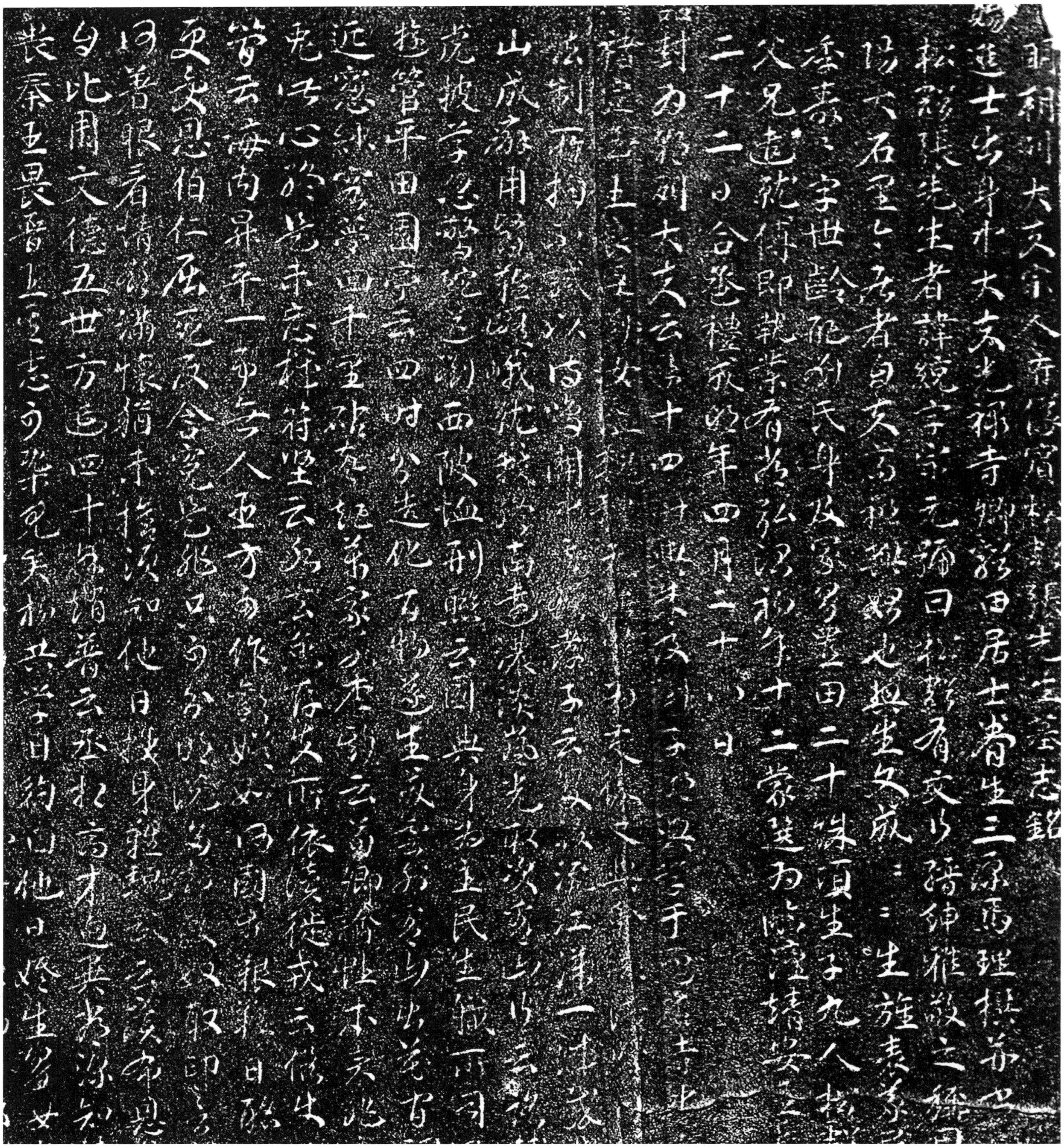

局部

嘉靖十九年四月吉日

孤哀子尚忠、尚義泣血上石」

按

誌主張統，字宗元，號曰松豁，陝西涇陽人。弘治七年（1494）娶秦藩臨潼靖安王朱誠潤長女昆明郡君。與馬理爲友。長子張尚忠娶馬理長女。誌所載其詩文保存了非常珍貴的資料。

撰書者馬理，字伯循，號谿田，陝西三原人。弘治十一年（1498）舉人，正德九年（1514）進士，曾任吏部稽勳司主事、文選司主事、考功郎、南京光禄寺卿。嘉靖三十四年（1556）關中大地震中卒，謚忠勤。著有《周易贊義》《谿田文集》《陝西通志》等。

594.1542　劉欽墓銘

朝列大夫少叅南原劉季子墓銘
賜進士出身奉直大夫工部都水清吏司郎中子午山人周仲仁撰
賜進士出身中憲大夫浙江按察司副使北泉閻溥篆
賜進士出身朝列大夫湖廣布政使司右叅議竹溪康世隆書
嘉靖庚子秋七月廿有二日南原劉季子卒季子受業余先大夫渭川御史君余與季子納交有年
履歷素諳猶子鎮撫君滋執華西董子狀踞泣曰叔父南原君卜葬有日請銘諸石以垂不朽余覽
狀酸辛泫然不知淚之無從也嗟乎已矣悲哉按狀南原諱欽字以安南原其別號也其先直隸太
平府蕪湖縣人始祖仕達從
高皇帝北征有功實授百戶高祖襲蔭從忠武王西征旅河南弘農衛天下甫定廼遷陝右西安前衛補
伍曾祖勇襲蔭亦如衛父璲以驍勇從大將軍征北虜克之以首功陞千戶衛然有儁才改衛鎮撫
理刑二十有八載秉公守灋生孟兄鉞以明經中成化丙午解元拜吳橋令生子曰滋曰滄滋蔭祖
衛仲兄鈁有隱德弗耀有子曰滂南原行少故云劉季子季子生而哲靈器宇充貴風神英挺貌豐
體康履和蹈貞以書經登弘治甲子鄉薦歲會春官不第初授河南開封府通判廉慎有能聲擬湖
廣寶慶府同知八年撫臺監司剡薦殊骰擢四川僉憲奉
勑督屯種兼理塩法比及三年摧廢徵遺考課稱最而屯塩之利倍昔蜀人便之是年明詔稽天下方
面官三年無尤者隨品褒之君晉奉政大夫妻贈宜人而考妣之贈亦如之敘南盜起君以威信撫
平之崧茂酋夷犯順君奉命統兵往討申以國法喻以利害諸酋長疊壁為辯枉直胥驚潰觸地曰
公神明也天俾教我遂解去撫司以功請于
上金帛之錫有差遂有雲南叅議之擬然滇南遠在萬里之外夷華紛處不易治君以法不貰聲稱翕
然是年表覲北行然山川險塞地多瘴毒近夏瘴熱卒感觸越鄉邑乃大困寢疾遂至不起君夙以
道義自閑尤工詞賦且崇古嚴操踐履弗阿行能絕倫卒取諸心有力焉故所樹立卓卓如此距生
成化辛丑九月五日卒以前期壽止六十茲卜嘉靖壬寅春三月初有十日同田宜人季華合葬咸
寧常曲里玄都觀之原宜人明守備吏田君濟之女側室張氏長安隱士恭之女周氏後衛官舍傑
之女也田生女一適鄉進士趙君三省先君卒於乎木茂于林風必摧之珠媚于淵虬必索之君修
于家適當耳順之年而天斯奪之謂非數耶孟嘉傳曰道悠運促仁者弗壽斯足悲矣仲仁固陋竊
稽来狀謹為銘之銘曰
毅哉遐宗聿開
聖皇贊兵翊謀有来關中世德既騰於捷首功廼公岐嶷
帝嘉朴忠兩佐雄郡秉灋奉公臬臺持憲貪靡望風再擢藩叅惟融惟明于滇有來酋夷率從表于
聖朝肘腋梛生遂至不起天道罔情常曲蔚蔚封木亙榮林宗懿行玉振金聲我銘無媿千載斯程名
德爛然於赫修靈

不肖滋等泣血上石　長安卜吉刻

説明

明嘉靖二十一年（1542）三月刻。蓋佚。誌長80厘米，寬82厘米。誌文楷書32行，滿行38字。周仲仁撰文，康世隆書丹，閻溥篆蓋。出土具體時、地不詳。現存西安博物院。《新中國出土墓誌（陝西叁）》著録。

釋文

朝列大夫少參南原劉季子墓銘」

賜進士出身奉直大夫工部都水清吏司郎中子午山人周仲仁撰」

賜進士出身中憲大夫浙江按察司副使北泉閻溥篆」

賜進士出身朝列大夫湖廣布政使司右参議竹溪康世隆書」

嘉靖庚子秋七月廿有二日，南原劉季子卒。季子受業余先大夫渭川御史君，余與季子納交有年」，履歷素諳。猶子鎮撫君滋執華西董子状，跽泣曰：“叔父南原君卜葬有日，請銘諸石，以垂不朽。”余覽」状，酸辛泫然，不知淚之無從也。嗟乎已矣悲哉！按状：南原諱欽，字以安，南原其别號也。其先直隷太」平府蕪湖縣人。始祖仕達，從」高皇帝北征有功，實授百户。高祖襲蔭，從忠武王西征，旅河南弘農衛。天下甫定，乃遷陝右西安前衛補」伍。曾祖勇，襲廕亦如銜。父璲，以驍勇從大將軍征北虜，克之，以首功陞千户銜。然有雋才，改衛鎮撫」。理刑二十有八載，秉公守法。生孟兄鉞，以明經中成化丙午解元，拜吴橋令。生子曰滋、曰滄，滋蔭祖」銜。仲兄鈁有隱德弗耀，有子曰滂。南原行少，故云劉季子。季子生而哲靈，器宇充貴，風神英挺，貌豐」體康，履和蹈貞。以《書經》登弘治甲子鄉薦，歲會春官不第。初授河南開封府通判，廉慎有能聲，擬湖」廣寶慶府同知。八年，撫臺、監司剡薦殊殷，擢四川僉憲，奉」敕督屯種兼理鹽法。比及三年，摧廢徵遺，考課稱最，而屯、鹽之利倍昔，蜀人便之。是年，明詔稽天下方」面官，三年無尤者，隨品褒之。君晋奉政大夫，妻贈宜人，而考妣之贈亦如之。叙南盜起，君以威信撫」平之。松茂酋夷犯順，君奉命統兵往討，申以國法，喻以利害。諸酋長疊壁，爲辯枉直，胥驚潰觸地曰」：公神明也，天俾教我。遂解去。撫司以功請于」上，金帛之錫有差，遂有雲南参議之擬。然滇南遠在萬里之外，夷華紛處不易治，君以法不貰，聲稱翕」然。是年，表覲北行。然山川險塞，地多瘴毒，近夏瘴熱，卒感觸。越鄉邑，乃大困寢疾，遂至不起。君夙以」道義自閑，尤工詞賦，且崇古嚴操，踐履弗阿，行能絶倫，卒取諸心有力焉。故所樹立，卓卓如此。距生」成化辛丑九月五日，卒以前期，壽止六十。玆卜嘉靖壬寅春三月初有十日，同田宜人季華，合葬咸」寧韋曲里玄都觀之原。宜人明守循吏田君濟之女。側室張氏，長安隱士恭之女；周氏，後衛官舍傑」之女也。田生女一，適鄉進士趙君三省，先君卒。於乎！木茂于林，風必摧之；珠媚于淵，虬必索之。君修」于家，適當耳順之年，而天斯奪之，謂非數耶？孟嘉傳曰：道悠運促，仁者弗壽。斯足悲矣！仲仁固陋，竊」稽来状，謹爲銘之，銘曰」：

毅哉遐宗，聿開」聖皇。贊兵翊謀，有来關中。世德既騰，於捷首功。乃公岐嶷」，帝嘉朴忠。兩佐雄郡，秉法奉公。臬臺持憲，僉靡望風。再擢藩參，惟融惟明。于滇有來，酋夷率從。表于」聖朝，肘腋柳生。遂至不起，天道罔情。韋曲鬱鬱，封木互榮。林宗懿行，玉振金聲。我銘無媿，千載斯程。名」德爛然，於赫修靈」。

不肖滋等泣血上石

長安卜吉刻」

按

誌主劉欽，字以安，號南原，安徽蕪湖人，後以西安爲籍。受業於監察御史周熊，即本誌撰者周仲仁之父。嘉靖《陝西通志》有載。

撰者周仲仁，浙江長興人，後以西安爲籍。正德九年（1514）進士，曾任工部郎中。嘉靖《陝西通志》有載。

書者康世隆，陝西咸寧人。嘉靖五年（1525）進士，曾任刑部署員外郎、貴州按察司僉事、湖廣參議等。嘉靖《陝西通志》有載。

篆蓋者閻溥，字克周，又字公父，號北泉，陝西興平人。正德二年（1507）舉人，嘉靖二年（1522）進士，曾任刑部河南司主事、刑部雲南司員外郎、河南司郎中、保定知府、浙江按察司副使。《國朝獻徵録》有載。

595.1542　創建唐杜子美先生祠堂記

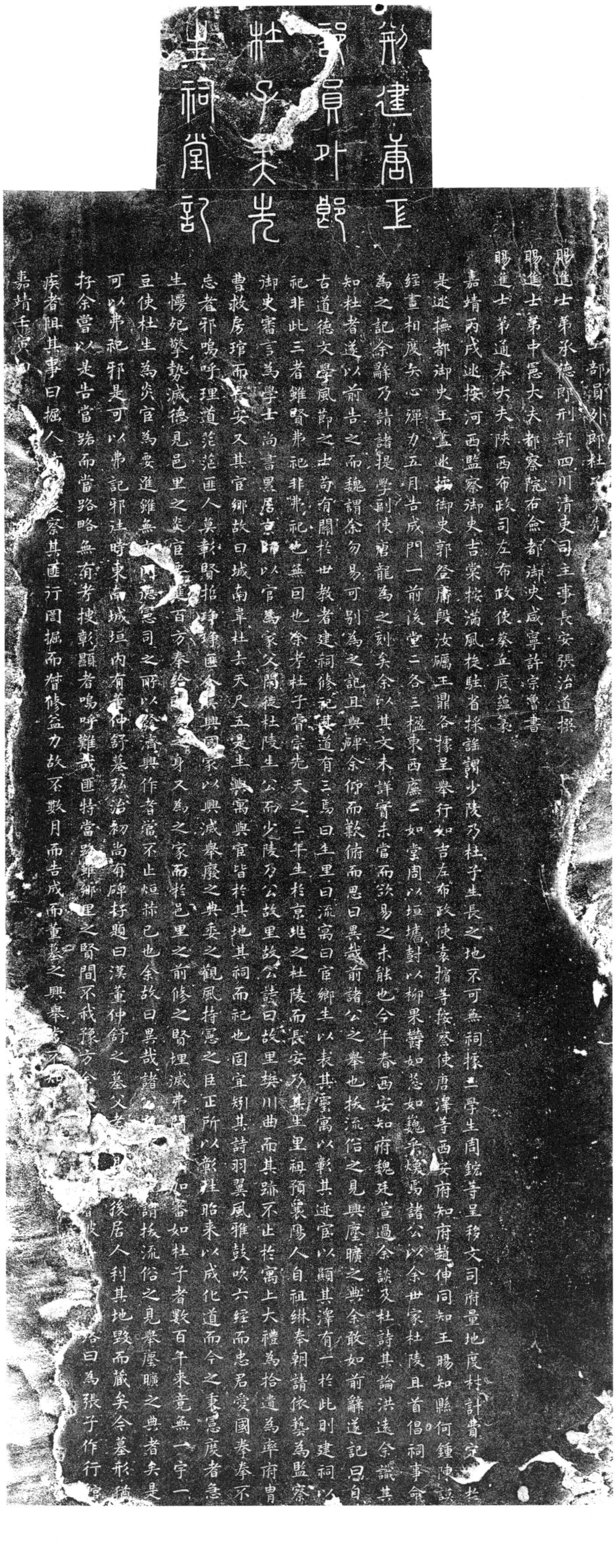

創建唐工部員外郎杜子美先生祠堂記

[illegible]部員外郎杜子美先[illegible]
賜進士第承德郎刑部四川清吏司主事長安張治道撰
賜進士第中憲大夫都察院右僉都御史咸寧許宗魯書
賜進士第通奉大夫陝西布政司左布政使蔡立底篆
嘉靖丙戌巡按河西監察御史吉棠按滿風俟駐省採謠謂少陵乃杜子生長之地不可無祠據王學生周鋐等呈移文司府量地度材計費定於
是巡撫都御史王藎巡按御史郭登庸段汝礪王鼎各據呈舉行如吉左布政使袁擴等按察使唐澤等西安府知府趙伸同知王暘知縣何鍾陳謨
經畫相度矣心殫力五月告成門一前後堂二各三楹東西廡二如堂周以垣墻封以柳果欝如愨如巍乎煥焉諸公以余世家杜陵且首倡祠事命
為之記余辭乃請諸提學副使唐龍為之刻矣余以其文未詳實未當而欲易之未能也今年春西安知府魏廷萱過余談及杜詩其論洪遠余識其
知杜者遂以前告之而魏謂余勿易可別為之記且與碑余仰而歎俯而思曰異哉前諸公之舉也拔流俗之見興墜曠之典余敢如前辭遂記曰自
古道德文學風節之士茍有關於世教者建祠修祀其道有三焉曰生里曰流寓曰宦鄉生以表其靈寓以彰其迹宦以顯其澤有一於此則建祠以
祀非此三者雖賢弗祀非弗祀也無曰也余考杜子睿宗先天之二年生於京兆之杜陵而長安乃其生里祖預襄陽人自祖繼奉朝請依藝為監察
御史審言為學士尚書累居京師以官為家父閑徙杜陵生公而少陵乃公故里故公詩曰故里樊川曲而其跡不止於寓上大禮為拾遺為率府胄
曹救房琯而去長安又其官鄉故曰城南韋杜去天尺五是生與寓與官皆於其地其祠而祀也固宜矧其詩羽翼風雅鼓吹六經而忠君愛國拳拳不
忘者邪嗚呼理道茫茫匪人莫彰賢哲睜睜匪今與國家以興滅舉廢之典委之觀風持憲之臣正所以彰往昭来以成化道而令之秉憲庶者急
生憫死擊勢滅德見邑里之炎官[illegible]進百方奉給[illegible]之身又為之家而於邑里之前修之賢埋滅弗聞[illegible]如畨如杜子者數百年来竟無一字一
豆使杜生為炎官為要進雖無[illegible]德憲司之所以發濟興作者當不止烜赫已也余故曰異哉諸[illegible]請拔流俗之見舉墜曠之典者矣是
可以弗祀邪是可以弗記邪往時東南城垣內有董仲舒墓弘治初尚有碑杼題曰漢董仲舒之墓父老[illegible]後居人利其地毀而藏矣今墓形猶
抒余嘗以是告當路而當路略無有考搜彰顯者嗚呼難哉匪特當路雖鄉里之賢間不武豫方今[illegible]被[illegible]俗曰為張子作行宮
疾者但其事曰掘人[illegible]察其匪行罔掘而稽修益力故不數月而告成而董墓之興舉尚不知[illegible]
嘉靖壬寅[illegible]

説 明

明嘉靖二十一年(1542)刻。碑圓首。通高191厘米,寬65厘米。額文4行,滿行4字,篆書“創建唐工」部員外郎」杜子美先」生祠堂記」”。正文楷書20行,滿行57字。張治道撰文,許宗魯書丹,底藴篆額。碑左右剥蝕較重。現存西安市長安區杜公祠。《長安碑刻》著録。

釋 文

□□□工部員外郎杜子美先□□□□」

賜進士第承德郎刑部四川清吏司主事長安張治道撰」

賜進士第中憲大夫都察院右僉都御史咸寧許宗魯書」

賜進士第通奉大夫陝西布政司左布政使葵丘底藴篆」

嘉靖丙戌,巡按河西監察御史吉裳按滿風旋,駐省採謡,謂少陵乃杜子生長之地,不可無祠。據三學生周鉉等呈移文,司府量地度材,計費定□。於」是巡撫都御史王藎,巡按御史郭登庸、段汝礪、王鼎各據呈舉行如吉。左布政使袁擯等,按察使唐澤等,西安府知府趙伸,同知王暘,知縣何鍾、陳謨」經畫相度,矢心殫力。五月告成。門一,前後堂二各三楹,東西廡二如堂。周以垣墻、樹以柳果,鬱如蔥如,巍乎焕焉。諸公以余世家杜陵,且首倡祠事,命」爲之記。余辭,乃請諸提學副使唐龍爲之,刻矣。余以其文未詳,實未當,而欲易之,未能也。今年春,西安知府魏廷萱過余,談及杜詩,其論弘遠。余識其」知杜者,遂以前告之。而魏謂余勿易,可別爲之記,且與碑。余仰而嘆,俯而思,曰:異哉,前諸公之舉也!拔流俗之見,興塵曠之典,余敢如前辭?遂記曰。自」古道德文學風節之士,苟有關於世教者,建祠修祀,其道有三焉:曰生里、曰流寓、曰宦鄉。生以表其靈、寓以彰其迹、宦以顯其澤。有一於此,則建祠以」祀。非此三者,雖賢弗祀。非弗祀也,無因也。余考杜子,睿宗先天之二年生於京兆之杜陵,而長安乃其生里。祖預,襄陽人。自祖綝奉朝請,依藝爲監察」御史;審言爲學士、尚書,累居京師,以官爲家。父閑,徙杜陵,生公。而少陵乃公故里,故公詩曰“故里樊川曲”。而其迹不止於寓,上大禮,爲拾遺,爲率府胄」曹,救房琯。而長安又其宦鄉,故曰“城南韋杜,去天尺五”。是生與寓與宦,皆於其地,其祠而祀也,固宜。矧其詩羽翼風雅,鼓吹六經,而忠君愛國,拳拳不」忘者邪。嗚呼!理道茫茫,匪人莫彰;賢哲琤琤,匪人莫興。國家以興滅舉廢之典,委之觀風持憲之臣,正所以彰往昭来,以成化道。而今之秉憲度者,急」生慢死,擎勢滅德。見邑里之炎宦要進,百方奉給,既爲之身,又爲之家。而於邑里之前修之賢,埋滅弗聞,□□加審。如杜子者,數百年来,竟無一宇一」豆,使杜生爲炎宦,爲要進,雖無文罔德,憲司之所以發濟興作者,當不止烜赫已也。余故曰:異哉,諸公之□□□謂拔流俗之見,舉塵曠之典者矣,是」可以弗祀邪?是可以弗記邪?往時,東南城垣内有董仲舒墓,弘治初尚有碑存,題曰:漢董仲舒之墓。父老□□□後居人利其地,毁而藏矣。今墓形猶」存。余嘗以是告當路,而當路略無有考搜彰顯者。嗚呼難哉!匪特當路,雖鄉里之賢,間不我豫。方余□□□□□□□□□□□路曰:爲張子作行館」。疾者阻其事曰:掘人墳□,後察其匪行罔掘,而督修益力,故不數月而告成。而董墓之興舉當不知(下闕)

嘉靖壬寅(下闕)

按

杜公祠,位於西安南長安韋曲鎮東少陵,明嘉靖五年爲紀念唐代詩人杜甫而建。

撰者張治道,字孟獨,號太微山人,陝西長安人。正德九年(1514)進士,曾任長垣知縣、刑部主事。與王九思、康海縱論詩文。有《太微前後集》《嘉靖集》傳世。

書者許宗魯,字伯誠,一字東侯,號少華山人,陝西咸寧人。正德十二年(1517)進士,曾任翰林院庶吉士、監察御史、湖廣學政、僉都御史。有《少華山人文集》傳世。

篆額者底藴,字汝章,河南考城人。正德九年進士,曾任給事中、浙江按察司副使、山東布政使司左參政、山東按察使、陝西布政司右布政使、都察院右副都御史。《明實録》有載。

明
誥封奉政大
夫南京戶部
郎中柳渠馬
公先塋之墓

596.1545　馬憲墓誌

説明

明嘉靖二十四年（1545）正月刻。誌、蓋尺寸相同。均長68厘米、寬66厘米。蓋文5行，滿行5字，隸書“明」誥封奉政大」夫南京户部」郎中柳渠馬」公先葬之墓」”。誌文楷書32行，滿行37字。馬理撰文，郝世家書丹，昝如思題蓋。誌四周飾如意雲紋。1978年高陵縣通遠鎮蕭家村出土。現存三原縣博物館。《咸陽碑刻》著録。

釋文

明誥封奉政大夫南京户部郎中柳渠馬公墓誌銘」

賜進士出身中大夫南北光禄寺卿谿田馬理撰」

賜同進士出身文林郎山西道監察御史北谷昝如思題蓋」

賜進士出身太中大夫四川布政司参政瓠中郝世家書丹」

奉政馬公者，諱憲，字天章，别號柳渠。子書林之顯也，初封承德郎、南京刑部雲南清吏司主事，繼」封奉政大夫、南京户部廣西清吏司郎中，故鄉人稱曰奉政云。先世咸寧縣人，元末避亂徙今居」，遂爲高陵慶安鄉慶豐里康橋磑人矣。世行詳厥考朴翁誌中。朴翁諱文質，配張氏，生三子。繼配」高氏，無出。三子者：長奉政，次桐柏尹宥，次寧，俱高陵之良也。朴翁始以配張簪珥微金，貿易起家」，至富有，三世百口，同爨無異心者，盖有奉政嗣服故也。奉政幼隨朴翁賈於蜀之富順，從師問學」，通經義，解真草書矣，乃幹蠱。朴翁性嚴厲難悦，奉政自幼隨侍至老，嘗能得其歡心，或有他怒，必」從容和顔以解之，悦而後已。後朴翁踰耋壽終，奉政踊哭婁絶而復蘇，執喪殯葬以禮，不作佛事」。其事母氏亦然。正德丁丑冬，奉政出商，母病革，思見奉政，伏枕泣。時奉政在汴，忽心惕不寧，疑父」母有患，即兼程返。七日至家，果母欲永訣。既見慰悦，囑以後事，三日瞑目卒。其純孝如此。友愛諸」弟。仲氏有學，服食必腆給之，恒自薄焉，故仲氏學成，獲貢於朝，仕爲桐柏知縣。與季寧居，和樂且」孺，終其身。朴翁之處諸弟也，無私蓄，無私飲食。子孫皆教之學，學而無進者，始令農商。奉政一遵」道弗違，嘗誦朴翁言以誡諸家人曰：“凡人起家保身，有二字符焉，‘勤、儉’是也。盍時省之，有弗孚者」，懲之，甚則弗面以絶之，孚而後已。”故子弟執業雖異，而所立則同。鄉人治家者，以爲法焉。與人謀」忠交信，未嘗有争。見有窘急及大事不能舉者，必拯濟之不懈。疾病則栖栖就而問之，其在旅中」亦然。故遠邇皆宗之如朴翁。有事則就而謀之，多倚賴焉。配齊氏，初」敕封安人，後」誥封宜人。能孝事舅姑，友諧妯娌，嚴訓子孫，以勤率諸内人，各執婦道，以相夫子。而奉政十九居外」，其成一家百口肅雍之政，宜人内助之力寔多焉。生二男三女。男：長書林，次桂林。幼日，皆令讀勸」學文，誘之學。少進，則令叔氏有誨之。既乃令卒業於涇野吕子之門。書林由是登嘉靖乙酉鄉舉」、己丑進士，授河南輝縣知縣，歷陞南京刑部主事、户部郎中、汝寧府知府。其入官也，每以清慎戒」之，故所在有賢聲。桂林學亦駸駸鳴於時矣。奉政及宜人」敕誥辭俱著行實，兹不載。書林娶王氏，初」敕封安人，後加封宜人。桂林娶李氏。三女者：孟適本縣蕭紀用，仲適本縣李朝選，季適涇陽承差王」守仁，俱先卒。孫男三：琮、珩，書林出；瑶，桂林出。珩，殤。孫女五：一適涇陽吴珮；二適本邑吴三畏，早卒」，書林出；餘幼。曾孫男二：辛生、卯生，琮出，辛生，殤。卜以嘉靖乙巳正月八日，葬於所居村西朴翁新」塋左昭之首位。理，宗人，爰誌其壙而銘。銘曰」：

嗟嗟奉政，克紹先翁。式穀爾嗣，享受榮封。康橋新宅，鬱鬱葱葱。爾後方茂，祉其有窮」。

孝男書林、桂林泣血上石

富平趙忠刻」

按

誌主馬憲，字天章，號柳渠，陝西咸寧人，後遷居高陵。因其子馬書林得封承德郎、南京刑部雲南清吏司主事、奉政大夫、南京户部廣西清吏司郎中。

撰者馬理，生平見本書593.1540條。

書者郝世家，字道傳，陝西三原人。正德九年（1514）進士，曾任南陽府裕州知州、刑部山東司員外郎、山西山東按察司僉事、江西布政司左參議、四川按察司副使等。嘉靖《重修三原志》有載。

題蓋者昝如思，字子學，陝西三原人。嘉靖十四年（1535）進士，曾任洪洞知縣、登封知縣、章丘知縣、山東道試監察御史。《明實録》、萬曆《平陽府志》有載。

597.1545　遊靈巖寺記

遊靈巖寺記
嘉靖[illegible]上位天漢爰省志[illegible]天[illegible]靈巖名剎冀一登眺歲乙巳暮春望日
部臨界陽公飭縣尹白子桂州倅張子篤請遊茲寺明發天偶雨余素希擇
為覽勝無緣已而大霽遂挐舟順流抵山麓登岸步履而升捫蘿攀陟行一里
許斷岩中以古木斜度為徒杠乃手循厥巔拉吏僕之而過又盤轉一逕濟大
陂入珠林巨巖空邃瑤宮構其腹金閣畫廊宏敞頗豁果為奇絕南有玄洞石
梁中斷幽深叵測傳云路可通仙遊左峻岩削立有曲中靈泉如乳髓點滴[illegible]
子即石闢曲道引流遠洞達佛像之下出焉疾者得飲之可愈故曰樂水岩音
人愛其峯峻授多留題於上爰扶吏剔蘚認讀然時遠涯剝半不可句曰尹遂
亭少憩乃登頓於碧殿之前時過午即不見日蓋山高西障此昏陽之得名也
飯既復由樂水岩渡高甯抵羅漢洞洞之巔觀鄭閣漢銘字畫奇古宋太守田
堯仁慮其漫滅摹刻於茲存古之雅不可泯也僧人又請遊前軒軒敞大江
憑欄俯視波光澄練有若一線兩峯對峙翠色歆流水山相映蒼玉交輝乃知
山靈有覺歆壯奇觀天之即雨即霽若或助其精爽矣余與二三子之遊信不
偶也徘徊久之暮光倏合從人告旋仍泝舸而歸回首金岫雲封迷徑不知處
所矣司訓李元傑鄧騰雲咸為不可無言予乃賦得古詩一章并敘此以[illegible]一
特之勝云
絕壁開千仞寶剎通玄靈幽勝夙有慕頻年後浮名公餘[illegible]江[illegible]雨欣暫晴
舟[illegible]陟雲磴披竹叩禪扃玉柱擎巨崖瑤宮自天成闊抱煙霞逕林猶[illegible]
樂水傳神異清泠濯塵纓梵流玉樹發香繞雨花[illegible]飛鳥寵丹洞宿霞[illegible]
翛然超物表心境寂以清登覽興未極落日[illegible]歸旌
[illegible]奉議大夫[illegible]天司知天學事[illegible]河[illegible]孫[illegible]撰

説明

明嘉靖二十四年（1545）三月刻。碑高108厘米，寬80厘米。正文楷書22行，滿行30字。張良知撰文。四周飾捲雲紋。現存略陽縣靈巖寺博物館。《漢中碑石》著録。

釋文

遊靈巖寺記」

嘉靖辛丑，余丞佐天漢，爰省志牒，久懷靈巖名刹，冀一登眺。歲乙巳暮春朏日」，部臨略陽。公餘，縣尹白子桂、州倅張子鎬，請遊兹宇。明發，天偶雨，余衷弗懌，以」爲覽勝無緣。已而大霽，遂挐舟順流，抵山麓，登岸，步屧而升，捫蘿攀蹬。行一里」許，断岩中以古木斜庋爲徒扛，乃手循厥巔，拉吏側足而過。又盤轉一逕，躋大」陂入珠林，巨巖空邃，瑶宫構其腹，金闕畫廊，宏敞顯豁，果爲奇絶。南有玄洞，石」梁中擎，幽深叵測，傳云路可通仙。迤左，巉岩削立，膚曲中靈泉如乳髓點滴，釋」子即石鬬曲道，引流遶洞，達佛像之下出焉。疾者得飲之，可愈，故曰“藥水岩”。昔」人愛其峰峻拔，多留題於上。爰扶吏剔蘚認讀，然時遠班剥，半不可句。白尹邀」予少憩，乃登頓於碧殿之前。時過午，即不見日。盖山高西障，此略陽之得名也」。飯既，復由藥水岩渡高甯，抵羅漢洞。洞之巔，觀《郙閣》漢銘，字畫奇古。宋太守田」克仁慮其漫滅，摹刻於兹，存古之雅，不可泯也。僧人又請遊前軒，軒瞰大江」，憑欄俯視，波光澄練，有若一線，兩峰對峙，翠色欲流，水山相映，蒼玉交輝。乃知」山靈有覺，欲壯奇觀，天之即雨即霽，若或助其精爽矣。余與二三子之遊，信不」偶也。徘徊久之，暮光倏合，從人告旋。仍泝舸而歸，回首金岫，雲封迷望，不知處」所矣。司訓李元傑、鄧騰雲咸爲不可無言，予乃賦得古詩一章，并叙此，以紀一」時之勝云」：

絶壁開千仞，寶刹通玄靈。幽勝夙有慕，頻年役浮名。公餘艤江棹，微雨欣暫晴」。丹梯陟雲膚，披竹叩禪扃。玉柱擎巨崖，瑶宫自天成。閟抱烟霞邃，林蟠日月冥」。藥水傳神異，清泠濯塵纓。梵流玉樹發，香繞雨花零。長虹飛窈窕，丹洞宿靄横」。翛然超物表，心境寂以清。登覽興未極，落日暗雙旌」。

明奉議大夫同知天漢事晋河東張良知撰」

按

靈巖寺，嘉靖《漢中府志》載：“在略陽縣南七里。宋至和中建。一名靈巖院。巖有洞，寺有廊閣，今俱存。古碑剥落。宋鮮于侁有《遊靈巖寺序》。”現爲全國重點文物保護單位。此碑所記略陽得名之由來、宋田克仁摹刻漢《郙閣頌》等史實，以及對靈巖風景之描述，都是非常珍貴的資料。

撰者張良知，字幼養，山西安邑人。嘉靖七年（1528）舉人，曾任許州知州、漢中同知、户部員外郎、户部郎中、中都監儲部曹使。在漢中期間，曾修山河堰，并參與《漢中府志》編修。康熙《陝西通志》有載。

598.1546　王文美墓表

明
靜菴處士
王君之墓

說明

明嘉靖二十五年（1546）二月刻。碑圓首方座。高150厘米，寬70厘米。額文2行，滿行4字，隸書“明」静菴處士」王君之墓」”。正文楷書24行，滿行46字。吕柟撰文，韓邦奇書丹，馬理題額。碑額飾雙鳳祥雲紋，碑四周飾捲雲紋。現存大荔縣朝邑鎮高城村。《大荔碑刻》著録。

釋文

明静菴處士王君暨配蘇氏墓表」

賜進士及第通議大夫南京禮部右侍郎前國子監祭酒翰林院修撰」經筵講官兼修國史高陵吕柟撰」

賜進士出身中大夫光禄寺卿谿田居士三原馬理題額」

賜進士出身通議大夫吏部右侍郎前右春坊」太子右庶子兼翰林院國史修撰經筵講官邑人苑洛韓邦奇書丹」

静菴處士諱文美，字潤甫，姓王氏，同州朝邑之高城鎮人也。生有異質，俊偉不群。幼輒奮立思興王氏，父母諸兄齊口褒」嘉。後滋振植，富甲朝邑。遂開塾延師，訓迪子姓，敦崇禮義。成化歲饑，邑侯臨門，勸貸出賑，欣然出粟殆二百斛，布亦稱是」。弘治再饑，猶出花麥分給本鎮。爾乃資王近仁之學，解楊舉人之難，救族孫思齊之厄。其他助昏喪、葺社宇、開市易，多便」利於人。則處士者，固古之孝悌力田、勤儉嗜義、耋期稱道不改者乎！蘇氏，長春蘇公貴之女也，婉娩淑慎。凡舅姑服饌，皆先時躬理，其眷屬酬問、慶吊、饋遺，亦皆親操。又能賙恤貧婦，爲諸婦女悦歸，實與處士同心協德云。初，王氏本山西洪洞」縣人，至處士遠祖順避兵，占籍朝邑之北陽。洪生玉，玉生植，植生二十三，二十三生盡忠，盡忠生孝廉，配尚氏，繼配徐氏」，生四子：文秀、文魁、文學，其季則處士也。孝廉嘗痛先冢爲水崩囓，始遷高城鎮，并移先世諸柩。又嘗輸粟賑貧，已至四百」，未滿五百，不獲表宅，則處士之道，其所源流者遠哉！處士生正統丁卯六月二十一日，卒嘉靖丙戌九月二十九日，壽八」十歲。蘇生正統丙寅九月二十八日，卒正德戊辰九月二十二日，壽六十有四歲。生男子四人：長崑，娶許氏；次弼，娶張氏」，繼謝氏；次紹，娶徐氏，繼常氏；季夔，郾陽府照磨，娶趙氏。女子子一人，適士民徐繼宗。孫男子十人：世卿、來聘、世爵、世英、世」相、來朝、學生來儀、來召、來賓、來宣。孫女子七人。曾孫男子二十一人：學詩、舉人學誠、學生學誥、學謨、學讓、學誦、學訓、學誨」、學仕、化遠、化行、化新、化深、化浹、化洽、學古、學生學吕、學問、學閔、學關、學閩。女二十人。玄孫家胤。初，處士之殁也，予方謫判」解州，照磨時爲大學生，渡黄河索墓誌。已，復請表諸墓，今且十年，未能應也。比予以公務過家，照磨復移書從孫學詩申」前請，則其爲親之志，可謂篤矣。是宜勒詞羨道以告行路」。詞曰」：

有敦静菴，天授異常。忠允自操，古丈人行。克農克賈，亦遜於經。既悦父兄，孫子純良。富不足道，好義實章。生世八旬，行」重於鄉。殁則不泯，千載流芳。行路瞻言，敦本者常」。

嘉靖二十五年丙午二月吉日

孝男弼、紹、夔，孫世卿立石

同州楊守仁、楊守義刻」

按

撰者吕柟，字仲木，號涇野，陝西高陵人。《明史》有傳。正德三年（1508）進士，曾任翰林院修撰、解州判官、南京吏部考功司郎中、尚寶司卿、太常寺少卿，國子監祭酒、南京禮部右侍郎等。嘉靖十八年（1539）致仕歸鄉，居家三年而卒。隆慶初，贈禮部尚書，謚文簡。著有《涇野子内篇》《四書因問》《周易説翼》《涇野先生文集》等。

書者韓邦奇，字汝節，號苑洛，陝西朝邑人。正德三年（1508）進士，曾任吏部考功司主事、吏部員外郎、平陽府通判、浙江按察司僉事、山東布政司參議、南京兵部尚書。關中大地震中卒，謚恭簡。著有《禹貢詳略》《易學啓蒙意見》《正蒙拾遺》《苑洛集》等。

明故文林郎
紀公李孺人
合葬墓誌銘

599.1547　紀洪暨妻李氏墓誌

明故文林郎寧陽縣尹紀君孺人李氏合葬墓志銘
光禄大夫柱國少師兼太子太師吏部尚書太原王瓊撰
山西鴈門等三關遊擊將軍都指揮僉事古徐賈錡篆
昭勇將軍綏德衛掌印指揮使鳳陽朱鍈書
紀氏之先居鳳陽蒙城喬木之家有曰土翁者精於醫術洪武初從魏國公
徐達南北征伐茂著勇略及天下平定設边防胡乃仍前代之旧於綏州建
衛聚兵守爲翁進送列於白清河有功爲昭信校尉遂爲綏州起家之祖積
德行其后官爵漸昌翁生政政生璟業儒爲綏州廪膳生配王氏指揮王銳
之女早逝未仕生子洪是爲文林郎早入郡庠好李循理德業日進有司以
例貢於礼部卒業成弘治庚申謁選吏部除莘州判官佐理郡事賢能有芳
㕘陞定陶縣尹政治寬平民有誦声御史薦其廉能調寧陽大邑清慎廉敏
久而不渝邦人式之誠爲當代良有司也君先配郝氏右布政郝淵之之女
有淑德生女一適副總兵官崔天爵此郝孺人之所出也君繼室李氏指揮
李伯俊之女助夫訓子以道生子四長世棠國子生娶閻氏吴氏亡丁氏生
女一幼次世楠娶閻氏次世標娶刘氏次世榛爲綏州廪膳生娶刘氏標生
子三長文烁娶安氏次文熢次文贇幼女一幼未字榛生子四俱幼女四長
適指揮應奎羅江其三女幼皆李孺人之所出也紀君德業暉煥名播仕版
先逝諸子事孺人克尽孝道宜無憂者而孺人以未亡人自矢未常忘藁砧
爲今嘉靖癸未閏四月初十日卒壽六十其子世棠等謹卜嘉靖丁未三月
初九日復合葬於五灣之原因先君之窆而附焉孫茂才堅狀世棠乞予爲
銘棠諸父少卿紀君溫璦之故人也銘義敢辭　銘曰
雄哉綏州　泰爲上郡　移家自南　克昌其運
夫寧大邑　厥有声聞　婦助其賢　子承其訓
全福令終　天其弗靳　西山之原　体魄之隱

説 明

明嘉靖二十六年（1547）三月刻。誌砂石質。誌、蓋均爲正方形，尺寸相同。邊長均50厘米。蓋文3行，滿行5字，楷書“明故文林郎」紀公李孺人」合葬墓誌銘」”。誌文楷書24行，滿行29字。王瓊撰文，朱鉮書丹，竇鍧題蓋。1991年綏德縣張家砭鄉五里灣村出土。現存綏德縣博物館。《榆林碑石》著録。

釋 文

明故文林郎寧陽縣尹紀君孺人李氏合葬墓志銘」

光禄大夫柱國少師兼太子太師吏部尚書太原王瓊撰」

山西雁門等三關遊擊將軍都指揮僉事古徐竇鍧篆」

昭勇將軍綏德衛掌印指揮使鳳陽朱鉮書」

紀氏之先，居鳳陽蒙城喬木之家。有曰土翁者，精於醫術，洪武初，從魏國公」徐達南北征伐，茂著勇略。及天下平定，設边防胡，乃仍前代之旧，於綏州建」衛，聚兵守焉。翁進選列，於白溝河有功，爲昭信校尉，遂爲綏州起家之祖。積」德行仁，其后官爵漸昌。翁生政。政生琛，業儒，爲綏州廩膳生。配王氏，指揮王鋭」之女。早逝未仕。生子洪，是爲文林郎，早入郡庠，好學循理，德業日進，有司以」例貢於礼部，卒業成。弘治庚申，謁選吏部，除冀州判官。佐理郡事，賢能有芳」譽，陞定陶縣尹。政治寬平，民有誦声。御史薦其廉能，調寧陽大邑。清慎廉敏」，久而不渝，邦人式之，誠爲當代良有司也。君先配郝氏，右布政郝淵之之女」，有淑德。生女一，適副總兵官崔天爵。此郝孺人之所出也。君繼室李氏，指揮」李伯俊之女，助夫訓子以道。生子四：長世棠，國子生。娶閆氏、吴氏，亡；丁氏，生」女一，幼。次世楠，娶閆氏。次世標，娶刘氏。次世榛，爲綏州廩膳生，娶刘氏。標生」子三：長文烼，娶安氏；次文烇；次文煦，幼。女一，幼，未字。榛生子四，俱幼。女四：長」適指揮應袭羅江，其三女幼，皆李孺人之所出也。紀君德業暉焕，名播仕版」，先逝。諸子事孺人克尽孝道，宜無憂者。而孺人以未亡人自處，未常忘藁砧」焉。今嘉靖癸未閏四月初十日卒，寿六十。其子世棠等謹卜嘉靖丁未三月」初九日，復合葬於五里湾之原，因先君之窆而附焉。孫茂才堅状，世棠丐予爲」銘。棠諸父少卿紀君温，瓊之故人也，銘奚敢辭。銘曰」：

雄哉綏州，秦爲上郡。移家自南，克昌其運」。夫宰大邑，厥有声聞。婦助其賢，子承其訓」。全福令終，天與弗靳。西山之原，体魄之隱」。

按

撰者王瓊，字德華，號晋溪，山西太原人。成化二十年（1484）進士，曾任户部侍郎、兵部尚書，謚恭襄。著有《晋溪本兵敷奏》《漕河圖志》。《明史》有傳。

篆蓋者竇鍧，陕西綏德人。曾任綏德衛指揮使。《明實録》、嘉靖《寧夏新志》有載。

600.1550　張賢墓碑

明故通奉大夫山西布政司右布政使致仕張公墓碑
嘉靖二十九年歲次庚戌秋八月吉日

説明

明嘉靖二十九年（1550）八月刻。碑圓首方座。通高230厘米，寬85厘米。額文3行，滿行7字，篆書“明故通奉大夫山」西布政司右布政」使致仕張公墓碑」”。正文楷書24行，滿行65字。王九思撰文，陸海書丹并篆額。四周飾捲雲紋。現存西安市鄠邑區蒼遊街道西牙道村張賢墓前。《户縣碑刻》著録。

釋文

明故通奉大夫山西布政司右布政使致仕張公墓碑」

賜同進士出身吏部文選司郎中致仕進階朝列大夫前翰林院檢討經筵講官修國史同邑晚學王九思撰

庠生陸海書丹并篆額」

昔公之考終也，葬無誌銘，墓無碑表。歷歲滋久，荒壟僅存，過者弗式；廉名雖著，懿德弗傳。往歲丙申，巡按御史榆次周君鈇移檄郡邑，祠祀鄉賢。予鄠官師去取恐謬，奉以」委予：下上古今，得六君子；入我明者，惟公一人。予生也晚，于公世行未獲其詳，于是取公誥身及予少年聞之父祖者，與五君子各著世行，畀官師復御史矣。既又播」爲贊辭，刻梓以傳。匪獨我師，亦以覺後進、法往哲也。乃嘉靖丙午，有司始建鄉賢祠，妥神主春秋舉祀事云。學官弟子鵬，公之六世孫也，追慕先公，形諸夢寐，顧玆荒壟，怛」焉疚心。于是率其族人，買石渭北，將以磨之，文之刻之，竪之墓前，以殫厥衷，以顯厥祖，以詔厥後人。乃又檢其家乘，詢之族老，得公遺事數種，乃自述状，再拜請予曰：“文非」先生，其孰宜焉！”予曰：“唯唯。闡德彰孝，予安可辭。”鵬復再拜曰：“謹奉教矣。”于是爲之碑曰：公姓張氏，諱賢，字思齊，予鄠道安里人也，居縣北衙道村，家世業農。父諱宣，配王氏」，貳室劉氏，生公。公自少磊磊有氣節。嘗讀書里塾，既乃棄去，躬稼穡。久之，年瀕三十矣。一日爲里中人所困，公豪邁人也，氣霍霍不能堪，乃拊几嘆曰：“嗟呼！丈夫當自樹立」，群小侮我齊民耳，不學何爲。”乃復取舊書讀之，尋入爲學官弟子，從師取友，朝夕淬礪，或時廢食寢。踰數年，而永樂乙酉舉鄉試矣。其性敏而志篤，如此屢赴會試不第，謁」選授吏部司務，薦陟驗封司郎中云。公在部，剛廉自持，權貴不避，關節不通，親友饋遺，一無所取，部中呼爲“板張”，蓋言其節之堅也。三載考績」，誥贈其父如己官，母俱贈宜人云。少子綱徒步入京師省問，公見之怒曰：“農務方殷，汝來何爲？此中何所有而汝來也？”居旬日，遣歸，戒之曰：“勿復來也。”當是時，國有戎事，山」西例輸饋餉，踰期不完。朝使往督者，或以才屈罷，或以賄敗。當道忌公者，欲中傷之，乃以公往。公至，執其奸惡者數輩痛懲之，乃定期下令曰：不輸者如此罰。晋人前此亦」聞公名，見其威令如此，咸股栗，争輸之，無敢後者。果及期完矣。事竣，返命」，天子嘉悦，超拜山西右布政使。吏民聞之，相與語曰：包閻羅復來也。比視事，令出而人信，不戒而事集。威惠並流，遠邇悦服，以爲數十年來旬宣之政，未有如此者。長子紀，徒」步入太原，道過曲沃，曲沃令見其良苦，以一驢送之。既見公，公怪其跨驢也，詰之曰：“奚從得此？”紀不敢隱，具實對，公怒，痛箠紀。還，令驢仍，正其罪云。公一日浩然嘆曰：“老且」至，吾盍歸乎！”當是時，吏部方以都御史擬公，疏未及上，公投牒而西矣。既歸林下，舊廬数楹，僅庇風雨；布袍蔬食，無異寒素。秦藩一參議，公部中舊僚也，見其用乏，以其所」餘俸米輿送之。公固謝曰：“田入自足用。此君養廉之資，不敢拜賜。”仍遣之輿歸。嗚呼！此豈直予鄠之罕觀哉！居嘗教子孫曰：資性可讀書者，教之讀；其不能者，盡歸之農，慎」勿爲吏，壞身心、辱門户也。閱數載，老病卒，餘資僅具棺殮，葬村之西北隅祖塋。方卧病時，語其二子曰：“身後毋納賻傷我節，毋作誌表虚譽失我真，毋聽人言作石獸器物」侵我墓。”二子于是奉其遺命不敢違。顧于公之生卒及葬之歲月、壽享幾何，皆不可考。公配任氏，先公卒，追贈爲宜人，生子紀、綱及兩女。紀生二子勳、爵，綱生一子銘。由此」以後迄于今，相繼出者共一百又三人，皆于公爲曾孫，而女子不與焉，其繁盛如此。鵬，綱之後也，乃今嗣公而興，器識凝重，勵志苦學，業受毛詩，綽有端緒，人方英英然以」科第望之。嗚呼！公神如在，亦當欣然于地下矣。語曰：賢者必有後。其在玆乎，其在玆乎！爲之銘曰」：

南有山兮巖巖，公之行兮山之巔；北有清渭兮其流湯湯，公之廉兮名與之長。濁世紛紛兮鴟鴞翺翔，安得睹公兮孤鳳凰；

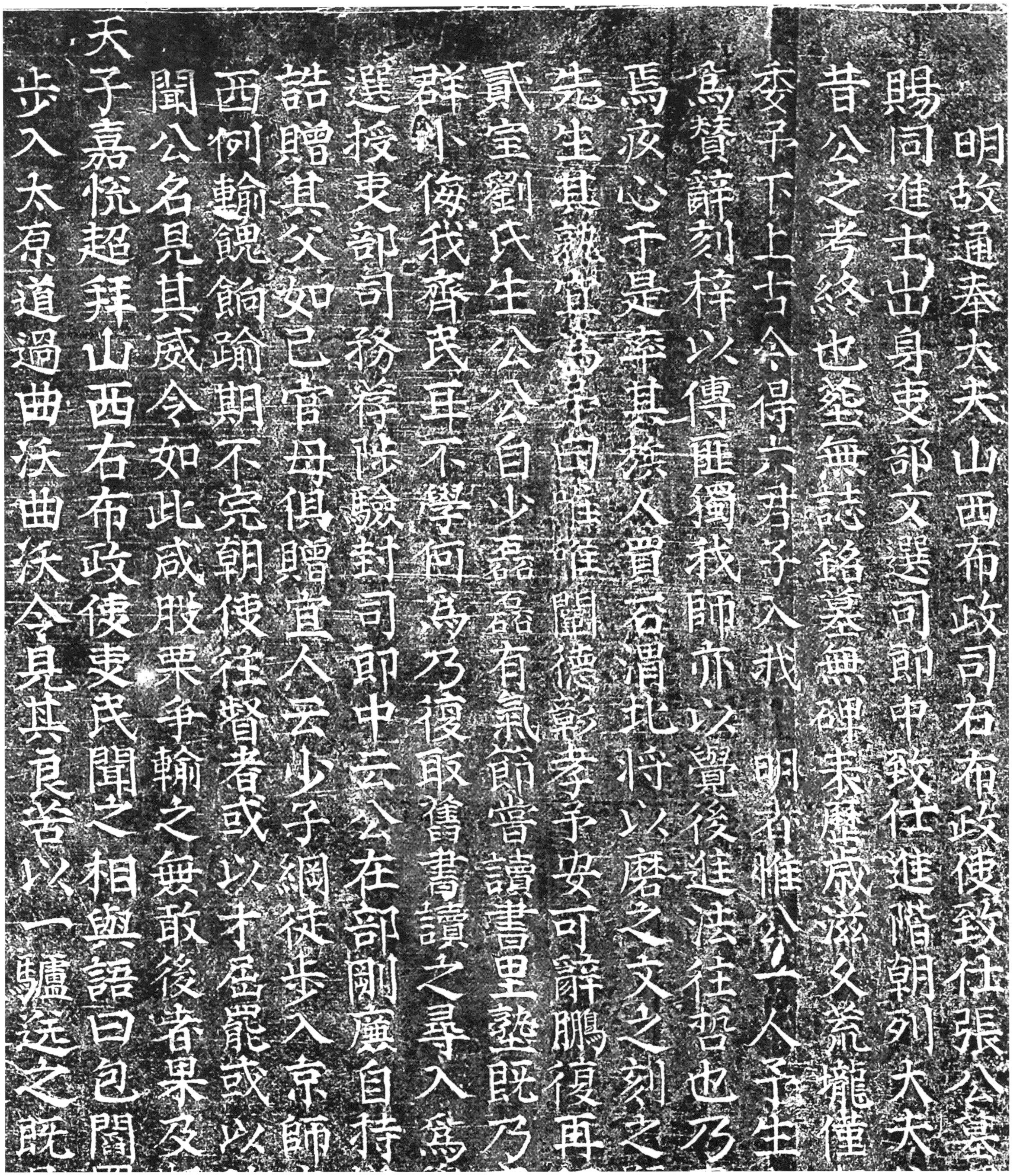
明故通奉大夫山西布政司右布政使致仕張公墓
賜同進士出身吏部文選司郎中致仕進階朝列大夫
昔公之考終也塋無誌銘墓無碑表歷歲滋久荒壠僅
爲贊辭刻梓以傳匪獨我師亦以覺後進法往哲也乃
焉夜心于是率其族人買石渭北將以磨之文之刻之
貳室劉氏生公公自少磊磊有氣節嘗讀書里塾既乃
群小侮我齊民耳不學何爲乃復取舊書讀之尋入爲
選授吏部司務陞驗封司郎中云公在部剛廉自持
誥贈其父如己官母俱贈宜人云少子綱徒步入京師
西例輸餽餉踰期不完朝使往督者或以才罷或以
聞公名見其威令如此咸股栗爭輸之無敢後者果及
天子嘉悅超拜山西右布政使吏民聞之相與語曰包閻
步入太原道過曲沃曲沃令見其良苦以一驢送之既
局部

豺狼擾擾兮横道傍，安得公兮殲彼貪狼。公之」墓兮草離離，歲月遥遥兮式者其誰。公有曾孫兮峨峨，表公墓兮碑始磨。嗟鄉人兮生遲遲，公之烈烈兮罔聞知。其始自今兮肅爾儀，下馬拜公兮讀我碑」。

嘉靖二十九年歲次庚戌秋八月吉日

文林郎鄠縣知縣宋廷琦、主簿張進禄、典史張時、儒學教諭余邦寧，訓導李衡、楊經，闔學生員劉朝選、温世錦、張□、□德隆等同立

富平趙仁、趙應奎、趙應時勒石

按

墓主張賢，明代廉吏。墓碑所載其事迹爲中國古代廉政史的研究提供了非常珍貴的資料。

昭毅將
軍延綏
左參將
吳公哀
讚

601.1550　吴吉哀讚

昭毅將軍延綏左參將吳公哀讚 并叙
賜進士出身前奉訓大夫鴻臚寺右少卿侍 經筵關西胡侍撰
賜同進士出身前徵仕郎禮科給事中侍 經筵關西王準書
欽差協守延綏地方副總兵都指揮同知鎮國將軍關西蔣存禮篆
叙曰吳將軍年二十一時從父莊浪參將公搏戰回回墓斬首虜二級即以梟勇聞正
德辛未授西安後衛指揮使壬申從時總兵入蜀征廖麻子有功陞陝西都指揮僉事
已而征鄜延盜盜魁就擒領戍寧夏戍者忘戍丙子遷卲綱堡守備守備六年練士卒
嚴斥候建園莊濬溝洫虜莫爲害邊甿以寧嘉靖壬午遷蘭州有劉御史者以其餕餘
遣門子持餕將軍將軍奮顏誚曰吳將軍奉
璽書守備一方豈若臺輿人哉而餕以餕餘叱卻去劉御史愧且怒則嘻笑曰吳將軍言
是適吾誤也然嗛之不已則躡尋他事擵撫傳致詆奏將軍下將軍犖昌吏當以深罪
將軍初被逮蘭人無不寃將軍送將軍者萬餘人多有泣下者或贐之百金將軍謝而
辭焉既乃代御史至心亦寃將軍顧黨類泥文不肎讞但頌繫之繫八年值胡御史至
乃得反除白罪云辛卯承制帥檄繕治興武塞三百里勸督有方城者罔怨不數月訖
工塞特堅繳壬辰陞延綏左參將以籌邊十事奏記制帥唐公一修城池二招商賈三
廣積粟四增墩堡五易戰馬六招家丁七精器械八黜老稚九謹間諜十懷降卒唐公
覽而韙焉召將軍謂曰子其先軫充國之流與何其籌之審也居三載數數與虜戰獲
首虜殆百級未嘗一北衄忽中風顛眴移病再三乃獲
賜告歸歸久之病乃少愈時時往終南下龍山墅野服策杖從田父飲酒談話不復及軍
旅事己酉仲春四日方坐堂上勑家僮治具延客忽又病發顛仆坐上遂不起時年六
十系曰吳將軍諱吉字子陽晚居龍山墅遂號龍山居士其先浙之烏程人有諱先者
從我
高皇帝平天下授水軍右衛中所鎮撫先生得得生興襲調西安後衛後所累有功陞副千
戶興生琮累有功陞指揮同知琮生鉉累有功陞莊浪參將至漢南協守總兵配徐氏
生將軍將軍配楊都督宏之女封淑人子男徵襲指揮同知女適翰林院孔目陳綬孫
男一孫女二皆幼庚戌季冬一日葬將軍西安城北永辛里讚曰
吳將軍身不滿六尺而糾顏燕頷爰臂善射射十矢八九中臨敵威稜橫發氣吞千夫
然居家孝友好與薦紳先生交衣冠恂恂若儒生病已右臂痿猶能運左手寫大字筆
勢雄逸有米蔡風酒半興發輙擊節浩歌掀顏大笑時作虎嘯聲豈非俶儻瑰瑋之人
哉而中以陷直橫罹巧詆坎壈羈囚幾瀕於死兹選耎謏佞之徒挂虎印者多也方今
獫狁匪茹頗牧旁求而吳將軍不可作矣哀哉
不肖孤徵泣血上石
張錦蕭璋刻

説明

明嘉靖二十九年（1550）十二月刻。誌、蓋均長方形。誌、蓋尺寸相同。均長77厘米，寬66厘米。蓋文5行，滿行3字，篆書“昭毅將」軍延綏」左參將」吴公哀」讃」”。誌文楷書33行，滿行33字。胡侍撰文，王準書丹，蔣存禮篆蓋。出土具體時、地不詳。現存西安博物院。《新中國出土墓誌（陝西叁）》著録。

釋文

昭毅將軍延綏左參將吴公哀讃并叙」

賜進士出身前奉訓大夫鴻臚寺右少卿侍經筵關西胡侍撰」

賜同進士出身前徵仕郎禮科給事中侍經筵關西王準書」

欽差協守延綏地方副總兵都指揮同知鎮國將軍關西蔣存禮篆」

叙曰：吴將軍年二十一，時從父莊浪參將公搏戰回回墓，斬首虜二級，即以梟勇聞。正」德辛未，授西安後衛指揮使。壬申，從時總兵入蜀，征廖麻子有功，陞陝西都指揮僉事」。已而征鄜延盗，盗魁就擒。領戍寧夏，戍者忘戍。丙子，遷邵綱堡守備。守備六年，練士卒」、嚴斥候、建團莊、濬溝洫，虜莫爲害，邊甿以寧。嘉靖壬午，遷蘭州。有劉御史者，以其餕餘」，遣門子持餕將軍，將軍奮髯誚曰：吴將軍奉」璽書守備一方，豈若臺輿人哉，而餕以餕餘叱卻去。劉御史愧且怒，則嘻笑曰：吴將軍言」是，適吾誤也。然嗛之不已，則躡尋他事，攟摭傅致，詆奏將軍，下將軍鞏昌吏，當以深罪」。將軍初被逮，蘭人無不冤將軍，送將軍者萬餘人，多有泣下者。或賮之百金，將軍謝而」辭焉。既乃代御史至，心亦冤將軍，顧黨類泥文不肯讞，但頌繫之。繫八年，值胡御史至」，乃得反除白罪云。辛卯，承制帥檄，繕治興武塞三百里，勸督有方，城者罔怨，不數月訖」工，塞特堅緻。壬辰，陞延綏左參將，以籌邊十事奏記制帥唐公：一修城池、二招商賈、三」廣積粟、四增墩堡、五易戰馬、六招家丁、七精器械、八黜老稚、九謹間諜、十懷降卒。唐公」覽而韙焉，召將軍謂曰：子其先軫、充國之流與，何其籌之審也！居三載，數數與虜戰，獲」首虜殆百級，未嘗一北衄。忽中風蹎眴，移病再三，乃獲」賜告歸。歸久之，病乃少愈。時時往終南下龍山墅，野服策杖，從田父飲酒談話，不復及軍」旅事。己酉仲春四日，方坐堂上，敕家僮治具延客，忽又病發，蹎仆坐上，遂不起，時年六」十。系曰：吴將軍諱吉，字子陽，晚居龍山墅，遂號龍山居士。其先浙之烏程人，有諱先者」，從我」高皇帝平天下，授水軍右衛中所鎮撫。先生得，得生興，襲調西安後衛後所，累有功，陞副千」户。興生琮，累有功，陞指揮同知。琮生鋐，累有功，陞莊浪參將，至漢南協守總兵。配徐氏」，生將軍。將軍配，楊都督宏之女，封淑人。子男徵，襲指揮同知。女適翰林院孔目陳綬。孫」男一，孫女二，皆幼。庚戌季冬一日，葬將軍西安城北永辛里。讃曰」：

吴將軍身不滿六尺，而虯髯燕頷。爰臂善射，射十矢八九中。臨敵威稜横發，氣吞千夫」。然居家孝友，好與薦紳先生交，衣冠恂恂若儒生。病已，右臂痿，猶能運左手寫大字，筆」勢雄逸，有米、蔡風。酒半興發，輒擊節浩歌，掀髯大笑，時作虎嘯聲，豈非俶儻瑰瑋之人」哉！而中以陗直，横罹巧詆，坎壈羈囚，幾瀕於死。兹選耎諛佞之徒，挂虎印者多也。方今」獫狁匪茹，頗牧旁求，而吴將軍不可作矣，哀哉」！

不孝孤徵泣血上石」

張錦、蕭璋刻」

按

撰者胡侍，字奉之，號濛谿，陝西咸寧人。正德十二年（1517）進士，曾任鴻臚寺右少卿、潞州府同知。《明史》有傳。《國朝獻徵録》收録許宗魯所撰《鴻臚寺右少卿胡公侍墓誌銘》。

篆蓋者蔣存禮，陝西西安人。曾任西安前衛指揮同知、洮州守備、四川疊茂游擊將軍、協守松潘東路左參將、固原游擊將軍、洮岷河參將、靈州左參將、協守延綏副總兵。《明實録》有載。

602.1551　華山始建青柯館記

華山始建青柯館記

説 明

明嘉靖三十年（1551）六月刻。碑圓首。通高220厘米，寬96厘米。額文2行，滿行4字，篆書“華山始建」青柯館記」”。周飾二龍戲珠圖案。正文楷書26行，滿行48字。靳學顔撰文。四周飾花卉祥雲紋。原立於華山青柯坪，現立於華山莎蘿坪。《華山碑石》著録。

釋 文

華山始建青柯館記」

陝西按察司提督學校副使魯國靳學顔撰」

嘉靖辛亥春三月，華山青柯館成，華陰尹康脩馳状至。状曰：縣距青柯坪盖三十里云，坪其上又十里，即迥拔立絶，非恒迹所」躡已。斯《圖經》所載，類削成四方者耶。故遊者以青柯爲極。然歷玉泉娑羅而上，既抵青柯，勝且什九。故言歷覽之極者，亦以青」柯爲未始有踰者焉。先是未有建置，率谽谺所交，蒙翳所布，崟嶇所踞，履而礩然，立而錯然。臃腫之與酢，轇轕之爲徒也。是以」□□□□，紫庭挹其流嵐；勝迹薄遊，翠芬畏其多露。觴詠之雅，淪諸野合；錡釜之陳，委諸黄茂。雖幽尚離塵，無鄙于穸匏；然脆」□易侵，殆嘆于延陟者哉。乃己酉夏四月，侍御古泉盛公始以百金檄脩，于是即秀神皋宅中靈壤。託金顥之菁英，締幽遐之」□□。且依石駕壑，夷砠崇蕪，臨雲置墠，憑巖考室。林衡不戒而趣，基落不謀而就。曲執既審，百度與能。以其上爲屋五楹、中三楹」，堂也左左箇、右右箇；其下爲左廂一三楹，爲右廂一如左數。布以延除，周垣鐐焉。外爲綽楔一，而侍御白崖劉公題曰“山峙河」流”云。自是棲留夷曠，開闔容與，坐有几，息有榻，眺有軾，游衍有時，徒馭有節，順朝晏之適，迺人理之和，違于象候之變，則斯館」其惡可少諸？既庚戌秋九月，侍御古川程公又出藏金若干，爲碑亭。其後欞軒棼橑，崇飾堅澤，一益所未備，而是館爲一鉅麗」宏美者矣。君子至焉，超然遠凝，邈乎周覽。大之則撫陰陽之熙業，察鴻化之奕緒；細之則贊無欲之神襟，達有生之淑藴。禮席」敞其秩渡，是情以制貞也；泰宇發其光精，是智以境晰也；閑寢澄其湛寂，是性以區静也。又下見渭流涓寫，邑雉永麗，如縷如」練，如棋如豆，彙象殷陳，庶采殽列，不越一布筵隱几而得之，斯豈與夫背槁梧，向虚壑，涉履荒，怪叢哀興怨者同日語哉。夫曠」于昔，始肇自今，玆斯作者，創其端乘者，享其逸矣。役不干時，旹不輸衆，則既有稱于下代，又無惡于初圖矣。斯二者，皆制作者」之所難也。二公于是乎賞絶振古，光昭不磨，有其舉矣，可無述乎？夫事待言新，表往以則来者言也，唯大夫圖之。顔唯兹館，結」乎修迴，闢乎昭朗，神明鬱塵其内，烟霞吐納其側，無俟竣築，固已上參倒景，仰出星河，無得而踰矣。雖柏梁歸構，凌雲研製，或」競□于□引，或稱均于錙銖，然皆托乎周原，不違人境囂曠所較懸然殊焉。是知青蒲充庖，瑶篚可麈；朱草棲廂，繡帨遠謝，將」人侔者不足，而天然者有餘也。故能令人形情淡澹，營慮寥廓，蕩瑕滌穢，而鏡于太清，斯其所爲勝與！若乃投分于巖穴，留愛」于木石，薄箴鑑而躭騁，望崇欲以養目者之爲也。勤衆無已，非時好豫，析中産之儲以施之，顓千夫之膳以供之。藻鏤連雲而」疾□不見也，□□陳前而嘆言不聞也，斯先身而後其民者之爲也。夫天下之事，莫難乎其始。始善矣，而吾猶懼其終之乘之」有不善也。則是説也，又惡可少諸。或曰歲旱與令時，則官長吏人婦子之所祈請者必至于是，以其涓誠易徹而扣籲近乎。既館」焉，瞻依一矣，群情以洽。又記曰：山林川谷丘陵，能出雲爲風雨，見怪物皆曰神。張彔之記亦曰：至其中者，咸有浮飄之志、愉悦」之色。□雲霄之路可升而越，果繁昌之福可降而致。審然，則斯館爲有據，吾從而載筆記也，不俟矣于是答尹之意著爲篇，俾」勒石焉」。

時嘉靖三十年辛亥夏六月吉日

按

青柯館，因位於華山青柯坪而名。青柯坪爲華山峪道之盡處，亦爲登山之半程。因這里三面環山，地勢平坦，故建有通仙觀、紫雲宫、九天宫等，青柯館爲其建築之一，供遊人歇息儲備精力之處。

撰者靳學顔，字子愚，山東濟寧人。嘉靖進士，歷任南陽推官、左布政使、都察院左副都御史、陝西按察司提督學校副使、工部侍郎、吏部右侍郎等。《明史》有傳。

603.1551　王綸墓誌

説明

明嘉靖三十年（1551）十二月刻。誌、蓋均爲青石質。尺寸相同，邊長均74厘米。蓋文4行，滿行5字，篆書"明進階亞中」大夫嘉興府」知府岐東王」先生墓誌銘」"。誌文楷書40行，滿行48字。康浩撰文，尚薰書丹，張鍊篆蓋。1973年扶風縣城關鎮北庵村出土。現存扶風縣博物館。

釋文

□□（上闕）

賜進士出身奉政大夫户部山西司郎中武功康浩撰文」

賜進士出身奉政大夫湖廣按察司僉事張鍊題蓋」

賜進士出身承德郎南京工部都水司主事尚薰書丹」

先生諱綸，字汝言，號岐東，家世扶風天度鎮人。八世而至曾祖海，以第五子政贈文林郎、知縣。海生六子，第二子林，盖生三子」焉：長英，贈監察御史；次傑，州判；次瑶。英配孫氏，繼史氏，俱贈爲孺人。孫氏生岐東兄弟四人，而岐東居長。縺、緒、紀三弟皆先岐」東卒。岐東生而穎悟。甫十歲餘，就小學。凡授書，輒曉大義，且不逐群兒戲。父母、宗族已知爲非常人矣。及入大學，即補增。尋食」廪。動止端莊，議論英發，親故師友咸敬憚之，不徒以其文字之末耳。遭家不造，父母俱喪，三弟一妹皆少，岐東撫摩教養，艱楚」萬狀，殊無怨歎。幸俱成立。弘治己酉，中式鄉試。乙丑，授真定知縣。真定，附郭邑也，邑小事繁，路衝民瘠，諸司之征求，迎送之紛」擾，民不堪敝，而逃者過半矣。岐東建立常法，裁抑冗費，捕滅盜賊，多方以招徠之，民困始舒，夜户不扃。身亦靡勞，事治亦罔墜」矣。朞年之間，撫按交薦，稱爲循良焉。三載考績，擢爲監察御史。真定父老涕泣告留，而滿朝諸老皆嘆其守令乃至如此得」人。正德己巳，太監劉瑾用事，素與靈寶許襄毅公進有隙，故擇宣大丁夫銀兩，欲誣以罪。以岐東爲關輔里閈，知其必助己也」，命同給事中熊公紀往勘焉。濱行，且囑曰：重劾有異賞，否則有巽罰。岐東口唯而心拂然。洎抵宣大，留心精察，絶無一毫可舉，但」爲私怨報復耳。密謂熊公曰："黨君子乎？黨小人乎？"熊曰："瑾雖小人，然權奪人主，政出私門，不黨，恐弗利也。"岐東曰："黨惡一時以」取容排賢，萬世而取譏，豈可顧一時之苟且，而忘萬世之清議哉？吾寧死弗敢從也。"竟以實」奏。瑾一聞之，怒髮衝冠，即遣錦衣取回，擬以違命黨私之罪。熊公怨悔如仇，即欲自盡。岐東曰："事白於」朝，死亦不晚，胡效匹夫匹婦溝壑之自經邪？"熊公憂懼如病。未久，事敗，瑾誅矣。一時驚訝，稱爲鐵膽御史。越二年，爲正德辛未，蜀」寇猖獗，劫掠三川，靡有孑遺」。上特簡命按巡其地。岐東一入境界，即語人曰：除貪去暴，固御史之職。然在此時，拯焚救溺，猶所緩也。予以爲不斬士卒，則無人肯」斬賊首；不斬将領，則無人肯斬士卒；不斬重臣，則無人肯斬將領。今總制洪鍾」，欽命推轂，弭寇全蜀，生靈實繫焉。日夜劇飲爲樂，士卒侵轔無禁，斯」君誤國，縱寇殃民，莫此爲甚也。劾奏不法當誅者，五六疏焉」。上即拏回罷黜。由是郡邑肅然，貪酷守令聞風解組者，不待巡歷至而去也。或稱爲黑面王，或稱为掃地王。求之古人，避驄强項，亦」不多讓也。復」命入京，即令權六道，管十二團營事，焕然整肅，中外又稱爲真御史。尋陞浙江嘉興府知府。所至咸以召父、杜母頌焉。甫一年，丁」内艱，回籍。洪公默托姻黨，報復去官。安命知足，遂不復辯矣。築室於縣之西北隅，庭之後有園，園之後有亭，亭之前有牡丹百」餘種，名其亭曰"六合牡丹亭"。日與二三知己雅歌投壺，賦詩飲酒。三十年之久，成敗利鈍，絶口弗言也。岐東賦性剛方，而交人」有情。霜雪之中，陽春與焉。嘉靖戊子，關中大饑，扶風尤甚。關賑不及，而仆伏道路者種種焉。岐東煮粥豆於北門，先令食之，然」後關賑，卧病者復起，将死者復生，生活者甚衆也。春秋雖高，而步履愈健，如少壯者之無恙休休，實爲賑荒救人之陰報也。卒」於嘉靖己酉四月三十日酉時，生於天順甲申四月十七日寅時，壽八十有六。先配党氏，邑人鉉之女；繼配魏氏，西安後衛官」舍縺之女。淑德如一，俱贈爲孺人。岐東殁後，非魏夫人慈祥素著，剛明内主，不爲無賴之欺凌侵漁者，實難矣。生男二：長曰介」，秦府引禮官，先卒，娶賈氏、楊氏、周氏；次仝，娶李氏。女一，適乾州朱永康，亦先卒。孫男二：曰治，都司承差，娶胡氏，介出；曰洽，仝出」。孫女二：一適楊璉，介出；一尚幼，仝出。曾孫男一，曰槼，治所出也。仝子將以嘉靖辛亥十二月八日，卜葬於縣治之北原。從父治」命也。岐東嘉言善行，尚有《塞責録》、詩集若干、樂府若干，班班然弗能盡述其美。傳之後人，自當知岐東不獨功名烜赫，爲當代」之名御史；而其文詞俊嚴，亦可纘歷朝扶風之多賢也。顧不偉哉！魏夫人以浩素知岐東之深，且體岐東之

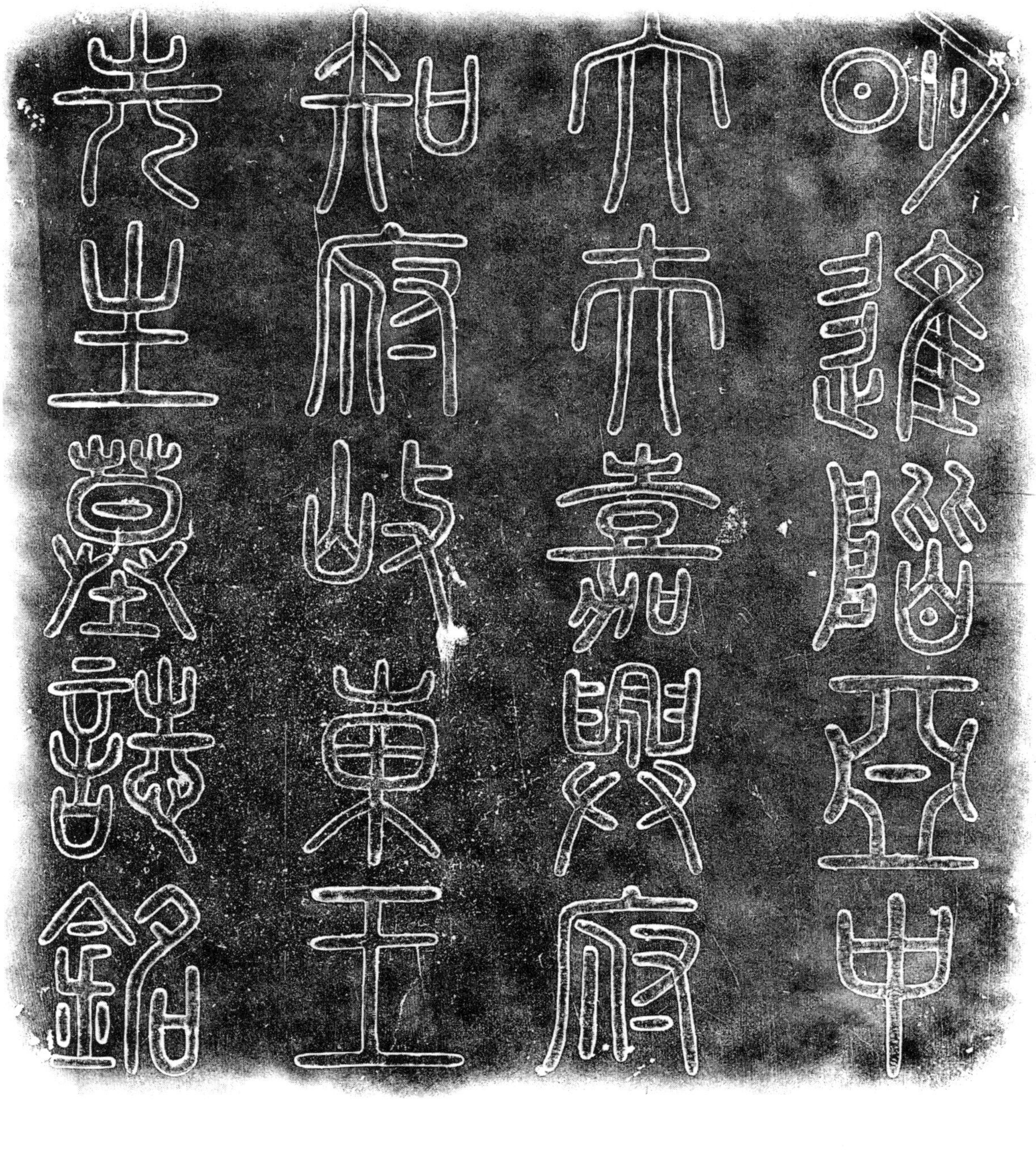
明進階亞中
大夫嘉興府
知府岐東王
先生墓誌銘

意，令仝子持弟綵」貢士狀求誌。予德愧延陵，事遵懸劍。銘曰：（勑封儒人魏氏，壽七十五歲。生於成化十八年八月二十七日未時，卒於嘉靖三十五年八月初六日辰時。隆慶六年十一月二十日寅時合葬」）

人誰無死，死貴有名耳。有名雖千百世之遠，知其爲賢爲愚，而子孫高下從此分矣。無名雖取富貴於一時，實與草木同也。宣」大之差，權臣丁囑而弗恤，忠貞名存而竟無戕焉。使其苟從於一時，焉知不玉石共焚哉！洪公之劾，上釋」九重宵旰，下解生靈塗炭也。使其同流合污而忘爲上爲下之義，洪公之敗即同敗矣，又何真御史之譽哉！人之秉靈，萬物之精。御」史之職，冰玉之清。內顧有慚，實負」（下闕）

按

誌主王綸，《明史》無傳。誌所載其家族世系及其生平事迹等，均可補史之闕。特別是王綸不畏權貴，不陷賢臣，被當時譽爲"鐵膽御史"及"真御史"等，於當今亦有現實意義。碑中小字，當係隆慶六年其夫人魏氏與之合葬時所補刻。

明奉直大夫
雲南昆陽州
知州青峰張
公墓誌銘

604.1555　張綺墓誌

明奉直大夫雲南昆陽州知州青峰張公墓誌銘

説 明

明嘉靖三十四年（1555）正月刻。大理石質。誌、蓋尺寸相同。均長51厘米、寬45厘米。蓋文4行，滿行5字，篆書"明奉直大夫」雲南昆陽州」知州青峰張」公墓誌銘」"。誌文楷書33行，滿行31字。張珩撰文，張德化書丹，高金篆蓋。1975年吴堡縣宋家川鄉張家墕村出土。現存吴堡縣文物管理所。《榆林碑石》著録。

釋 文

明奉直大夫雲南昆陽州知州青峯張公墓誌銘」

張公諱綺，字文錦，别號青峯，陝西葭州吴堡縣人也。曾祖勝以上，譜逸不可考。勝」生宗儒，任河南信陽衛經歷。配康孺人，感異兆，於成化己亥九月廿四日生公，秀」朗不凡。甫十四歲，督學楊公面試時，習論中引：天地之化，無一息之停；體天之健」，與至誠無息者，同其功用。大奇之，即補邑庠增廣生員。十九歲，食廪餼。會經歷公」歸田，暨兄經相繼疾作，求禱迎醫，其至願以身代。及後先葬祭，咸如禮。嘉靖癸未」，遊太學，友天下士。庚寅，康孺人卒，禮悉如經歷公。辛卯，銜命通判大名府，職專」督餉。即盡革常例數百鍰，饋獻無敢至者。時承部檄，采石供」内用，計費萬鎰。公防冒破，禁侵漁，僅五百金而數已足。且當麥熟期，約束運夫，秋毫」未敢有蹂躪者。己亥春」，聖駕幸承天，委公協濟，鞅掌不遑，甚得其力。及龍舟渡衛河，委撤民居近千餘家。公」議復：若鑾輿陸行三十里，超民居外登舟，兩岸平衍，可容金吾萬隊。中貴奏」行在，上可。居民賴之。能聲上聞，陟守雲南昆陽州。若黑羅羅者，極號難化。公惟用□」變夷，年餘率成禮俗。且督勸耕織，導息健訟，君子謂有古循良之風。癸卯，屨□□」當道，勉留不得，乃聞放歸。歷任三載，行囊一檐，視土産犀象珍寶若瓦礫然。雖」古人不持一硯者，不多讓焉。抵家，厭居闤闠，結廬縣西青峯之麓，惟課耕讀，雖邑」宰禮延鄉飲大賓，亦不至。嘗俯瞰大河，遠眺葭蘆、孟門諸名山，以觀四時萬物消」息盈虚之機。信步策杖，遇古松怪石，憩玩移晷。若公者，可謂羲皇上人矣。甲寅冬」十二月二十一日，終于正寢，享年七十有七。配李氏，山東陽穀知縣儒女。生子二」：長汝愚，邑庠生，早卒，娶王氏，守節；次汝恒，邑庠生，娶白氏，繼娶王氏。女四：長適吏」目王道、次適高岑、次適監生安成用、次適霍應鵬。孫男一，蛟，庠生；女一，適綏德庠」生郝克讓，汝愚出。曾孫男四：三奇、三捷、三省、三畏，俱蛟出。明年正月二十七日，葬」於青峯之艮山。張珩氏曰：吴堡，即古之定胡縣也。李唐隸吾石，逮元改吴堡寨，屬」延安路。其人物于宋得一人焉，爲郝戩氏，舉進士，歷通山令。父卒，親操畚鍤造塚」。召賜粟帛今石，春秋血食不磨，在吴堡則無聞焉。于我明得一人焉，爲青峯公」，由監胄歷别駕、五馬。天性孝廉，大名、昆陽口碑載道，在吴堡則無聞焉。果文獻之」不足，抑風教之未闡歟？嗚呼！通山之令，昆陽之守，萬壑争流，千峰競秀。嗚呼！昆陽」之守，通山之令，日麗天高，月明江净」。

賜進士資政大夫户部尚書前奉」敕總督陝西三邊四鎮軍務都察院右都御史兼兵部右侍郎南川張珩撰」

賜進士中憲大夫山東按察司副使奉」敕整飭密雲等處兵備前兵科左給事中孟門高金篆」

庚子舉人吕梁張德化書」

按

撰者張珩，山西石州人。正德十六年（1521）進士，曾任監察御史、兵部侍郎、户部尚書、延綏巡撫等，謚襄毅。《國朝獻徵録》有傳。

書者張德化，山西石州人。嘉靖十九年（1540）舉人。終身不仕，著書講學，門人頗多，人稱"貞孝先生"。乾隆《汾州府志》有載。

篆蓋者高金，字汝良，號孟門，山西石州人。嘉靖五年（1526）進士，曾任兵科給事中、大名府知府、山東按察司副使、薊州兵備等。《明史》有傳。

605.1555　浦之浩鄉試有感詩

嘉靖乙卯秋八月余偕陝西左方伯
殷虛川廉憲傅少巖大叅呂玉窻憲
副薛方山暨諸執事同舉士於茲隨
遇有感因筆之以記歲月
藝苑掄材
午夜清暉傍曉煙霜搖桂影浸寒氈
三秦校藝應須我一念持衡獨有天
自量顓蒙慚玉笋何因到處得掄賢
箇中伏鳳知誰是羽翼同期萬里騫
鹿鳴飲宴
鹿鳴嘉宴萃群英樂育懷開喜氣生
綺席玄黄昭物采和聲琴瑟灑風清
錦衣非是為身計肉食須知許國情
寄語諸賢珍重去矢心休自負科名
鴈塔張筵
韋生及第留佳句奕世風流屬俊髦
宴會曲江千古意名題鴈塔一時豪
青峯對席蒼明遠翠栢當筵晚節高
桃李兩番周召舊經綸勳業願多曹
賜進士巡按陝西監察御史北郭浦之浩

説 明

明嘉靖三十四年（1555）八月刻。碑長方形。長127厘米，寬75厘米。正文楷書20行，滿行14字。浦之浩撰文。碑四角飾寶相及祥雲紋，四周飾纏枝蓮花紋。現存西安博物院。

釋 文

嘉靖乙卯秋八月，余偕陝西左方伯」殷虚川、廉憲傅少巖、大參吕玉窻、憲」副薛方山暨諸執事，同舉士於兹，隨」遇有感。因筆之，以記歲月」。

藝苑掄材」

午夜清暉傍曉煙，霜摇桂影浸寒氈」。三秦校藝應須我，一念持衡獨有天」。自量顓蒙慚玉笋，何因到處得掄賢」。箇中伏鳳知誰是，羽翼同期萬里騫」。

鹿鳴飲宴」

鹿鳴嘉宴萃群英，樂育懷開喜氣生」。綺席玄黄昭物采，和聲琴瑟麗風清」。錦衣非是爲身計，肉食須知許國情」。寄語諸賢珍重去，矢心休自負科名」。

雁塔張筵」

韋生及第留佳句，奕世風流屬俊髦」。宴會曲江千古意，名題雁塔一時豪」。青峰對席蒼明遠，翠柏當筵晚節高」。桃李兩番周召舊，經綸勳業願多曹」。

賜進士巡按陝西監察御史北郭浦之浩」

按

此碑係明嘉靖年间巡按陝西、監察御史浦之浩與同僚视察陝西鄉試期间，隨遇有感所賦詩文。

撰者浦之浩，字子化，號北郭，山東登州人。嘉靖二十年（1541）進士，曾任浙江道御史、四川道御史、江西南昌知府、按察司副使、饒州兵備，萬曆年間配享忠烈祠，崇祀鄉賢。道光《重修蓬萊縣志》有載。

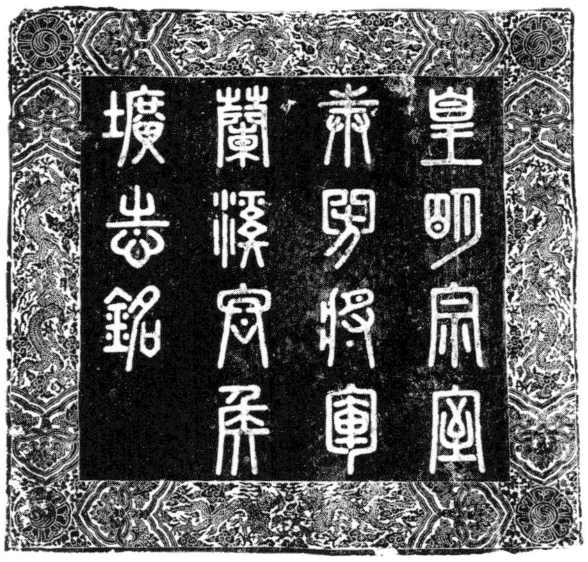
皇明宗室
奉國将軍
蘭溪君侯
壙志銘

606.1556　朱秉桔壙誌

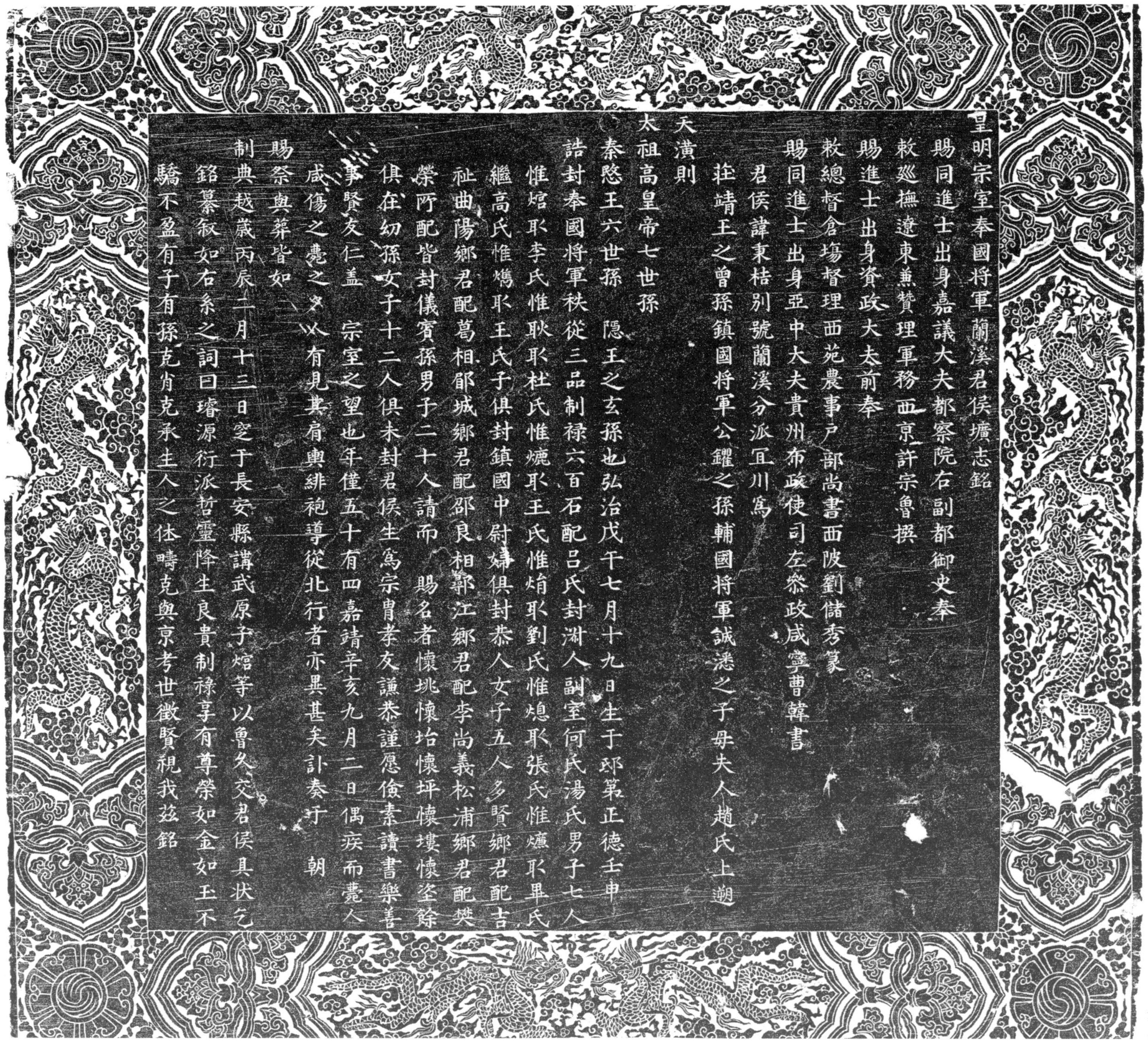
皇明宗室奉國将軍蘭溪君侯壙志銘
賜同進士出身嘉議大夫都察院右副都御史奉
敕廵撫遼東兼贊理軍務西京許宗魯撰
賜進士出身資政大夫前奉
敕總督倉塲督理西苑農事户部尚書西陂劉儲秀篆
賜同進士出身亞中大夫貴州布政使司左叅政咸寧曹韓書
君侯諱秉桔别號蘭溪分派宜川焉
莊靖王之曽孫鎮國将軍公鑼之孫輔國将軍誠溎之子母夫人趙氏上遡
天潢則
太祖高皇帝七世孫
秦愍王六世孫　隱王之玄孫也弘治戊午七月十九日生于邸第正德壬申
誥封奉國将軍秩從三品制禄六百石配呂氏封淑人副室何氏湯氏男子七人
惟焐取李氏惟耿取杜氏惟㷣取王氏惟焆取劉氏惟熄取張氏惟熣取畢氏
繼高氏惟㸅取王氏子俱封鎮國中尉婦俱封恭人女子五人多賢鄉君配吉
祉曲陽鄉君配葛相郿城鄉君配邵良相鄠江鄉君配李尚義松浦鄉君配樊
縈所配皆封儀賓孫男子二十人請而　賜名者懷垗懷坮懷坪懷塿懷坙餘
俱在幼孫女子十二人俱未封君侯生爲宗胄孝友謙恭謹愿儉素讀書樂善
事賢友仁盖　宗室之望也年僅五十有四嘉靖辛亥九月二日偶疾而薨人
咸傷之薨之夕以有見其肩輿緋袍導從北行者亦異甚矣訃奏于　朝
賜祭與葬皆如
制典越歳丙辰二月十三日窆于長安縣講武原子焐等以曾冬交君侯具狀乞
銘纂叙如右系之詞曰璿源衍派哲靈降生良貴制禄享有尊榮如金如玉不
驕不盈有子有孫克肖克承生人之体疇克與京考世徵賢視我兹銘

説 明

明嘉靖三十五年（1556）二月刻。誌、蓋均爲正方形。蓋邊長91厘米，誌邊長92厘米。蓋文4行，滿行4字，篆書“皇明宗室」奉國將軍」蘭溪君侯」壙志銘」”。誌文楷書23行，滿行30字。許宗魯撰文，曹韓書丹，劉儲秀篆蓋。誌、蓋四角飾寶相花，四周飾雙龍、如意紋。出土具體時、地不詳。現存西安博物院。《新中國出土墓誌（陝西叁）》著録。

釋 文

皇明宗室奉國將軍蘭溪君侯壙志銘」

賜同進士出身嘉議大夫都察院右副都御史奉」敕巡撫遼東兼贊理軍務西京許宗魯撰」

賜進士出身資政大夫前奉」敕總督倉塲督理西苑農事户部尚書西陂劉儲秀篆」

賜同進士出身亞中大夫貴州布政使司左參政咸寧曹韓書」

君侯諱秉桔，別號蘭溪，分派宜川，爲」莊靖王之曾孫、鎮國將軍公鑺之孫、輔國將軍誠漜之子，母夫人趙氏。上溯」天潢，則」太祖高皇帝七世孫」、秦愍王六世孫、隱王之玄孫也。弘治戊午七月十九日生于邸第，正德壬申」誥封奉國將軍，秩從三品，制禄六百石。配吕氏，封淑人，副室何氏、湯氏。男子七人」：惟焾取李氏，惟耿取杜氏，惟燒取王氏，惟焆取劉氏，惟熄取張氏，惟燫取畢氏」、繼高氏，惟熽取王氏。子俱封鎮國中尉，婦俱封恭人。女子五人：多賢鄉君配吉」祉、曲陽鄉君配葛相、鄜城鄉君配邵良相、鄠江鄉君配李尚義、松浦鄉君配樊」榮。所配皆封儀賓。孫男子二十人，請而賜名者，懷垗、懷坮、懷坪、懷塿、懷垒，餘」俱在幼。孫女子十二人，俱未封。君侯生爲宗胄，孝友謙恭，謹愿儉素，讀書樂善」，事賢友仁，盖宗室之望也。年僅五十有四，嘉靖辛亥九月二日偶疾而薨，人」咸傷之。薨之夕，人有見其肩輿緋袍導從北行者，亦異甚矣。訃奏于朝」，賜祭與葬皆如」制典。越歲丙辰二月十三日，窆于長安縣講武原。子焾等以魯久交君侯，具狀乞」銘，纂叙如右，系之詞曰：

璿源衍派，哲靈降生。良貴制禄，亨有尊榮。如金如玉，不」驕不盈。有子有孫，克肖克承。生人之休，疇克與京。考世徵賢，視我兹銘」。

按

誌主朱秉桔，宜川莊靖王朱志埰之曾孫，鎮國將軍朱公鑺之孫，輔國將軍朱誠漜嫡六子。弘治十七年（1504）二月，賜名秉桔。

撰者許宗魯，生平見本書595.1542條。

書者曹韓，字可宗，陝西咸寧人。嘉靖十四年（1535）進士，曾任貴州布政司左參政。萬曆《陝西通志》、康熙《陝西通志》有載。

607.1557　鳳翔府重修文廟學宮記

鳳翔府重修
文廟學宮記

説明

明嘉靖三十六年（1557）四月刻。碑高235厘米，寬81厘米。額文2行，滿行5字，篆書“鳳翔府重修」文廟學宫記」”。正文楷書22行，滿行50字。何棟撰文，許宗魯書丹，李守仁篆額。碑首綫刻祥雲紋，碑身四周飾捲草紋。現存鳳翔縣文廟。

釋文

鳳翔府重修文廟學宫記」

賜進士第資政大夫前都察院右都御史兼兵部左侍郎奉」敕總督薊遼保定等處軍務兼督粮餉長安何棟撰」

賜同進士出身嘉議大夫都察院右副都御史奉」敕巡撫遼東兼贊理軍務西京許宗魯書」

賜同進士出身文林郎河南道監察御史岐陽李守仁篆」

鳳翔在陝西，外鄰四鎮，内聯三輔。維昔周秦漢唐盛時，逮我」明成化、弘治間，時和歲稔，内熙外寧，民物康阜，人材輩出，寔西北之重郡，文物之奥區也。爰及近時，虜患頻仍，宗支繁衍，民困於徵輸」，兵疲於調遣，事謝往昔，時浸衰弊。嘉靖乙卯季冬癸卯，秦晋之交，地忽大震，袤延千里，振撼盪摇，川原析裂，郊墟遷移，壅爲岡阜，陷」作溝渠，山鳴谷響，水涌沙溢。城垣廟宇、官衙民廬，傾頽摧圮，十居其半。軍民被害者，蓋千萬計也。回視曩昔之盛，無幾矣」。朝廷憂之，下詔修省，遣官祭告，重爲地方擇人。乃陞才御史懷慶劉涇來守鳳翔。越丙辰夏六月莅任，目擊天變，身履時艱，矜此遺民」露次失所，喁喁嗷嗷，無可依怙，乃蹙然嘆曰：“此天地希有之變，古今未聞之災也。存撫安集，舍我守臣，誰其職歟！”諸凡崩墜，俱宜圖」畫。然化源在孔廟，政本在學宫，盍是先之？乃申呈巡撫都御史滇南唐時英，巡按御史蘭溪鄭本立、四明楊美益，得允修復。時維方」伯東阿殷學、漢州周滿、祥符李蓁，憲長德州王汝楫，參政鄭州謝淮、長治趙希夔，憲副南充王養浩、濟寧靳學顔、歷城李攀龍，分守」臨朐遲鳳翔，分巡石首高尚志，咸贊成之。於是鳩工揆材，庀役分寄。同知李良能、周夢綵，通判李家傳，推官孫漸，知縣康一元，先後」供事。廟貌聿成，士習丕變。俎豆式陳，琴瑟在列。士子横經，搢紳談藝。冠帶整肅，雅頌和鳴。端本澄源，王道伊始。不圖今日，文物再復」，蓋彷彿往昔矣。粤惟先達，職司民牧，常以匹夫匹婦有不被堯舜之澤，若己推而納之溝中，其自任如此之重。行一不義，殺一不辜」，而得天下。弗爲其自守如是之嚴，蓋以委任之隆，行不枉道。權力之專制，皆由心相。須以成事功自倍。非如今時，邊未休兵，軍需時」迫，民多厚斂，禄粮歲增，物力已困，催科愈急。百凡病民之事，司牧者不得自已也，徒羡古人，莫救今弊。然寬一分，則民受一分轉移」之機。有同呼吸，噓之即温，吸之即寒。是又在司牧者極力經畫，悉心撫恤。必使庠序之教，足濟閭閻之艱；絃歌之聲，足救呻吟之苦」。久道化成，則禮樂可興，而循良有傳矣。監司守令，其念之哉！其念之哉」！

嘉靖三十六年歲次丁巳夏四月之吉立石」

按

此碑係鳳縣知府劉涇於嘉靖三十四年（1555）關中大地震後重修鳳翔府文廟竣工時刻立，碑文對關中大地震破壞情況有詳細記述。

撰者何棟，字伯直，陝西長安人。正德十六年（1521）進士，曾任工部都水郎中、左僉都御史、兵部右侍郎、左侍郎、右都御史、兵部左侍郎。雍正《陝西通志》有載。

篆額者李守仁，陝西鳳翔人。嘉靖二十六年（1547）進士，曾任中書舍人、河南道監察御史。《明世宗實録》、乾隆《鳳翔府志》有載。

608.1557　孝感神應記

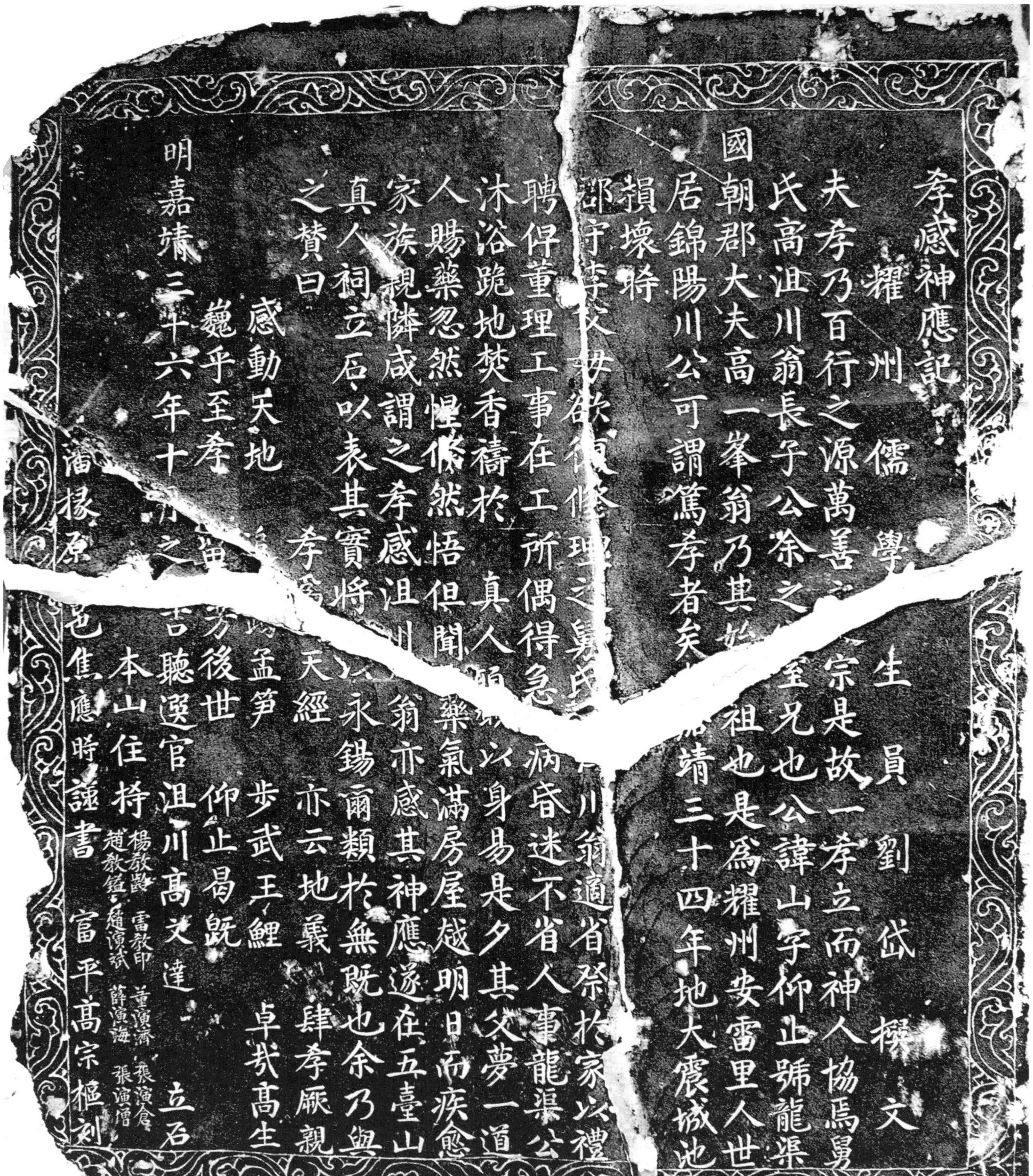
孝感神應記
耀州儒學生員劉岱撰文
夫孝乃百行之源萬善之宗是故一孝立而神人協焉舅
氏高沮川翁長子公佘之至兄也公諱山字仰止號龍渠
國朝郡大夫高一峯翁乃其始祖也是爲耀州安雷里人世
居錦陽川公可謂篤孝者矣[illegible]嘉靖三十四年地大震城池
損壞將
郡守李公母欲復修理之舅氏沮川翁適省祭於家以禮
聘俾董理工事在工所偶得急病昏迷不省人事龍渠公
沐浴跪地焚香禱於真人願以身易是夕其父夢一道
人賜藥忽然惺然悟但聞藥氣滿房屋越明日而疾愈
家族親隣咸謂之孝感沮川翁亦感其神應遂在五臺山
真人祠立石以表其實將以永錫爾類於無既也余乃與
之贊曰　孝爲天經　亦云地義　肆孝厥親
感動天地　[illegible]踊孟笋　步武王鯉　卓哉高生
巍乎至孝　[illegible]留芳後世　仰止曷既
明嘉靖三十六年十月之吉　聽選官沮川高文達　立石
本山住持　楊教鼈　雷教印　董演濟　張演倉
趙教鎰　趙演試　薛演海　張演僧
潘掾原邑焦應時謹書　富平高宗樞刻

説 明

明嘉靖三十六年（1557）十月刻。碑方首龜座。正方形。邊長58厘米。正文楷書19行，滿行22字。劉岱撰文，焦應時書丹。四周飾以祥雲紋。1979年爲遊客推倒，斷爲五塊，但文字無損。現存銅川市藥王山博物館。《藥王山碑刻》著録。

釋 文

孝感神應記」

耀州儒學生員劉岱撰文」

夫孝乃百行之源，萬善之宗，是故一孝立而神人協焉。舅」氏高沮川翁長子公，余之室兄也。公諱山，字仰止，號龍渠」。國朝郡大夫高一峰翁乃其始祖也，是爲耀州安雷里人，世」居錦陽川。公可謂篤孝者矣。嘉靖三十四年，地大震，城池」損壞。時」郡守李父母欲復修理之，舅氏沮川翁適省祭於家，以禮」聘俾董理工事。在工所偶得急病，昏迷不省人事。龍渠公」沐浴跪地焚香禱於真人，願以身易。是夕，其父夢一道」人賜藥，忽然惺、倏然悟，但聞藥氣滿房屋。越明日而疾愈」。家族親鄰咸謂之孝感，沮川翁亦感其神應，遂在五臺山」真人祠立石以表其實，將以永錫爾類，於無既也。余乃與」之贊曰：

孝爲天經，亦云地義。肆孝厥親」，感動天地。追躅孟笋，步武王鯉。卓哉高生」，巍乎至孝。留芳後世，仰止曷既」。

明嘉靖三十六年十月之吉

聽選官沮川高文達立石」

本山住持：楊教齡、雷教印、董演濟、張演倉」、趙教鎰、趙演斌、薛演海、張演增」

藩掾原邑焦應時謹書

富平高宗樞刻」

609.1557　王維楨墓誌

明故南京國子監祭酒王公墓誌銘
賜進士通議大夫太子賓客吏部左侍郎兼翰林院學士給二品服安陽郭朴撰
賜進士通議大夫吏部右侍郎前都察院右副都御史蘄陽馮天馭書并篆
嘉靖乙卯冬十有二月癸卯夜關中地大震山摧川溢城郭廬舍傾毀人民壓而死者過半南京國
子祭酒華州王公遭焉時公一子方襁抱母老且病聞之令人涙潸潸下也先是公在京師聞母疾
作驚仆悲憂寢食俱廢上疏請終養適遷南京國子祭酒遂兼程西馳禱于華山願以身代比歸母
稍愈乃日夜理醫藥治棺襚弗輟會有地震之變嗚呼傷哉公諱維楨字允寧號曰槐野其先昌平
州人曰伯平者以進士任河南憲副左遷華州稅課大使因家焉伯平生得得生和和生原原長子
曰戴號文庵娶劉氏生公公生而峻嶷十歲能博習古文詞舉業踈宕奕朗善發經旨弱冠即有聲
三輔間督學憲臣咸奇之嘉靖辛卯舉于鄉乙未登進士時
廷議簡育侍從
上御文華臨試取三十人公名在其中改庶吉士績學翰林丁酉授檢討
贈父文庵如其官母
封太孺人公幼稟穎質長抱奇志既列清貫益肆力學晝則鑽戶夜則燃燭六經羣史外尤喜諸子百
家之言含精咀腴擷英蒐異咸發之於詞海內聞人搢士多與交游由是聲名歘起軼駕流輩矣甲
辰分校禮闈取士號多得人乙巳與重脩
會典己酉以九載滿秩晉脩撰庚戌再分校禮闈策士畧曰大同邊垣既以底績而薊州一路顧有遺
謀自今作之西接宣府東抵山海為邊千二百里使幹濟之臣戮力經營患可少止至秋虜果自薊
州入
朝廷採羣議特設總督大臣專備遼薊其論蓋自公發之是年冬典試武舉所進多謀畧才豪之士辛
亥晉春坊諭德署南京翰林院事公以留都王業根本控江海上流宜豫戒不虞每遇縉紳輒談兵
馬錢穀會倭奴突入應徽寧太諸郡境人咸稱公先識甲寅
召還春坊取道省母關中因請終養吏部移文促赴任乙卯秋典校順天鄉試一時士類咸以得公衡
鑑自慶尋遷留都而没于家距生正德丁卯十一月二日享年四十有九公始為諸生喪父哀毀
骨立比登仕籍泓蓄駿發顯貴可立致也顧以痛父不逮養每圖順悅母志遭延家居者前後五六
年其孝如此性素豪邁負氣敢言折節交游中存區畛稱人之美惟恐弗及面折人過若無所容衆
遂謂公善抑揚人公自謂真弗變也至剖疑決難雖非己職必毅然任之且博學彊記論事慷慨指
顧揮霍廣譬曲諭多中肯綮諸公亦以此偉其為人平居好觀今昔名賢經畧凡關隘阨塞備禦曲
折能歷指陳其詳此其志槩豈譾譾拘拘者比哉
少師嚴公雅愛公文亟稱其有異才嘗薦于
上謂可大用丙辰秋
上指公名問今安在時已没數月矣公優游詞苑積二十餘年訖不當任然志在經世時托之著述遺文
若干卷宗伯孫季泉公敍次而傳之公凡兩娶俱
封孺人先東氏車駕郎中魯女生二男子早夭繼郭氏安陽丞從禮女生二女子其嗣子曰京闈者側
室宋氏出也卜以嘉靖丁巳十一月十一日葬于郡城南原之兆先期走使京師謁翰林侍讀瞿君
狀公行屬朴為銘朴與公同舉進士又同官詞林最久銘也焉敢以不文辭銘曰
抱穎握奇才且彊只蜚英耀彩厥蘊章只鸞鷟高翔驊騄驤只梗柟可材棟明堂只胡為一夕忽殞
亡只數與變會匪厥殃只華原瞰河倚崇岡只佳城鬱鬱檜松蒼只往妥爾室萬年藏只
不肖男京闈泣血上石

説 明

明嘉靖三十六年（1557）十一月刻。誌正方形。邊長64厘米。誌文楷書39行，滿行38字。郭朴撰文，馮天馭書丹并篆蓋。1984年華縣城關鎮王家墳出土。現存渭南市華州區文廟大殿東側。

釋 文

明故南京國子監祭酒王公墓誌銘」

賜進士通議大夫太子賓客吏部左侍郎兼翰林院學士給二品服安陽郭朴撰」

賜進士通議大夫吏部右侍郎前都察院右副都御史蘄陽馮天馭書并篆」

嘉靖乙卯冬十有二月癸卯夜，關中地大震，山摧川溢，城郭廬舍傾毁，人民壓而死者過半，南京國」子祭酒華州王公遭焉。時公一子方襁抱，母老且病，聞之令人淚潄潄下也。先是，公在京師，聞母疾」作，驚仆悲憂，寢食俱廢，上疏請終養。適遷南京國子祭酒，遂兼程西馳，禱于華山，願以身代。比歸，母」稍愈，乃日夜理醫藥、治棺襚弗輟。會有地震之變。嗚呼傷哉！公諱維楨，字允寧，號曰槐野。其先昌平」州人曰伯牙者，以進士任河南憲副，左遷華州税課大使，因家焉。伯牙生得，得生和，和生原。原長子」曰載，號文庵，娶劉氏，生公。公生而峻嶷，十歲能博習古文詞，舉業疎宕爽朗，善發經旨。弱冠即有聲」三輔間，督學憲臣咸奇之。嘉靖辛卯舉于鄉，乙未登進士，時」廷議簡育侍從」，上御文華臨試，取三十人，公名在其中。改庶吉士，績學翰林。丁酉，授檢討」，贈父文庵如其官，母」封太孺人。公幼禀穎質，長抱奇志。既列清貫，益肆力學。晝則鐍户，夜則燃燭。六經群史外，尤喜諸子百」家之言，含精咀腴，掇英蒐異，咸發之於詞。海内聞人哲士多與交游，由是聲名歘起，軼駕流輩矣。甲」辰，分校禮闈取士，號多得人。乙巳，與重修」會典。己酉，以九載滿秩，晋修撰。庚戌，再分校禮闈策士，略曰：大同邊垣既以底績，而薊州一路顧有遺」謀，自今作之，西接宣府，東抵山海，爲邊千二百里，使幹濟之臣戮力經營，患可少止。至秋，虜果自薊」州入」。朝廷採群議，特設總督大臣專備遼薊，其論蓋自公發之。是年冬，典試武舉，所進多謀略才豪之士。辛」亥，晋春坊諭德，署南京翰林院事。公以留都王業根本，控江海上流，宜豫戒不虞。每遇縉紳，輒談兵」馬錢穀。會倭奴突入，應、徽、寧、太諸郡境，人咸稱公先識。甲寅」，召還春坊。取道省母關中，因請終養，吏部移文促赴任。乙卯秋，典校順天鄉試，一時士類咸以得公衡」鑑自慶。尋遷官留都，而没于家。距生正德丁卯十一月二日，享年四十有九。公始爲諸生，喪父，哀毁」骨立。比登仕籍，泓蓄駿發，顯貴可立致也。顧以痛父不逮養，每圖順悦母志，遭延家居者前後五六」年，其孝如此。性素豪邁，負氣敢言。折節交游，中存區畛。稱人之美，惟恐弗及；面折人過，若無所容。衆」遂謂公善抑揚人，公自謂真弗變也。至剖疑決難，雖非己職，必毅然任之。且博學彊記，論事慷慨，指」顧揮霍，廣譬曲諭，多中肯綮。諸公亦以此偉其爲人。平居好觀今昔名賢經略，凡關隘阨塞，備禦曲」折，能歷指陳其詳，此其志概豈謭謭拘拘者比哉」！少師嚴公雅愛公文，亟稱其有異才，嘗薦于」上，謂可大用。丙辰秋」，上指公名，問今安在，時已没數月矣。公優游詞苑，積二十餘年，訖不當任。然志在經世，時托之著述遺文」若干卷，宗伯孫季泉公叙次而傳之。公凡兩娶，俱」封孺人。先東氏，車駕郎中魯女，生二男子，早夭。繼郭氏，安陽丞從禮女，生二女子。其嗣子曰京闈者，側」室宋氏出也。卜以嘉靖丁巳十一月十一日，葬于郡城南原之兆。先期走使京師謁翰林侍讀瞿君」，狀公行，屬朴爲銘。朴與公同舉進士，又同官詞林最久，銘也焉敢以不文辭。銘曰」：

抱穎握奇才且彊只，藎英燿彩厥藴章只，鸞鷟高翔騂騄驤只。楩楠可材棟明堂只，胡爲一夕忽殞」亡只，數與變會匪厥殃只。華原瞰河倚崇岡只，佳城鬱鬱檜松蒼只，往妥爾室萬年藏只」。

不肖男京闈泣血上石」

按

誌主王維楨，《明史·文苑傳》有簡短記述。則墓誌對其家族世系、生平事迹、任官爲職之記載，可補史載之略。其父王載暨母劉氏墓誌見本書625.1567條。

撰者郭朴，字質夫，河南安陽人。嘉靖十四年（1535）進士。歷官禮部侍郎、吏部右侍郎、太子太保兼武英殿大學士。《明史》有傳。

書者馮天馭，字應房，號伯良，湖北蘄春人。嘉靖十四年進士。歷官大理寺評事、刑部尚書。《本朝分省人物考》有傳。

610.1558　孫真人祀殿記

孫真人祀殿記

説 明

明嘉靖三十七年（1558）二月刻。碑螭首方座。高314厘米，寬104厘米。額文2行，滿行3字，篆書“孫真人」祀殿記」”。正文楷書18行，滿行60字。左思敬撰文，辛珊書丹，成印篆額。碑身四周飾如意花紋。現存銅川市藥王山博物館。《藥王山碑刻》著録。

釋 文

孫真人祀殿記」

鄉進士承德郎鳳陽府通判郡人東河左思敬撰」

鄉進士承德郎永平府通判郡人東河門人成印篆額」

鄉進士承德郎順天府通判郡人東河門人辛珊書丹」

孫處士，諱思邈，貫籍華原縣，蓋唐時建置名也，今爲耀州。郡之東北有孫家原，父老相傳爲公之生長處也。公生而神靈，長而岐嶷，善醫藥，懷才抱德，隱而不」仕，特以醫藥濟人，古所謂“不爲三公，必爲明醫”，亦以其能濟斯民也，此公之志願，後誤以爲神仙者流，盖吾儒輩隱君子也。今之洞，即其棲隱處。唐太宗嘗親」訪於其第，徵之仕，公不屈，後贈爲“真人”云。歷代相傳，神以祀之。《祀典》云：“凡有功於民，則祀之。”公醫濟當時，方傳萬世，可謂有功於民者矣，其祀也夫奚疑。顧洞」前地狹隘，歲時享祀，莫蔽風雨，人甚艱之。本洞道士趙演斌、董演濟，傳公之術而守道行者，乃募緣鳩材繕工，爲祀殿一大楹，宏敞黝堊，足以設牲醴、列樂舞」、展興拜，庶可以妥神靈，而安人心矣。工完，斌濟乃丐予言。夫公之行實功業，著在當時，載在唐史。其《外傳》傳其煉丹修養，與夫降龍伏虎多怪事，又奚俟予言」。雖然，予竊以爲，使公仕唐，縻高官重禄，殁而無聞焉。何如垂此醫藥，著《千金方》行於世，以惠萬代，延祀典於無窮，則聲名爲不朽矣。其視仕當時爲公爲相，爵」位固隆赫矣，然湮没而無聞焉。甘與草木同朽，豈可同年語哉！况公之神靈至今，往往有病者籲禱，則夢寐見之，施以藥餌，而病即愈者，不可勝紀。於是，四方」輻輳，不遠千里，每歲二月二日悉集焉。則此祀殿奚容已哉！乃爲作祀神曲，凡五闋，使道士歌以祀之」。

迎神：坎坎兮擊鼓，僊僊兮屢舞。陳瑶席兮湛清酤，柏森森兮洞古。神之来兮，使我心不古」。

初獻：牲陳兮肥腯，帛獻兮精純。奠桂酒兮醪醇，奏雅樂兮天鈞。雲靄靄兮良辰，香氤氳兮見神」。

亞獻：竭誠禋兮四方來馨，仰聖澤兮神必臨錋。縹緲兮雲中，儼靈晛兮中庭。禮既行兮不停，敬莫伸兮心不寧」。

終獻：俎芬豆芳兮神已惠，禮備樂和兮饌將瘞。思我成兮綏而諦，祀事畢兮掩其繐」。

送神：紛進拜兮洞前，心繾綣兮瓊筵。臨不語兮去不傳，儼其光兮瞻太玄。駕雲車兮與造化周旋，佑我邦兮祀典綿延」。

嘉靖三十七年歲次戊午春二月之吉立

其竪碑則三原李二林克朗，男廷璋、廷琦，雷零杜氏，楊永華，男復仁，朱世剛，馮邦佐，山西晋陽府襄陵□□讓，臨汾縣鄭萬、孔東周，各捐貲置云

石匠趙子和、石邦儒、田漢臣、趙邦善、高廷□、趙邦靖、高宗□、劉邦彦同鎸」

按

撰者左思敬，嘉靖四年（1525）舉人。左經次子，曾任鳳陽府通判。嘉靖《耀州志》有載。

書者辛珊，嘉靖十年（1531）舉人。辛錦第四子，曾任陽城知縣、順天府通判。嘉靖《耀州志》有載。

篆額者成印，嘉靖十六年（1537）舉人。曾任杞縣教諭、安東知縣。嘉靖《耀州志》有載。

611.1558　閻讓暨妻劉氏墓誌

説明

明嘉靖三十七年（1558）十一月刻。蓋長58厘米，寬57厘米；誌長57厘米，寬56厘米。蓋文8行，滿行3字，篆書“皇明中」順大夫」知山西」太原府」鳳山閻」公恭人」劉氏合」葬之墓」”。誌文楷書56行，滿行20字。蓋文與誌文均分上下欄刻。閻奉恩撰書并篆蓋。彬縣出土，時間不詳。現存彬州市文化館。《咸陽碑刻》《新中國出土墓誌（陝西壹）》著録。

釋文

大明中順大夫山西太原府知府鳳山閻公恭人劉氏合」葬墓志銘」

先母劉氏，邠世族也」，贈資善大夫、工部尚書諱琮之孫」，太子少保、資善大夫、户部尚書諱昭之第六女。妣秦夫人」。生于金臺宦邸。先曾祖都憲公諱紳，遣先祖侍郎公」諱本，童遊于郡彦張先生之門，尚書公與俱。嗣是，業」同經、長同學、第同時、官同」朝。先父以州學生補」恩廕，時喪前妣張恭人，遂締親焉。先父諱讓，字伯仁，號鳳」山。先母來歸，弘治庚申年也。辛酉，以《禮記》登鄉薦。正」德丙寅，授南京禮部司務，携眷以行。張顯妣遺男子」一，女子五。男甫室，女于歸者二。乃涉大江，止留都三」載。北上，改刑部，歷員外郎、郎中。秩滿」，封先母宜人。己卯，出守太原。嘉靖癸未，乃老。時關中撫巡」藩臬諸翁，咸西臺寮友，按邠必枉顧，開尊相款，談經」論治，話及平生，恒至夜分。宴集親黨月旬，僅虚其半」。先父每令辰或壽旦，誨不肖等曰：汝母出華胄，無胄」習，莊懿和平，得之天賦，婦道母儀，可以範俗。祀事整」潔，家務悉總。與汝二叔同爨，子姪臧獲咸遵規條，無」怨言。撫汝兄汝姊，劬育備至。三女續嫁，適幕務兩部」宦囊蕭然，皆手自縫紉補綴，無慍意。及生汝與汝妹」，教則視嚴，養則無異，誠孝慈惠，人所罕及。我官中外」，今林下計三十年，賓祭饔飧，必親烹飪酒酪，女紅精」巧愈常。其重蚕桑，諳禮節，知書義，曉曆文，得若家父」兄之傳也。汝輩識之。丙申，先父棄世，詳見前志。時不」肖爲州學生，義方遺訓，諄復不置。癸卯，以《禮記》舉于」鄉，先母喜且哭曰：“慰汝父之心矣。期汝有成，今果然」。毋怠于學，尚有甲科，必以忠孝爲務，克振家聲，無忝」爾父祖也。”勖哉！抵今株守歷年，迂拙無似。心强欲孝」，而養無以爲豐；志强欲仁，而施未博於物。自慶先母」耳目聰明，步履康健，可卜其綿長也。戊午二月初十」日，痰暈偶發，卧床參术，奏功有差，第未復初。六月二」十一日亥時，端坐少頃而終。距生成化庚子年三月」初三日巳時，享年七十有九。以太原之爵品服得視」恭人，在任四年，未獲推」恩之遇」，誥階尚宜人焉。昔乙卯冬地震異變，恐遺遠憂，竟未就試」。今復爾使不肖竊禄之願，無補於請羮；春暉之報，罔」極於寸草。嗚呼痛哉！子承恩，以歲薦授四川潼川州」判，陞山西靈丘知縣，今致仕。女五，典膳劉孟遵，舉人」曹鐙，官生劉秉直，醫官吉朝東，監生劉孟延，其婿也」。不肖奉恩，備會試員。女一，適監生劉孟速，原名逞，改」名速。孫男四：曰守家、曰守己、曰守國，爲州學生；曰報」國，甫志于學。孫女二，適宋守貴、劉潛。曾孫男一，曰璧」。女五，俱幼。卜本年十一月十一日辰時，奉柩合葬于」州城東一里鳳皇山新塋先父之壙。奉恩荒迷不文」，殆述教言懿矩，竊比於我晦庵朱夫子記妣祝孺人」壙，號泣爲之銘。銘曰」：

翁姑父母，爰及夫子。金紫輝煌，家庭萃只」。制誥在函，霞帔翟冠。金盤蒼玉，福祉其全。惟父先世，益年」八旬。惟母仙逝，壽與之均。天與數與，盍多盍寡。天也」數也，人胡能假。東山其阿，幽宫未奠。夢侍慈幃，時復」時見。泣血寫銘，記時記概。名筆表墓，將以來待」。

孤哀子閻奉恩稽顙拜撰并書篆」

甯鳳雲刊」

按

誌主閻讓，字伯仁。弘治十四年（1501）舉人，曾任南京禮部司務、刑部廣西司員外郎、雲南司郎中、山西太原知府。著有《文獻録》三卷、《禮記臆説》五卷。康熙《邠州志》有載。其子閻承恩暨配張氏陳氏合葬墓誌見本書614.1560條。

閻讓之子閻奉恩，字應制。嘉靖二十二年（1543）舉人，曾任河北深澤知縣。康熙《邠州志》、萬曆《保定府志》有載。

612.1559　魏功墓誌

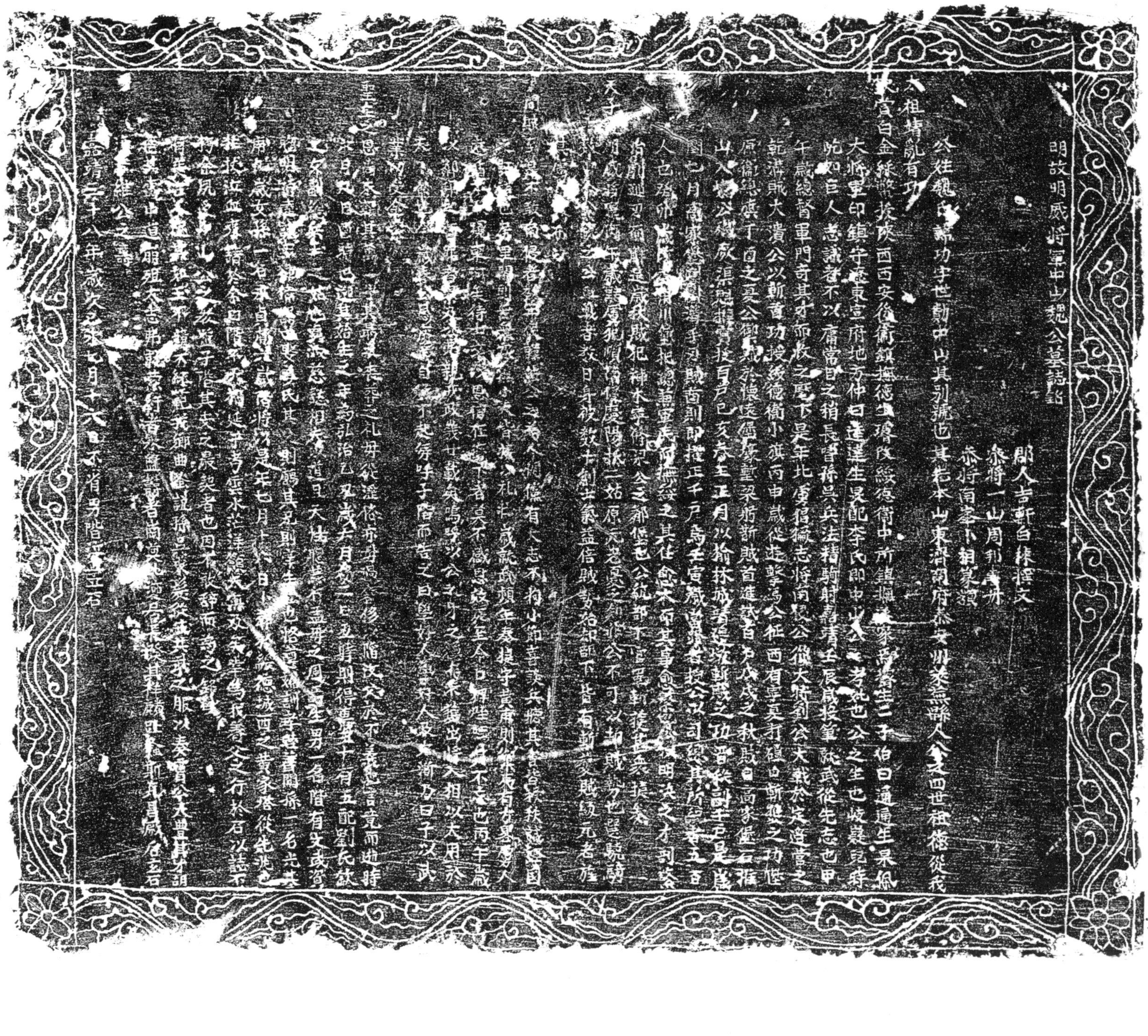
明故明威將軍中山魏公墓誌銘

説 明

明嘉靖三十八年（1559）七月刻。誌砂石質。長70厘米，寬59厘米。誌文楷書36行，滿行37字。白棟撰文，周邦書丹，卜相篆額。誌四角飾寶相花，四周飾捲雲紋。出土於綏德縣西郊黄家塔，時間不詳。現存綏德縣博物館。《榆林碑石》《新中國出土墓誌（陝西叁）》著録。

釋 文

明故明威將軍中山魏公墓誌銘」

郡人吉軒白棟撰文」

参將一山周邦書丹」

参將南峯卜相篆額」

公姓魏氏，諱功，字世勳，中山其別號也。其先本山東濟南府泰安州萊蕪縣人。公之四世祖德，從我」太祖靖亂有功」，欽賞白金綵幣，授陝西西安後衛鎮撫。德生璿，改綏德衛中所鎮撫，遂家焉。璿生二子：伯曰通，通生杲，佩」大將軍印，鎮守遼東宣府地方；仲曰達，達生旻，配李氏，即中山公之考妣也。公之生也岐嶷，兒時」屹如巨人，志識者不以庸常目之。稍長，嗜孫吴兵法，精騎射。嘉靖壬辰歲，投筆就武，從先志也。甲」午歲，總督軍門奇其才而收之麾下。是年，北虜猖獗，志將南侵。公從大將劉公，大戰於定邊营之」乾溝，賊大潰，公以斬首功，授綏德衛小旗。丙申歲，從遊擊馮公征西，有寧夏打磑口斬獲之功，陞」原衛總旗。丁酉之夏，公御賊於懷遠堡壕塹梁，躬斮賊首，進試百户。戊戌之秋，賊自高家堡石推」山入□，公殲厥渠魁，擢實授百户。己亥春王正月，以榆林城靖邊墩斬賊之功，晋秩副千户。是歲」閏七月，高家堡園則溝手刃賊酋，則即擢正千户焉。壬寅歲，當路者授公以司總，其所統者五百」人也。癸卯歲，改公甫川堡把總，兼軍民而撫綏之。其任愈大，而其事愈繁也。公以明決之才，剖繁」治劇，迎刃而解。是歲秋，賊犯神木寧條梁，公之鄰堡也。公統部下官軍斬獲甚衆。捷奏」，天子授明威將軍。丙午歲，黠虜犯順南，侵慶陽，抵二姑原，元老憂之，知非公不可以卻賊勢也，選驍騎」數十，命公統之。公血戰者数日，身被数十創，士氣益倍，賊勢始卻，部下皆有斬獲賊級，元老旌」其虞□□而以」上聞。賊至是不敢南侵者數年□謹然。公之爲人，倜儻有大志，不拘小節，喜談兵，聽其言皆秩秩，誠經國」之□□也。居里閈則無衆寡，無小大，皆接以礼。壯歲就武，頻年奏捷。守黄甫則禦夷有方略，虜人」遠遁，不敢窺東河矣。待士卒以恩，待在麾下者，莫不感恩效死，至今口碑啀啀□不忘也。丙午歲」，以鄰邦之□罪者累及，公弗親戎政幾廿載矣。嗚呼！以公之才之德，而未獲出將入相，以大用於」天下，命也。今歲春，公感痰疾，自後不起。每呼子階而告之曰："學好人！學好人！"及大漸，乃曰："予以武」業，功受金紫」。聖主之恩，尚未報其萬一，子其勗之。喪葬之礼，毋從淫俗，亦毋過奢侈，以陷汝父於不義也。"言竟而逝，時」六月九日酉時也。溯其始生之年爲弘治乙丑歲六月初二日丑時，則得壽五十有五。配劉氏，欽」之女，副總兵玉之姑也。貞淑慈懿，相夫以道。且天性聰慧，有孟母之風焉。生男一，名階，有文武資」，聰明特達，誠□□偉器也。娶姜氏，其父則鵬，其兄則庠生松也。恪遵婦訓，孝睦著聞。孫一，名光基」，甫九歲。女孫一，名永貞，甫六歲。階將以是年七月十六日，卜葬於綏德城西之黄家塔，從先兆也」。拄杖泣血來請於余曰："階不天，禍延于考，雲水茫洋，籲天無及矣。幸爲我著父之行於石，以誌不」朽。"余夙受中山公之教益，子階其交之最契者也，因不敢辞，而爲之銘曰」：

有美古人，温其如玉。不競不絿，範我鄉曲。蚤説孫吴，束髮從戎。共武之服，以奏膚公。天豐其才，胡」奪其壽。中道崩殂，大志弗就。縈紆者水，盤鬱者崗。奠此□居，長發其祥。麟趾螽斯，克昌厥後。玄石」□□，維公之壽」。

嘉靖三十八年歲次己未七月十六日

不肖男階泣血立石」

按

撰者白棟，字子隆，米脂人。隆慶五年（1571）進士，曾任東阿縣令、山西道御史、大理寺少卿。雍正《陝西通志》有載。

613.1559　朱惟㷿墓誌

明宗室保
安王府鎮
國中尉竹
陂墓誌銘

明宗室保安王府鎮國中尉竹陂墓誌銘
竹陂諱㷿乃予弟也為我
太祖高皇帝八世孫
秦愍王七世孫
保安懷喜王六世孫父奉國将軍絜齋翁季子母蘇氏出
也生於嘉靖戊子十月二十日賦質清稚稟性純篤孝
親弟長謙已遜人凡諸史百家與夫奕博之類見而多
識頗能通也好接斯文闗中縉紳士夫欲與交遊于今
未嘗有不思慕者焉嘉靖壬寅
誥封鎮國中尉娶劉氏
封恭人生子一早卒女一尚幼未封俱劉氏出也宜将大
有賢譽永延于世胡為遘疾而卒時嘉靖甲寅四月初
四日享年二十又七訃聞
皇上賜祭葬如制筮嘉靖已未八月初三日葬咸寧韋曲之
原嗚呼痛哉予與竹陂共胞兄弟其相居二十載餘未
有鬩墻一失其所望勖於予者非淺淺也夫何天不假
年先予而逝遺母在堂欝欝弗悅予心寔不忍也嗚呼
痛哉嗚呼痛哉遂為之銘曰嗟嗟吾弟今斯逝矣吾将
誰賴矣韋曲新垂土厚草芳爾居是室長發其祥休有
烈光
皇明宗室秦藩保安王府鎮國中尉兄竹林惟𤏪撰并書篆
張宥刻

説 明

明嘉靖三十八年（1559）八月刻。誌、蓋均爲正方形，尺寸相同。邊長均63厘米。蓋文4行，滿行4字，篆書“明宗室保」安王府鎮」國中尉竹」陂墓誌銘」”。誌文楷書22行，滿行21字。朱惟熥撰書并篆蓋。誌、蓋四角飾寶相花，四周飾瑞龍祥雲紋。西安市長安區出土，時間不詳，現存西安市長安博物館。《長安碑刻》《長安新出墓誌》著録。

釋 文

明宗室保安王府鎮國中尉竹陂墓誌銘」

竹陂諱熑，乃予弟也。爲我」太祖高皇帝八世孫」，秦愍王七世孫」，保安懷喜王六世孫，父奉國將軍潔齋翁季子，母蘇氏出」也。生於嘉靖戊子十月二十日。賦質清雅，稟性純篤，孝」親弟長，謙己遜人。凡諸史百家與夫弈博之類，見而多」識，頗能通也。好接斯文，關中縉紳士夫欣與交遊，于今」未嘗有不思慕者焉。嘉靖壬寅」，誥封鎮國中尉。娶劉氏」，封恭人。生子一，早卒。女一，尚幼，未封。俱劉氏出也。宜將大」有賢譽，永延于世，胡爲遘疾而卒。時嘉靖甲寅四月初」四日，享年二十又七。訃聞」，皇上賜祭葬如制。筮嘉靖己未八月初三日，葬咸寧韋曲之」原。嗚呼痛哉！予與竹陂共胞兄弟，其相居二十載餘，未」有鬩墻一失，其所望助於予者非淺淺也。夫何天不假」年，先予而逝，遺母在堂，鬱鬱弗悦，予心寔不忍也。嗚呼」痛哉！嗚呼痛哉！遂爲之銘曰：

嗟嗟吾弟，今斯逝矣，吾將」誰賴矣。韋曲新兆，土厚草芳。爾居是室，長發其祥，休有」烈光」。

皇明宗室秦藩保安王府鎮國中尉兄竹林惟熥撰并書篆」

張宥刻」

按

誌所載“保安懷喜王”，即朱尚煜，喜又作“僖”，係秦愍王朱樉第三子。洪武二十二年，年甫五歲，太祖高皇帝召至南京，育於宫中，讀書西廡下。至永樂元年，册封爲保安王。是年九月，前往陝西臨洮府。比抵陝西，秦隱王奏留居西安城中。嘉靖《陝西通志》有載。

614.1560　閻承恩暨配張氏陳氏合葬墓誌

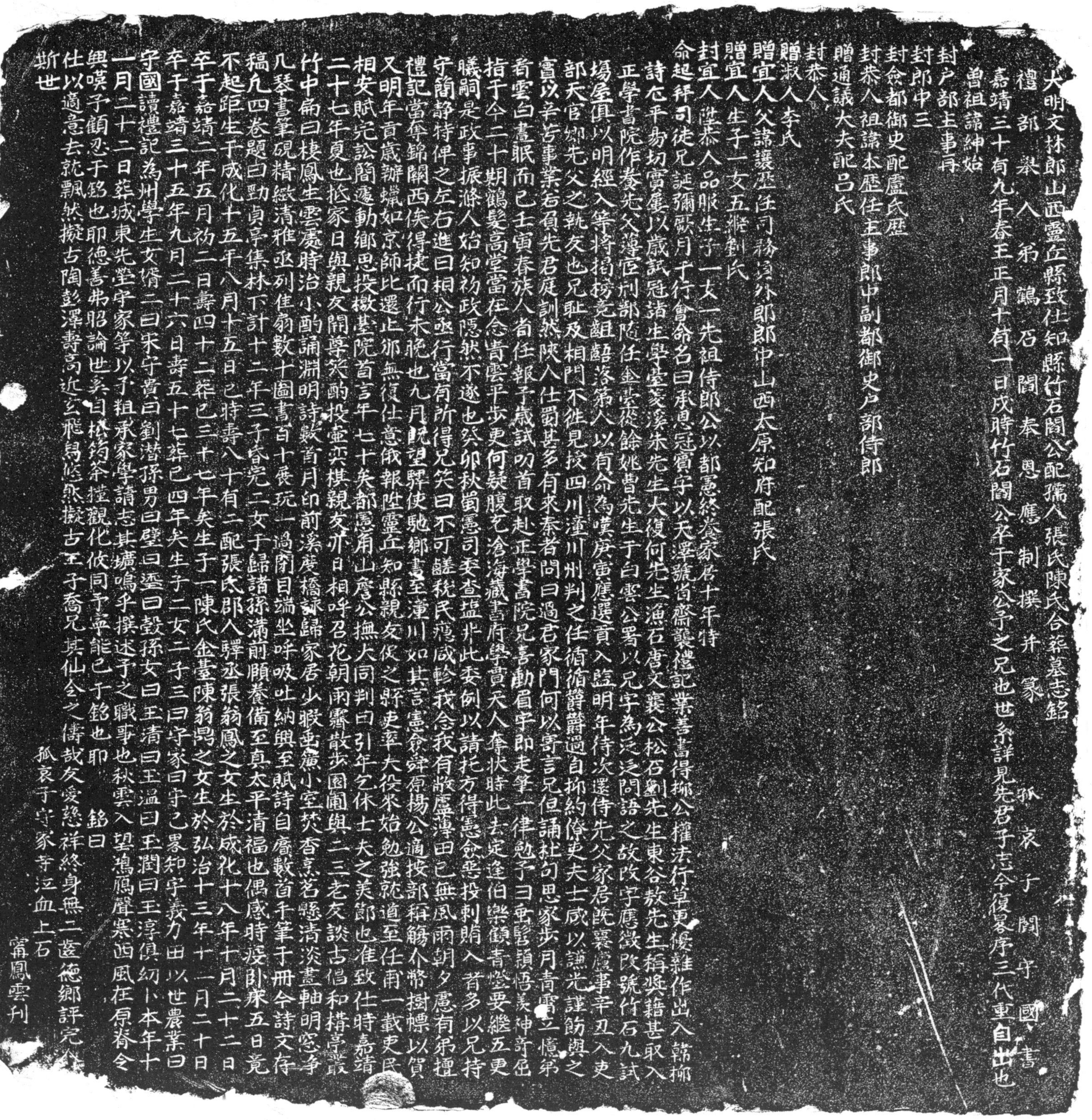

大明文林郎山西靈丘縣致仕知縣竹石閻公配孺人張氏陳氏合葬墓志銘
禮部舉人弟鶴石閻奉恩應制撰并篆　孤哀子閻守國書
嘉靖三十有九年春王正月十有一日戌時竹石閻公卒于家公予之兄也世系詳見先君子志今復畧序三代重自出也
曾祖諱紳始
封户部主事尋
封郎中三
封僉都御史配盧氏歷
封恭人祖諱本歷任主事郎中副都御史户部侍郎
贈通議大夫配呂氏
封恭人
贈淑人李氏
贈宜人父諱讓歷任司務員外郎郎中山西太原知府配張氏
贈宜人生子一女五繼劉氏
封宜人陞恭人品服生子一女一先祖侍郎公以都憲終養家居十年特
命起拜司徒兄誕彌厥月于行會命名曰承恩冠賓字以天澤號省齋襲禮記業善書得擲公權法行草更優雜作出入韓柳
詩在平易切實屢以歲試冠諸生學臺菱溪朱先生漁石唐文襄公松石劉先生東谷敖先生稱獎藉甚取入
正學書院作養先父蓴菴刑部隨任金臺從餘姚曹先生于白雲公署以兄字為泛泛問語之故改字應徵改號竹石九試
場屋俱以明經入等將揭榜竟齟齬落第人以有命為嘆庚寅應選貢入監明年待次還侍先父家居既襄處事辛丑入吏
部天官卿先父之執友也兄恥及相門不徙見授四川潼川州判之任循循爵爵過自抑約僚吏夫士咸以謙光謹飭與之
賓以辛苦事業若負先君庭訓然陝人仕蜀甚多有來秦者問曰過君家門何以寄言兄但誦杜句思家步月青霄立憶弟
看雲白晝眠而已壬寅春族人省任報予歲試叨首取赴正學書院兄喜勵眉宇即走筆一律勉予曰蚤譽頡悟義神奇屈
指于今二十期鶴髮高堂當在念青雲平步更何疑腹充滄海藏書府學貫天人奪狀時此去定逢伯樂顧青燈要繼五更
曦嗣是政事振滌人始知初政隱然不遂也癸卯秋蜀憲司委查鹽井此委例以請托方得憲僉惡投刺賄入者多以兄持
守簡靜特俾之左右進曰桐公亟行當有所得兄笑曰不可驌稅民瘼咸軫我念我有敝廬薄田已無風雨朝夕慮有弟擅
禮記當奪錦關西侯得捷而行未晚也九月既望驛使馳鄉書至潼川如其言憲僉辭原揚公適按部稱觴介幣掛幖以賀
又明年貢歲辦蠟如京師比還止卿無復仕意俄報陞靈丘知縣親友從之縣吏率夫役來始勉強就道至任甫一載吏民
相安賦完訟簡邊動鄉思投檄臺院首言年七十矣都憲甬山詹公撫大同判曰引年乞休士夫之美節也准致仕時嘉靖
二十七年夏也抵家日與親友開尊笑酌投壺奕棋親友亦日相呼召花朝雨霽散步園圃與二三老友談古倡和構亭嶽
竹中扁曰棲鳳生雲處時治小酌誦淵明詩數首月印前溪履橋詠歸家居少暇垂簾小室焚香烹茗懸清淡畫軸明窗淨
几琴書筆硯精緻清雅丞列佳翁數十圖書百十種玩一過閉目端坐呼吸吐納興至賦詩自屬數首手筆于冊今詩文存
稿凡四卷題曰勁貞亭集林下計十二年三子昏完二女于歸諸孫滿前順養備至真太平清福也偶感時疫臥床五日竟
不起距生于成化十五年八月十五日己時壽八十有二配張氏郡人驛丞張翁鳳之女生於成化十八年十月二十二日
卒于嘉靖二年五月初二日壽四十二葬已三十七年矣生子一陳氏金臺陳翁昂之女生於弘治十三年十一月二十日
卒于嘉靖三十五年九月二十六日壽五十七葬已四年矣生子二女二子三曰守家曰守己畧知守義力田以世農業曰
守國讀禮記為州學生女婿二曰宋守貴曰劉潜孫男曰璧曰璽曰穀孫女曰玉清曰玉溫曰玉潤曰玉淳俱幼卜本年十
一月二十二日葬城東先塋守家等以予粗承家學請志其壙嗚乎撰述予之職事也秋雲入望鴻鴈聲寒西風在原眷令
興嘆予顧忍于銘也耶德善弗昭論世奚自松筠茶撻觀化攸同予寧能已于銘也耶　銘曰
仕以適意去就飄然擬古陶彭澤壽高近玄飛舄悠然擬古王子喬兄其仙全之儔哉友愛慈祥終身無二蓋德鄉評完全
斯世
孤哀子守家等泣血上石
甯鳳雲刊

説 明

明嘉靖三十九年(1560)十一月刻。誌、蓋均長方形,尺寸相同。均長68厘米、寬66厘米。蓋文6行,滿行5字,篆書“大明文林郎」山西靈丘縣」致仕知縣竹」石閻公配孺」人張氏陳氏」合葬之墓」”。誌文楷書40行,滿行47字。閻奉恩撰文并篆蓋,閻守國書丹。出土於彬縣,時間不詳。現存彬州市文化館。《新中國出土墓誌(陝西壹)》《咸陽碑刻》著録。

釋 文

大明文林郎山西靈丘縣致仕知縣竹石閻公配孺人張氏陳氏合葬墓志銘」

禮部舉人弟鶴石閻奉恩應制撰并篆

孤哀子閻守國書」

嘉靖三十有九年春王正月十有一日戌時,竹石閻公卒于家。公,予之兄也。世系詳見先君子志,今復略序三代,重自出也」。曾祖諱紳,始」封户部主事,再」封郎中,三」封僉都御史。配盧氏,歷」封恭人。祖諱本,歷任主事、郎中、副都御史、户部侍郎」,贈通議大夫。配吕氏」,封恭人」,贈淑人;李氏」,贈宜人。父諱讓,歷任司務員外郎、郎中、山西太原知府。配張氏」,贈宜人,生子一,女五。繼劉氏」,封宜人,陞恭人品服,生子一,女一。先祖侍郎公以都憲終養,家居十年,特」命起,拜司徒。兄誕彌厥月,于行會命名曰承恩,冠賓字以天澤,號省齋,襲《禮記》業,善書,得柳公權法,行草更優,雜作出入韓柳」,詩尤平易切實。屢以歲試冠諸生,學臺菱溪朱先生、大復何先生、漁石唐文襄公、松石劉先生、東谷敖先生稱獎藉甚,取入」正學書院。作養先父,薄宦刑部,隨任金臺,從餘姚曹先生于白雲公署,以兄字爲泛泛,問語之故,改字應徵,改號竹石。九試」場屋,俱以明經入等,將揭榜,竟齟齬落第,人以有命爲嘆。庚寅,應選貢入監。明年,待次,還侍先父家居,既襄廬事。辛丑,入吏」部。天官卿,先父之執友也。兄耻及相門,不往見,授四川潼川州判。之任,循循鬱鬱,過自抑約,僚吏夫士,咸以謙光謹飭與之」,實以辛苦事業,若負先君庭訓然。陝人仕蜀甚多,有來秦者,問曰:過君家門,何以寄言?兄但誦杜句“思家步月青霄立,憶弟」看雲白晝眠”而已。壬寅春,族人省任,報予歲試叨首,取赴正學書院。兄喜動眉宇,即走筆一律,勉予曰:“垂髫穎悟羨神奇,屈指于今二十期。鶴髮高堂當在念,青雲平步更何疑。腹充滄海藏書府,學貫天人奪状時。此去定逢伯樂顧,青燈要繼五更」曦。”嗣是,政事振滌,人始知初政隱然不遂也。癸卯秋,蜀憲司委查鹽井,此委例以請托方得,憲僉惡投刺賄入者多,以兄持」守簡静,特俾之。左右進曰:“相公亟行,當有所得。”兄笑曰:“不可。鹺税民瘼,咸軫我念。我有敝廬薄田,已無風雨朝夕慮;有弟擅」《禮記》,當奪錦關西,俟得捷而行,未晚也。”九月既望,驛使馳鄉,書至潼川,如其言。憲僉舜原楊公適按部,稱觴介幣,樹幖以賀」。又明年,貢歲辦蠟如京師,比還止邠,無復仕意。俄報陞靈丘知縣,親友促之,縣吏率夫役來,始勉强就道。至任甫一載,吏民」相安,賦完訟簡。遽動鄉思,投檄臺院,首言年七十矣。都憲角山詹公撫大同,判曰:“引年乞休,士夫之美節也。准致仕。”時嘉靖」二十七年夏也。抵家,日與親友開尊笑酌,投壺奕棋。親友亦日相呼召,花朝雨霽,散步園圃,與二三老友談古倡和。構亭叢」竹中,扁曰“棲鳳生雲處”。時治小酌,誦淵明詩數首。月印前溪,度橋詠歸。家居少暇,垂簾小室,焚香烹茗,懸清淡畫軸,明窗净」几,琴書筆硯,精緻清雅。亟列佳扇數十、圖書百十,展玩一過,閉目端坐,呼吸吐納。興至賦詩,自賡數首,手筆于册。今詩文存」稿凡四卷,題曰《勁貞亭集》。林下計十二年。三子昏完,二女于歸,諸孫滿前,頤養備至,真太平清福也。偶感時疫,卧床五日,竟」不起。距生于成化十五年八月十五日巳時,壽八十有二。配張氏,郡人驛丞張翁鳳之女。生於成化十八年十月二十二日」,卒于嘉靖二年五月初二日,壽四十二,葬已三十七年矣,生子一。陳氏,金臺陳翁鼎之女。生於弘治十三年十一月二十日」,卒于嘉靖三十五年九月二十六日,壽五十七,葬已四年矣,生子二、女二。子三:曰守家、曰守己,略知字義,力田以世農業;曰」守國,讀《禮記》,爲州學生。女婿二:曰宋守貴、曰劉潜。孫男:曰璧、曰壍、曰轂。孫女:曰玉清、曰玉温、曰玉潤、曰玉淳。俱幼。卜本年十」一月二十二日,葬城東先塋。守家等以予粗

大明文林郎
山西靈石縣
致仕知縣林
石關公配孺
人張氏陳氏
合葬之墓

承家學，請志其壙。嗚乎！撰述，予之職事也。秋雲入望，鴻雁聲寒，西風在原，脊令」興嘆，予顧忍于銘也耶！德善弗昭，論世奚自，松筠荼槿，觀化攸同，予寧能已于銘也耶！銘曰」：

仕以適意，去就飄然，擬古陶彭澤；壽高近玄，飛舄悠然，擬古王子喬。兄其仙令之儔哉！友愛慈祥，終身無二。齒德鄉評，完人」斯世。

孤哀子守家等泣血上石」

甯鳳雲刊」

按

誌主及篆蓋者閻奉恩，生平事迹見本書611.1558條。

615.1561　朱惟焅壙誌

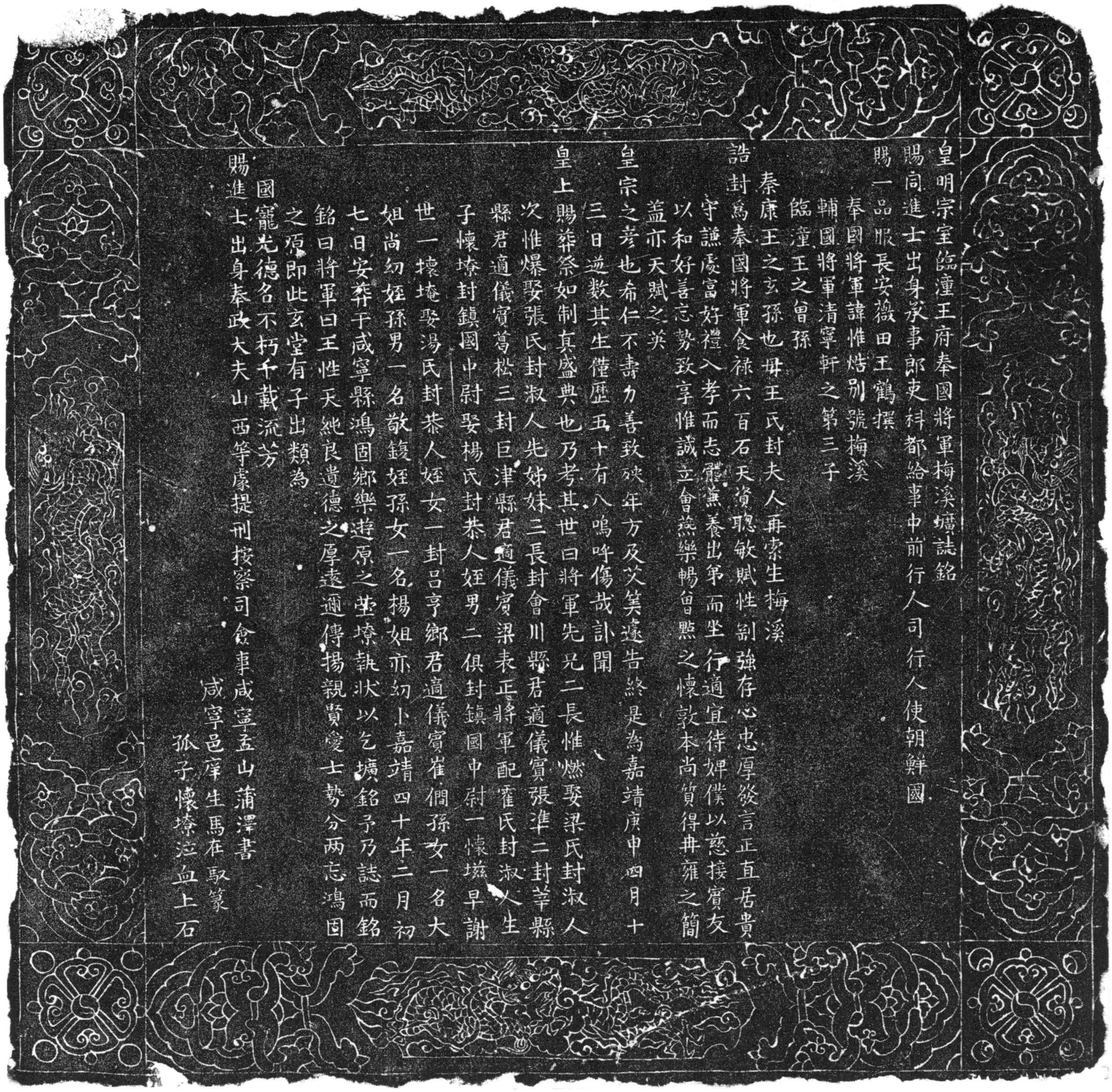
皇明宗室臨潼王府奉國將軍梅溪壙誌銘
賜同進士出身承事郎吏科都給事中前行人司行人使朝鮮國
賜一品服長安薇田王鶴撰
奉國將軍諱惟焅別號梅溪
輔國將軍清寧軒之第三子
臨潼王之曾孫
秦康王之玄孫也母王氏封夫人再索生梅溪
誥封為奉國將軍食祿六百石天資聰敏賦性剛強存心忠厚發言正直居貴
守謙處富好禮入孝而志體兼養出弟而坐行適宜待婢僕以慈接賓友
以和好善忘勢致享惟識立會燕樂暢曾點之懷敦本尚質得冉雍之簡
蓋亦天賦之英
皇宗之彥也希仁不壽力善致殀年方及艾筮遽告終是為嘉靖庚申四月十
三日逆數其生僅歷五十有八嗚呼傷哉訃聞
皇上賜葬祭如制真盛典也乃考其世曰將軍先兄二長惟燃娶梁氏封淑人
次惟爆娶張氏封淑人先姊妹三長封會川縣君適儀賓張準二封華縣
縣君適儀賓葛松三封巨津縣君適儀賓梁表正將軍配霍氏封淑人生
子懷㙩封鎮國中尉娶楊氏封恭人姪男二俱封鎮國中尉一懷𡑅早謝
世一懷埯娶湯氏封恭人姪女一封呂亭鄉君適儀賓崔倜孫女一名大
姐尚幼姪孫男一名敬鏤姪孫女一名揚姐亦幼卜嘉靖四十年二月初
七日安葬于咸寧縣鴻固鄉樂遊原之塋㙩執狀以乞壙銘予乃誌而銘
銘曰將軍曰王性天純良遺德之厚遠邇傳揚親賢愛士勢分兩忘鴻固
之原即此玄堂有子出類為
國寵光德名不朽千載流芳
賜進士出身奉政大夫山西等處提刑按察司僉事咸寧孟山蒲澤書
咸寧邑庠生馬在馭篆
孤子懷㙩泣血上石

説明

明嘉靖四十年（1561）二月刻。蓋佚。誌正方形，邊長57厘米。誌文楷書26行，滿行28字。王鶴撰文，蒲澤書丹，馬在駁篆蓋。誌四角飾寶相花，四周飾祥獸、雲龍紋。1965年西安市南郊祭臺村出土。現存西安博物院。《新中國出土墓誌（陝西壹）》著録。

釋文

皇明宗室臨潼王府奉國將軍梅溪壙誌銘」

賜同進士出身承事郎吏科都給事中前行人司行人使朝鮮國」賜一品服長安薇田王鶴撰」

奉國將軍諱惟焅，别號梅溪」，輔國將軍清寧軒之第三子」，臨潼王之曾孫」，秦康王之玄孫也。母王氏封夫人，再索生梅溪」，誥封爲奉國將軍，食禄六百石。天資聰敏、賦性剛强，存心忠厚、發言正直，居貴」守謙、處富好禮。入孝而志體兼養，出弟而坐行適宜。待婢僕以慈，接賓友」以和。好善忘勢，致享惟誠。立會燕樂，暢曾點之懷；敦本尚質，得冉雍之簡」。蓋亦天賦之英」，皇宗之彦也。希仁不壽，力善致殃。年方及艾，算遽告終，是爲嘉靖庚申四月十」三日。逆數其生，僅歷五十有八。嗚呼傷哉！訃聞」，皇上賜葬祭如制，真盛典也。乃考其世曰：將軍先兄二：長惟燃，娶梁氏，封淑人」；次惟爆，娶張氏，封淑人。先姊妹三：長封會川縣君，適儀賓張準；二封莘縣」縣君，適儀賓葛松；三封巨津縣君，適儀賓梁表正。將軍配霍氏，封淑人，生」子懷墥，封鎮國中尉，娶楊氏，封恭人。姪男二，俱封鎮國中尉。一懷墭，早謝」世；一懷埯，娶湯氏，封恭人。姪女一，封吕亨鄉君，適儀賓崔僩。孫女一，名大」姐，尚幼。姪孫男一，名敬鍑。姪孫女一，名楊姐，亦幼。卜嘉靖四十年二月初」七日，安葬于咸寧縣鴻固鄉樂遊原之塋。墥執状以乞壙銘，予乃誌而銘」，銘曰：

將軍曰王，性天純良。遺德之厚，遠邇傳揚。親賢愛士，勢分两忘。鴻固」之原，即此玄堂。有子出類，爲」國寵光。德名不朽，千載流芳」。

賜進士出身奉政大夫山西等處提刑按察司僉事咸寧孟山蒲澤書」

咸寧邑庠生馬在駁篆」

孤子懷墥泣血上石」

按

撰者王鶴，字子臯，號薇田，陝西長安人。嘉靖二十三年（1544）進士。歷任工户刑吏兵五科給事中、太常寺少卿、太僕寺卿、應天府府尹。康熙《長安縣志》有載。

書者蒲澤，陝西咸寧人。嘉靖十四年（1535）進士，曾任山西提刑按察司僉事。萬曆《陝西通志》有載。

大明宗室
故宗子鎮
國中尉鳳
池壙誌銘

616.1561　朱惟焊壙誌

大明宗室故宗子鎮國中尉鳳池壙誌銘
故宗子鎮國中尉諱惟焊號曰鳳池
太祖高皇帝八世孫
秦愍王七世孫
秦隱王六世孫
宜川莊靖王玄孫
鎮國將軍宗孫嫡母淑人唐氏母蔚氏正德十三年十二月二
十二日生嘉靖十一年五月二十八日蒙
賜誥命授封鎮國中尉食禄四百石嘉靖三十九年三月二十八日
以疾而逝享年四十有二配宗婦邵氏封恭人文林郎知山
西榮河縣事晉次女柔淑恭順克勤婦道生子二人長未名
卒第二宗孫懷埈封輔國中尉年弗二十遘疾而亡娶趙氏
封宜人文林郎知四川樂至縣事三省長女雖稚德容坤順
肅雍生女四人長女二女四女幼卒第三女尚幼未封俱恭
人邵氏出也予爲汝父天性之道實有割心剖肝之痛訃聞
皇上悼輟視朝遣官賜祭
命有司營葬如制卜今嘉靖四十年十月十一日附葬於咸寧縣三
趙里鴻固原祖塋之右嗚呼宗室生長宗藩榮膺封命宜享
遐壽胡遽淪亡豈非命耶直述其槩納諸幽宮永垂不朽云
銘曰
生而聰敏　像貌堂堂　行事不苟
直而且剛　富有天禄　貴派天潢
壽冀千春　修短而亡　萬事可期
惟壽難量　吾兒既没　我孫罹殃
嗚呼痛哉　情寔可傷　鐫記真石
德音可揚

説 明

明嘉靖四十年（1561）十月刻。誌、蓋均正方形，尺寸相同。邊長均61厘米。蓋文4行，滿行4字，篆書“大明宗室」故宗子鎮」國中尉鳳」池壙志銘」”。誌文楷書26行，滿行23字。誌、蓋四角均飾寶相花，四周飾祥獸、雲龍紋。出土具體時、地不詳。現存西安博物院。

釋 文

大明宗室故宗子鎮國中尉鳳池壙誌銘」

故宗子鎮國中尉諱惟焊，號曰鳳池」，太祖高皇帝八世孫」，秦愍王七世孫」，秦隱王六世孫」，宜川莊靖王玄孫」，鎮國將軍宗孫。嫡母淑人唐氏，母蔚氏，正德十三年十二月二」十二日生，嘉靖十一年五月二十八日蒙」賜誥命，授封鎮國中尉，食禄四百石。嘉靖三十九年三月二十八日」以疾而逝，享年四十有二。配宗婦邵氏，封恭人，文林郎知山」西榮河縣事晋次女。柔淑恭順，克勤婦道。生子二人：長未名」，卒；第二宗孫懷玢，封輔國中尉，年弗二十遘疾而亡。娶趙氏」，封宜人，文林郎知四川樂至縣事三省長女。雖稚，德容坤順」肅雍。生女四人：長女、二女、四女幼卒；第三女尚幼，未封。俱恭」人邵氏出也。予爲汝父，天性之道，實有割心剖肝之痛！訃聞」，皇上悼，輟視朝，遣官賜祭」，命有司營葬如制。卜今嘉靖四十年十月十一日，附葬於咸寧縣三」趙里鴻固原祖塋之右。嗚呼宗室，生長宗藩，榮膺封命，宜享」遐壽，胡遽淪亡，豈非命邪！直述其概，納諸幽宫，永垂不朽云」。銘曰」：

生而聰敏，像貌堂堂。行事不苟」，直而且剛。富有天禄，貴派天潢」。壽冀千春，修短而亡。萬事可期」，惟壽難量。吾兒既没，我孫罹殃」。嗚呼痛哉，情寔可傷。鎸記貞石」，德音可揚」。

按

誌稱墓主朱惟焊爲“宜川莊靖王玄孫”，宜川莊靖王即朱志埰，秦隱王庶三子。宣德元年封，正統十三年薨。《明史》卷一百《諸王表第一》有載。

617.1562　孫應鰲華山詩碑

説 明

明嘉靖四十一年(1562)二月刻。碑共二通，均長方形，尺寸相同。均長102厘米、寬38厘米。正文分兩部分，包括《華山詩八首》和《華山雜詠十絶》。草書72行，滿行15字。孫應鰲撰文并書丹。第二石左下角斷裂。現存西安碑林博物館。《西安碑林全集》著録。

釋 文

華山詩八首」

玄致夙亹亹，登臨資内觀。仙踪富華岳」，巖谷迴芒端。凝目神已豁，躡足興不瘅」。倚岸聊解佩，擇枝先脱冠。崎嶔豈骨礙」，結束便蹣跚。奇翮奮空遠，清風生晝寒」。冥契自偕樂，獨遊誰稱難。平生幽遐心」，覽兹逾舒寬」。

雲薄散煙姿，山深發泉響。還復窮神奇」，孰云適蒼莽。俯投磐石底，轉出險徑上」。日影隨峰横，金翠亂消長。寥閴理無涯」，卷舒情還爽。仲尼昔聞韶，忘味愜心賞」。緬余滁塵客，眷此高山仰。丈夫遠覽懷」，古來稱骯髒」。

入谷千萬盤，絶頂信難至。身前石崚嶒」，足外壑深閟。織鐵穿寸橋，削木綴單騎」。欲息負初懷，擬進轉驚悸。來非不貳心」，寧免遺書淚。蹈水在無私，涉山亦同類」。尺寸罔愆步，冠峰竟能企。始知歷高曠」，穹壤皆俯視。酈生云：搦嶺須騎行。謂拾級移」步，不可並足也」。

華山若君子，先民治良言。盡日望靡厭」，松柏茂以繁。山上茂松柏，谿邊饒蘭蓀」。滿香亂煙道，平翠迷雲根。香翠長不歇」，雲煙互吐吞。仙都出欲界，塵世何囂煩」。一身本自由，驅時易寒温。既以同彼視」，何能喪吾存」。

山峰芙蓉秀，山澗芝蕙芳。客至暮春候」，高歌月幾望。晚色漸收照，林皐何混茫」。崖際暎微白，流暉突飛翔。孤嶂激幽籟」，萬樹披寒光。頫境擷玄潤，屏息怡清涼」。安道曾破琴，馮亮亦結房。二妙誠高步」，余何獨彷徨」。

神岳本峻美，標奇發苞結。谷轉晴晦分」，谿迴巒岫别。東西鬱相望，兩壁何巉嶭」。屈曲陟南峰，九州幾丘峌。玉井一何甘」，十丈蓮初茁。飲水醴露凝，採花芳香纈」。(以上第一石)笑談佇襟抱，容易塵想絶。前山日月巖」，光景倏明滅」。

女蘿互纏綿，猶欲附高檜。矧我青雲志」，寧不履塵外。獸檻羡豐林，魚懸慕清瀨」。忘樂豈知疲，失路始興慨。卓哉偶良遊」，適與玄覽會。理冥任寂喧，物齊均小大」。高寒蒼翠叢，遠近遞煙靄。澹然山水音」，蕭蕭滿天籟」。

昔年濟峋嶁，已極平生心。今窺素靈宫」，幽悰益蕭森。名山偕夙嗜，高民多雅音」。不觀西遊子，來隱兹山岑。菖蒲發舊池」，丹竈閒空林。指寶誠可拾，要在探其深」。湯湯大河流，日落生重陰。感物增嘆息」，徒令時變侵」。

華山雜詠十絶」

撩亂紅雲桃李晨，叔卿碁石尚如新。武」皇好道原無比，忍把山人作漢臣」。

玉女窗開眼倍明，僊童肅隊奏鸞笙。海」雲初散蓬萊色，人在蒼龍背上行」。

洞玄石室釀煙霞，滿界金英雜絳花。乞」取峰前三徑地，荷鋤來種棗如瓜」。

黄蘆谷口談芝桂，石羊城邊訪薜蘿。雲」波遥夐日在眼，滄洲之約將奈何」。

峰頭毛女煮白石，峰下金仙騎白雲。白」石已爛白雲散，蒼茫何處尋靈氛」。

金銀氣色曉來齊，閃爍光生萬丈梯。瑟」瑟四真棲隱處，碧雲山下碧雲谿」。

拂枕穩眠延露石，開襟長嘯蔚藍天。盡」驅虎豹耕南畝，種出黄精養壽年」。

無憂樹發白雲隈，竹塢含煙午未開。莫」訝希夷常不醒，後身今我又重來」。

雲氣初沉山影飄，仙人環珮坐相邀。月」前共飲金精醴，吹澈雙鬟紫玉蕭」。

名岳精神元磊落，山人□色自清臞。瓊」枝瑶草參差長，爲問人間春盡無」。

嘉靖壬戌二月如皋孫應鰲書」

按

撰書者孫應鰲，字山甫，號淮海，貴州清平衛(今凱里市爐山鎮)人，原籍直隸如皋。嘉靖三十二年(1553)進士。歷任翰林院庶吉士、户科給事中、江西按察司僉事、陝西按察司提學副使、右僉都御史、大理寺卿、禮部右侍郎。卒贈太子太保，謚文恭。萬曆《貴州通志》、康熙《陝西通志》有載。其《孫山甫督學詩集》所收詩句文字與此碑多有不同。

618.1562　星石銘

星石銘
猗嗟此石在天為星為星則與日月常明
為石則與山川常存昔固可仰而不可攀
今亦可近而不可褻是惟天地之精顧寘
之非其所呵護寔賴乎鬼神爰契我龜移
鎮乎天德王道之門是為斗陽山人章其
姓嘉言其字評其名别號廿林生于西蜀
遂寧今于興平書于
大明嘉靖壬戌季春德千萬年視此銘
予概閈上道衢樹坊于上乃移星石鎮其下左回
紀歲月于此庶過者昳睹來者有所考也嗟乎
此道非予則為面墻此石非予則亦混于瓦礫
矣此道此石亦遇矣哉豈亦有數也乎哉
四月八日章評又書

説明

明嘉靖四十一年（1562）四月刻。碑灰石質。高65厘米，寬62厘米。正文行楷14行，滿行16字。章評撰文并書丹。現存興平市文化館。《咸陽碑刻》著録。

釋文

星石銘」

猗嗟，此石在天爲星！爲星則與日月常明」，爲石則與山川常存。昔固可仰而不可攀」，今亦可近而不可磷。是惟天地之精，顧置」之非其所，呵護寔賴乎鬼神。爰契我龜，移」鎮乎天德王道之門。是爲斗陽山人，章其」姓，嘉言其字，評其名，别號少林，生于西蜀」遂寧，令于興平，書于」大明嘉靖壬戌季春。億千萬年視此銘」。

予既闢王道街，樹坊于上，乃移星石置于左，因」紀歲月于此，庶過者快睹，來者有所考也。嗟乎」！此道非予，則爲面墻；此石非予，則亦混于瓦礫」矣。此道此石，亦遇矣哉，豈亦有數也乎哉！」

四月八日章評又書」

按

撰書者章評，字斗陽，四川遂寧人。曾任興平知縣。乾隆《興平縣志》有載。

619.1562　孫應鰲觀昭陵六駿詩碑

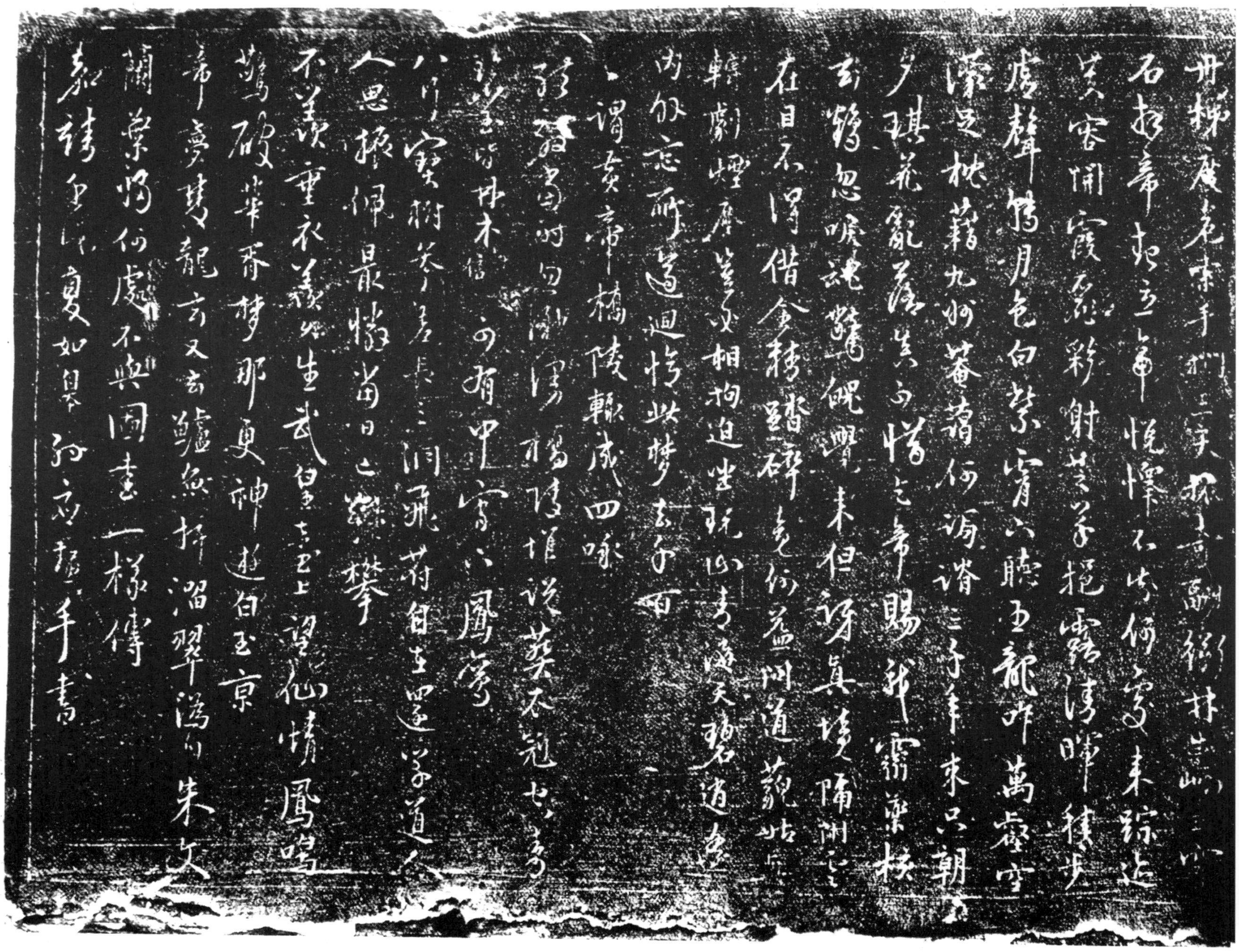

説明

明嘉靖四十一年（1562）六月刻。碑長方形。長98厘米，寬35厘米。正文分三部分，包括《觀昭陵六駿》《夢登太和》《謁黃帝橋陵輒成四詠》。草書，分上下兩欄，每欄40行，滿行15至17字不等。孫應鰲撰文并書丹。碑右上角有缺損。現存西安碑林博物館。《西安碑林全集》著録。

釋文

觀昭陵六駿碑」

九嵕峻嶒雲晝暝，陰飆蕭爽山谷泠。拭碑」細翫六駿圖，駿骨如生神炯炯。秦王英雄」古來少，龍飛虎視風雲繞。天生薛鄂」肇弘基，奔踶還與生騕褭。騕褭當年誰」可見，流傳仿佛追風電。身上多存槍斧」痕，鬃前各帶疆場箭。青騅特勒拳毛」起，金剛劉竇立誅死。平仁杲者白蹄烏」，平東都者颯露紫。最後賜名什伐赤，清」旌凱歸赤汗劇。萬軍一躍火生睛，世充建」德齊辟易。宛西冀北世常產，生不逢時老」何限。籲嗟此馬雖已徂，猶有雄姿照青眼」。感恩服乘倍增價，金石精光驚泛駕。千里」真空遠塞塵，一鳴更響清秋夜。秦王念馬」常興嘅，馳驅何況功臣輩。請看昭陵左右」傍，薛國鄂國墳相對。鄭國墳墓亦只尺」，見者參差生愛惜。今日還瞻六駿碑，當時」何仆旌忠石」。

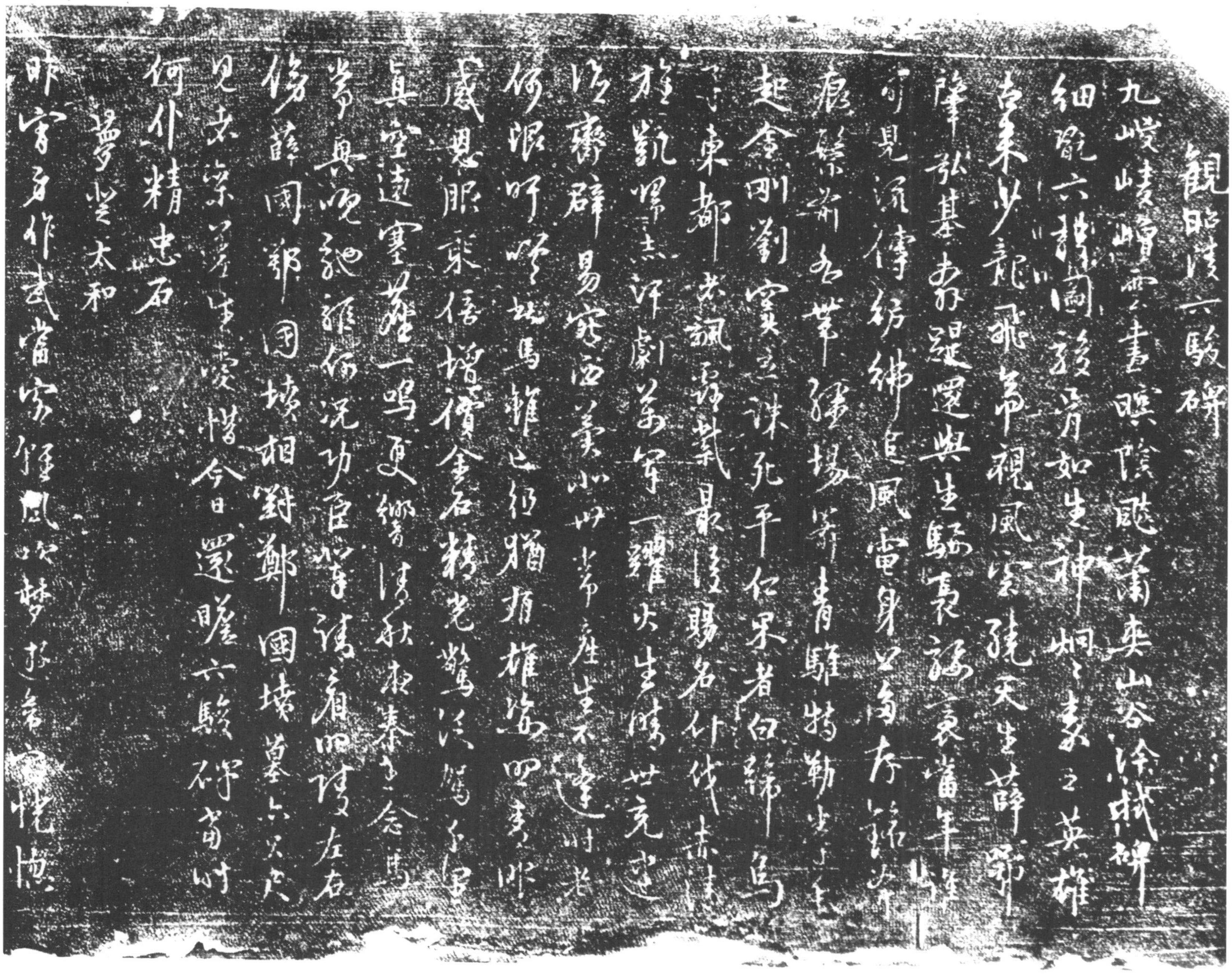

夢登太和」

昨宵身作武當客，輕風吹夢遊帝宅。恍惚」丹梯度危索，手捫三天振奇翮。銜林出巘立穹」石，拜帝起立帝悦懌。不知何處來踪迹」，芙蓉開霞麗彩射。芝草挹露清暉積，步」虛聲轉月色白。紫霄下聽五龍咋，萬壑空」濛足枕藉。九州菴藹何踽踏，三千年來只朝」夕。琪花亂落真可惜，乞帝賜我靈藥核」。玄鶴忽唳魂驚魄，覺來但訝真境隔。閒雲」在目不得借，金精踏碎竟何益。問道藐姑興轉劇，煙塵何必相拘迫。坐玩山青海天碧，逍遥」内外忘所適。回憶此夢去千百」。

謁黄帝橋陵輒成四詠」

龍馭當時忽渺漫，橋陵誰説葬衣冠。空青」碧玉皆林木庾信，可有中宵下鳳鸞」。

八月竇樹參差長，三洞飛苻自在還。學道人」人思振佩，最憐當日已□攀」。

不羨垂衣羡久生，武皇臺上望仙情。鳳鸣」驚破華胥夢，那更神遊白玉京」。

帝夢雙龍玄又玄，鱸魚折溜翠潙川。朱文」蘭葉歸何處，不與圖書一樣傳」。

嘉靖壬戌夏如皋孫應鰲手書」

按

撰書者孫應鰲，見本書617.1562條。其《孫山甫督學詩集》所收詩句文字與此碑多有不同。

620.1562　喬世寧墓誌

説明

明嘉靖四十一年（1562）十一月刻。誌青石質。誌、蓋均爲長方形。均長110厘米、寬65厘米。蓋文4行，滿行4字，隸書“明嘉議大」夫四川按」察使喬公」墓誌銘」”。誌文分上下部，上部三欄，下部三欄，每欄楷書18行，滿行12字。有方界格。每欄間飾以回形紋。孫應鼇撰文。2014年銅川市耀州區小丘鎮小丘村出土。現存銅川市考古研究所。

釋文

三石先生喬公墓志銘」

三石先生喬公，耀州人也，諱世」寧，字景叔。生於弘治癸亥十月」十八日，嘉靖壬戌八月廿五日」卒，壽六十。公名聲在海寓重且」久，人人願見。余兹秋試士，道耀」州，得見公，驩甚。再申約爲期會」。無何，公訃至。嗟哉！公生有異稟」，日能記數百千言。又强學不倦」，雖至老未嘗一日不學問。古詩」法漢魏，近體法唐；文法秦漢，融」貫於古。自創榘矱，一時作者斂」紳嘆服，咸稱不及，遂卓然爲名」家。今所傳《丘隅集》，是手自芟裁」者也。初，公在諸生時，督學使秦」公文、何公景明、唐公龍奇其才」，皆目爲國士。嘉靖乙酉舉於鄉」，果第一。戊戌，諸進士對制，獨公」（以上上部第一欄）文剴切粹美，業已置進士選首」。會唐公爲司寇，與讀卷。見文詞」大類公，於是間語諸同事。語稍」泄，執政意忌，遂不以選首進，乃」出身得授南京户部主事。凡再」擢，至郎中。一時搢紳學士若馬」公汝驥、崔公銑，莫不交好於公」。許公檖、孟公淮，皆自以友而師」公。各枕經籍書求通其願。未幾」，公擢四川僉事，分按川南地。川」南控引越嶲、牂牁諸戎，號難治」。公盡取故牘，察事所緩急重輕」，即連引數十年，悉酌以法理决」遣罷之。時時巡行郡縣，獎吏民」之良與罰其怙惡者。公素彊執」不阿。比執政者欲公叙其文，因」屬之僚寀致言於公，公置之不」爲理。有蒲人告嘉州人不償貸」（以上上部第二欄），州笞之死。仇蒲人者，謂蒲人毆」之死，信於御史。公爲白其冤。瀘」人黄蒿豪猾，官府不能制，捕得」之，御史欲重諸法。公以數問訊」，無左驗罪，止徒徙，蒿得不死。諸」所平反多類是。於是，川以南無」冤民。公爲湖廣督學使，湖地綿邈，公試士歲必遍，罔所遺逸士」。所擢拔無媿顔，其所厭抑無絀」辭。人人争自濯勵，文教大興。公」又敦本樹標，因質成善，湖之士」莫不以名檢德行，相爲引重。故」士之以文藝舉、以才諠著者，一」一皆公所滋植。故今雖去楚幾」所年，士人感奮不啻一日，謂善」教得人心者，非邪？歲庚戌，虜犯」京師」。上遣近臣募兵河南，議緒紛拏。公適」（以上上部第三欄）以參政蒞任，獨選丁男壯者從」軍。裁損供費後，諸應募惡少多」道亡且鹵掠，獨公大梁部署兵」全無不法者。尋督餉小灘，小灘」故監兑於主事。第主事多聽商」賈閉糶計，使轉餉者無階輸官」，因翔其值，倚籍爲利。公令轉餉」者分糴旁近邑，奪商賈利而坐」失主事陰所操縱，民便之。河南」至今遵爲成法。公又有《田賦議》」《宗室議》，皆」國家大計，惜不能盡行云。公自河」南擢四川按察使，以憂歸。公在」官十五年、歸十年，自讀書外絶」無嗜好。聯親戚同姓以恩義，周」其窘乏，敬老撫孤。嘗作《糾宗碑》」、族譜，急鄉里之患，不責其報。關」中士大夫勸公起官，公不應。司」（以上下部第一欄）馬楊公博、中丞殷公學、御史崔」公楝、李公秋，交疏薦之，竟不肯」起。嗚呼！世所談文章士不閑經」濟。公行足世師，鬱爲儒宗，纂英」藝林，視文章特一技。其所建造」，率鑿鑿副名實，抱奇不售，自靳」其用。乃後人咸克世家，業雖不」當世，後必有達，乃其所與！公之」先，在元魏時有曰吉察，曰子清」者，遠不可考」。國初諱文質者，生克信，克信生剛，剛生志玉，志玉生仲節，配李氏」，生公。繼配白氏。仲節以公貴」，封承德郎。李贈安人。公配宋氏」，封安人。繼魚氏。子二：長因羽，學生」；仲因阜，舉人。皆宋出。女二，魚出」。孫三。公以是年十一廿二日」葬祖塋，合宋安人之壙。因羽、因」（以上下部第二欄）阜哭泣來請銘。銘曰」：

世德克昌，公生也良。翹焉國章」，篤古凖時。請考龜蓍，曰文與詩」。進不蔽忠，退斂其雄。士軌攸崇」，生寧死完。體魄永安，慶源式繁」。

賜進士出身中憲大夫陜西按察」司副使奉」敕提督學校前翰林院庶吉士如」臯孫應鼇撰」

不肖男因羽、因阜謹泣血上石」

趙永慶刻」（以上下部第三欄）

按

誌主喬世寧，明代文藝家，《明史》無傳，其所著《耀州志》爲明關中八大志之一。又有《丘隅集》傳世。墓誌所記其交往者有秦文、何景明、唐龍、馬汝驥、崔銑、許檖、孟淮、楊博、殷學、崔楝、李秋以及孫應鼇等，均係當時賢達。此碑對於研究明代嘉靖年間之文藝有一定的史料價值。

621.1563　黃帝廟除免稅糧記

黃帝廟除免稅糧記

説明

明嘉靖四十二年（1563）十一月刻。碑砂石質。圓首。高148厘米，寬64厘米。正文楷書20行，滿行42字。劉仕撰文，劉光升書丹。碑四周刻蔓草紋。現存黄帝陵軒轅廟碑廊。《黄帝陵碑刻》著録。

釋文

黄帝廟除免税糧記」

黄帝廟舊址在北城外橋山之西麓。然地勢甚隘，弗便於尊崇，乃移於橋山之東，則保生宫火燼之餘基也。保」生宫有道官，有□□土田不啻數十頃，古碣剥蘚，不可稽矣」。國朝以來，官田俱廢，祇餘廟内若干畝者，亦輸税於公家。一日，興平章侯公出上郡，路經敝邑，邑侯雷請謁於廟」，詢及道者韓教鸞曰：“此地不多，何以資口食、奉香火乎？”教鸞曰：“地内尚有公税。”二侯相顧而笑曰：“田曰尚書，豈」無謂哉？況黄帝廟乎！當爲之處也。”既而登橋陵、陟仙臺。四望則群峰列戟，一水環帶；俯視則千松沐雨，萬壑含」煙。羡曰：“奇觀也。”遂有“鼎留湖上龍先化，橋壓雲根水未通”之句。次日，章侯行，雷侯即命教鸞曰：“地内之税其爲」爾除之。”教鸞戴二侯之仁，將欲傳之不朽，請余爲文以記之。余曰：黄帝乃開先立極之君，其功業文章，與天地」相爲終始者也。故春、秋有時祭，三年有大祭，其追崇之者至矣。二侯有追崇之心，然後有除蠲之舉也。噫嘻偉」哉！二侯之政，豈但是哉！往余入烏延晤雷侯，觀風膚施，歸而嘆曰：三晋人豪施爲。自别後，果遷吾邑爲父母。不」踰年，政通人和，百廢俱興。增新學校，搆焕廟宇，見敬神育才之政；修葺公署，創建城池，見事上衛民之政；編審」民丁，均平粮税，見輕徭薄賦之政；執法秉公，節欲省費，見廉明惠愛之政。風雨調順，雞犬寧息，而百姓以安。《詩》」曰：“豈弟君子，民之父母。”雷侯之謂也。近晤章侯於龍坊山居，一見如舊。然聆其言論，接其丰采，即知其爲三輔」之循良。載觀政有奇績，集名《五喜》，如禱雨而即雨、祈晴而即晴、雩雪而即雪，歲罔秂祲、河不泛漲。名其街曰“王」道”，堂曰“可爲”，是以堯舜爲可學而至也。《傳》曰：“民之所好好之，民之所惡惡之，此之謂民之父母。”章侯之謂也。二」侯所居之位既同，則所存之心亦同；所存之心既同，則所爲之事亦同。猗與休哉！二侯之爲政，豈可及哉！余即」除税之一事，而並紀爲政之大績，將垂之永久，以爲来世之鑑耳。章侯，名平，西蜀之遂寧人，號斗陽。雷侯，名啓」東，三晋之汾陽人，號岱峯。馬幕，名大厫，晋之趙城人，號奇山」。

嘉靖四十二年歲在癸亥仲冬望後三日」

賜進士出身奉政大夫刑部雲南清吏司郎中邑人鄜南劉仕撰

庠生劉光升書

住持道人周道玄立」

按

此碑記“黄帝乃開先立極之君，其功業文章，與天地相爲終始”，故邑侯“有追崇之心，然後有除蠲之舉”，反映了尊崇聖賢先祖之思想。據文末所記姓名，此次黄帝廟除免税糧之事由章平、雷啓東、馬幕等人共成。

章平，係誤刻，當作“章評”，四川遂寧人。見本書618.1562條。

雷啓東，山西汾州人，選貢，中部縣知縣。康熙《中部縣志》有載。

撰者劉仕，字以學，陝西中部人。正德十六年（1521）進士。其曾任刑部郎中、柳州知府。著有《鄜南集》。康熙《中部縣志》有載。

書者劉光升，劉仕之子。隆慶年恩貢。曾任新泰縣知縣。

622.1564　明高陵縣重修東嶽廟記

明高陵縣重修東嶽廟記
賜同進士出身奉政大夫山西按察司僉事三原梁[illegible]撰
鄉進士中憲大夫崇府長史司左長史邑人劉遷[illegible]
邑庠生王進英書丹
東嶽廟古有正殿寢室鐘閣戲臺不知何時所建其來久矣時至嘉靖乙卯冬地大
震盡皆倒塌又加之以歲歉其未植傾石為人取去者十存一二焉里人奉祀吉慶
無處者三載矣登此者未嘗不一嘆焉雖有修理之志柰力不克施財不克辦徒長
然而已矣時有墨君萬倉素所欽宜為鄉人所重一旦奮然率同社馬君朝吉孔君
彰曰是祠非正神僧不齊金尚且增修況吾東嶽天齊仁聖祀典所重今廟宇無存
寧可恝然已乎于是同心協力各輸己貲及同社人等歲在丁巳鳩工聚木漸以修
理因其舊址始建正殿五間繼立獻殿五楹戲臺周圍新築北之舊蹟廟貌尊嚴愈
加增益繪綵漆煥然一新由是奉祀瞻依者有其處矣功既告成儻不勒石不惟
無以表諸君心力之勤亦且無以勉夫後人補修之心本社儒生張華等欲刻諸石
永傳不朽遂推陵邑庠生予識友鄭君好古歷叙諸君修復之由并諸助貲相力者
謁予為文予謂君子不沒人之善故當仲冬操筆以告夫將來者是為記
文林郎知高陵縣事山東濮州趙希仲
嘉靖四十三年歲次甲子季冬吉日立
富平匠人趙[illegible]刻

説明

明嘉靖四十三年（1564）十二月刻。碑圓首。高157厘米，寬65厘米。額文2行，滿行3字，篆書"重修東」嶽廟記」"。正文楷書17行，滿行32字。梁木撰文，王進英書丹，劉遷篆額。碑額飾龍雲紋，四周飾捲草紋。現存西安市高陵區鹿苑街道。《高陵碑石》著録。

釋文

明高陵縣重修東嶽廟記」

賜同進士出身奉政大夫山西按察司僉事三原梁木撰文」

鄉進士中憲大夫崇府長史司左長史邑人劉遷篆額」

邑庠生王進英書丹」

東嶽廟古有正殿、寢室、鐘閣、戲臺，不知何時所建，其來久矣。時至嘉靖乙卯冬，地大」震，盡皆倒塌。又加之以歲歉，其木植磚石爲人取去者十存一二焉，里人奉祀告虔」無處者三載矣，登此者未嘗不三嘆焉。雖有修理之志，奈力不克施、財不克辨（辦），徒悵」然而已矣。時有墨君萬倉，素所公直，爲鄉人所重，一旦奮然，率同社馬君朝吉、孔君」彰曰："淫祠非正神，僧不吝金，尚且增修。況吾東嶽天齊仁聖，祀典所重。今廟貌無存」，寧可恝然已乎？"于是同心協力，各輸己貲及同社人等，歲在丁巳，鳩工聚木，漸以修」理。因其舊址，始建正殿五間，繼立獻殿五，穩戲臺周圍。新築比之舊蹟，廟貌尊嚴，愈」加增益，繪綵之漆，焕然一新。由是奉祀瞻依者，有其處矣。功既告成，儻不勒石，不惟」無以表諸君心力之勤，亦且無以勉夫後人補修之心。本社儒生張華等欲刻諸石」，永傳不朽，遂推陵邑庠生、予識友鄭君好古，歷叙諸君修復之由，并諸助貲相力者」，謁予爲文。予謂君子不没人之善，故當仲冬，操筆以告夫將來者，是爲記」。

文林郎知高陵縣事山東濮州趙希仲」

嘉靖四十三年歲次甲子季冬吉日立

富平匠人趙得□、趙得財刻」

按

撰者梁木，字時用，陝西三原人。嘉靖二十年（1541）進士，曾任按察司僉事。雍正《陝西通志》、嘉靖《重修三原志》有載。

篆額者劉遷，字于喬，陝西高陵人。嘉靖十六年（1537）舉人，歷任山西高平縣教諭、武鄉知縣、崇王府左長史。嘉靖《陝西通志》、康熙《陝西通志》有載。

623.1565　朱秉枕壙誌

皇明宗室奉國將軍南溪君侯壙志銘

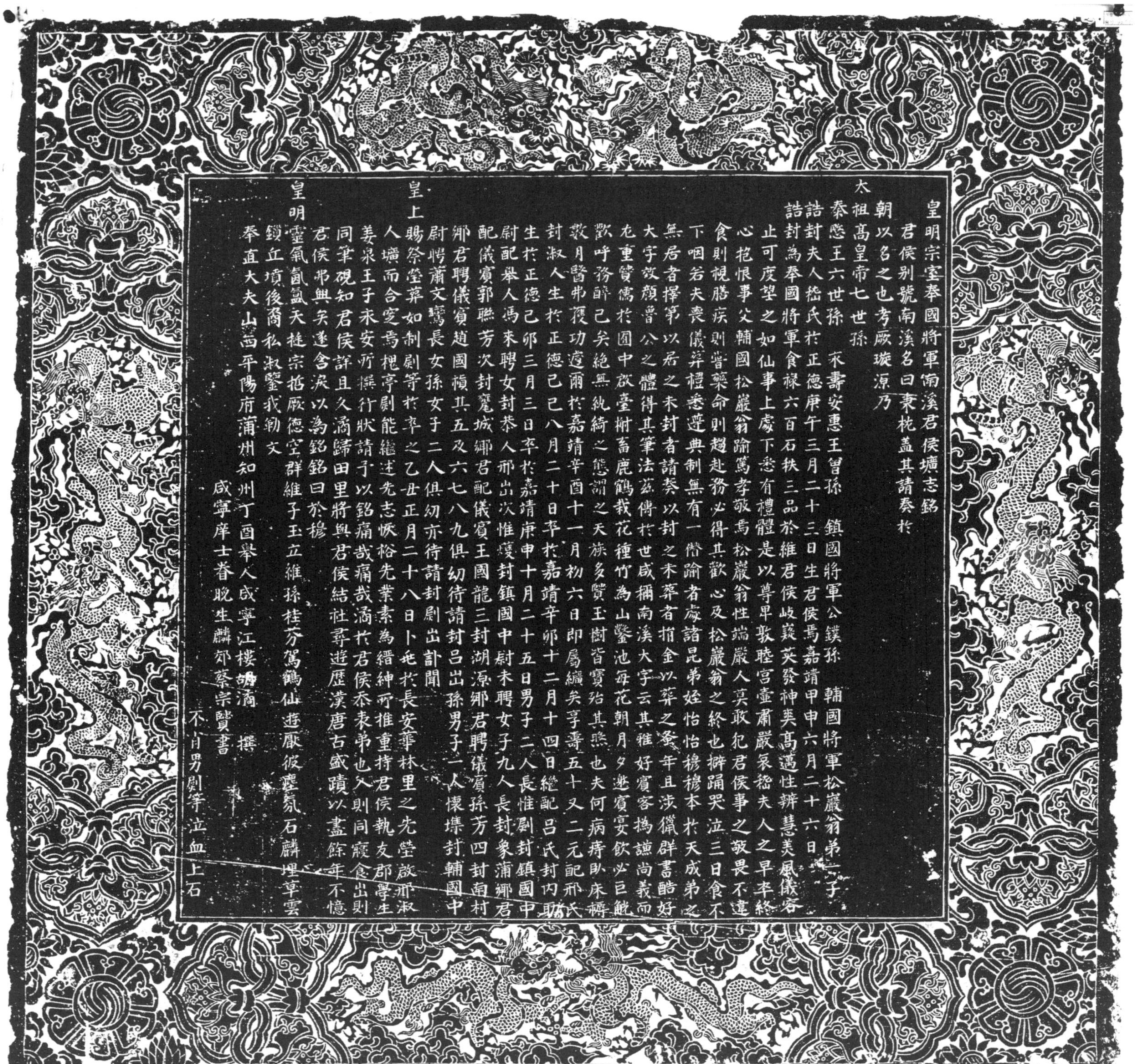
皇明宗室奉國將軍南溪君侯壙志銘
君侯別號南溪名曰秉枕蓋其請奏於
朝以名之也考厥璇源乃
太祖高皇帝七世孫
秦愍王六世孫　永壽安惠王曾孫　鎮國將軍公鏌孫　輔國將軍松巖翁弟三子
誥封夫人嵇氏於正德庚午三月二十三日生君侯焉嘉靖甲申六月二十六日
誥封為奉國將軍食祿六百石秩三品於維君侯岐嶷英發神爽高邁性辨慧美風儀容
止可度望之如仙事上處下悉有禮體是以尊卑敎睦宮壼肅嚴哀嵇夫人之早卒終
心抱恨事父輔國松巖翁諭篤孝敬焉松巖翁性端嚴人莫敢犯君侯事之敬畏不違
食則視膳疾則嘗藥命則趨赴務必得其歡心及松巖翁之終也擗踊哭泣三日食不
下咽若夫喪儀葬禮悉遵典制無有一僭踰者處諸昆弟姪怡怡穆穆本於天成弟之
無居者擇第以居之未封者請奏以封之未葬者捐金以葬之晚年且涉獵群書酷好
大字效顏魯公之體得其筆法茲傳於世咸稱南溪大字云其雅好賓客撝謙尚義而
尤重賢儒於園中啟臺榭畜鹿鶴栽花種竹為山鑿池每花朝月夕邀賓宴飲必巨觥
歡呼務醉已矣絕無紈綺之態淵之天族多賢玉樹皆寶殆其懸也夫何病痔臥床褥
數月醫弗獲功遽爾於嘉靖辛酉十一月初六日即屬纊矣享壽五十又二元配邢氏
封淑人生於正德己巳八月二十日卒於嘉靖辛卯十二月十四日繼配呂氏封內助
生於正德己卯三月三日卒於嘉靖庚申十月二十五日男子二人長惟劇封鎮國中
尉配舉人馮來聘女封恭人邢出次惟㦤封鎮國中尉未聘女子九人長封象蒲鄉君
配儀賓郭聯芳次封鼉城鄉君配儀賓王國龍三封湖源鄉君聘儀賓孫芳四封南村
鄉君聘儀賓趙國禎其五及六七八九俱幼待請封呂出孫男子一人懷墂封輔國中
尉聘蕭文鸞長女孫女子二人俱幼亦待請封劇出訃聞
皇上賜祭塋葬如制劇等於卒之乙丑正月二十八日卜兆於長安華林里之先塋啟邢淑
人壙而合窆焉槐亭劇能繼述先志恢裕先業素為縉紳所推重持君侯執友郡學生
姜泉王子永安所撰行狀請予以銘痛哉痛哉滴於君侯忝表弟也又則同寢食出則
同筆硯知君侯詳且久滴歸田里將與君侯結社尋遊歷漢唐古蹟以盡餘年不憶
君侯弗興矣遂含淚以為銘銘曰於穆
皇明靈氣氤氳天挺宗哲厥德空群維子玉立維孫桂芬駕鶴仙遊厥彼瑩氛石麟埋草雲
鎖丘墳後裔私淑鑒我勒文
奉直大夫山西平陽府蒲州知州丁酉舉人咸寧江樓胡滴撰
咸寧庠士眷晚生麟郊蔡宗贒書
不肖男劇等泣血上石

説 明

明嘉靖四十四年（1565）正月刻。誌、蓋均爲正方形，尺寸相同。邊長均79厘米。蓋文4行，滿行4字，篆書“皇明宗室」奉國將軍」南溪君侯」壙志銘」”。誌文楷書32行，滿行33字。胡潏撰文，蔡宗賢書丹。誌四角飾寶相花，四周飾如意龍紋。出土具體時、地不詳。現存西安博物院。

釋 文

皇明宗室奉國將軍南溪君侯壙志銘」

君侯别號南溪，名曰秉枕，盖其請奏於」朝，以名之也。考厥璇源，乃」太祖高皇帝七世孫」，秦愍王六世孫，永壽安惠王曾孫，鎮國將軍公鏷孫，輔國將軍松巖翁弟一子」。誥封夫人嵇氏，於正德庚午三月二十三日生君侯焉。嘉靖甲申六月二十六日」，誥封爲奉國將軍，食禄六百石，秩三品。於維君侯，岐嶷英發，神爽高邁。性辨慧、美風儀，容」止可度，望之如仙。事上處下，悉有禮體。是以尊卑敦睦，宫壼肅嚴。哀嵇夫人之早卒，終」心抱恨，事父輔國松巖翁踰篤孝敬焉。松巖翁性端嚴，人莫敢犯。君侯事之，敬畏不違」。食則視膳，疾則嘗藥，命則趨赴，務必得其歡心。及松巖翁之終也，擗踊哭泣，三日食不」下咽。若夫喪儀葬禮，悉遵典制，無有一僭踰者。處諸昆弟姪怡怡穆穆，本於天成。弟之」無居者，擇第以居之；未封者，請奏以封之；未葬者，捐金以葬之。早年且涉獵群書，酷好」大字，效顔魯公之體，得其筆法，兹傳於世，咸稱“南溪大字”云。其雅好賓客，撝謙尚義，而」尤重賢儒。於囿中啓臺榭，畜鹿鶴，栽花種竹，爲山鑿池。每花朝月夕，邀賓宴飲，必巨觥」歡呼，務醉已矣。絶無紈綺之態，謂之天族多賢，玉樹皆寶，殆其然也。夫何病痔，卧床褥」數月，醫弗獲功，遽爾於嘉靖辛酉十一月初六日即屬纊矣，享壽五十又二。元配邢氏」，封淑人，生於正德己巳八月二十日，卒於嘉靖辛卯十二月十四日。繼配吕氏，封内助」，生於正德己卯三月三日，卒於嘉靖庚申十月二十五日。男子二人：長惟尉，封鎮國中」尉，配舉人馮來聘女，封恭人，邢出；次惟熡，封鎮國中尉，未聘。女子九人：長封象蒲鄉君」，配儀賓郭聯芳；次封甕城鄉君，配儀賓王國龍；三封湖源鄉君，聘儀賓孫芳；四封南村」鄉君，聘儀賓趙國禎；其五及六、七、八、九俱幼，待請封，吕出。孫男子一人：懷埬，封輔國中」尉，聘蕭文鸞長女。孫女子二人，俱幼，亦待請封。尉出訃聞」，皇上賜祭塋葬如制，尉等於卒之乙丑正月二十八日，卜兆於長安華林里之先塋，啓邢淑」人壙而合窆焉。槐亭尉能繼述先志，恢裕先業，素爲縉紳所推重，持君侯執友郡學生」姜泉王子永安所撰行狀，請予以銘。痛哉痛哉！潏於君侯，忝表弟也。入則同寢食，出則」同筆硯，知君侯詳且久。潏歸田里，將與君侯結社尋遊，歷漢唐古盛蹟以盡餘年。不憶」君侯弗興矣。遂含淚以爲銘，銘曰：

於穆」皇明，靈氣氤氲。天挺宗哲，厥德空群。維子玉立，維孫桂芬。駕鶴仙遊，厭彼塵氛。石麟埋草，雲」鎖丘墳。後裔私淑，鑑我勒文」。

奉直大夫山西平陽府蒲州知州丁酉舉人咸寧江樓胡潏撰」

咸寧庠士眷晚生麟郊蔡宗賢書」

不肖男尉等泣血上石」

按

誌主朱秉枕係永壽安惠王曾孫。永壽安惠王即朱志埴，永壽懷簡王朱尚炌嫡長子，宣德六年（1431）襲封，成化六年薨。《明史》卷一百《諸王表第一》有載。

撰者胡潏，咸寧人。嘉靖十六年（1537）舉人，曾任蒲州知州。雍正《陝西通志》有載。據誌文記載可知，誌主朱秉枕與胡潏爲表兄弟。

624.1567　高節墓誌

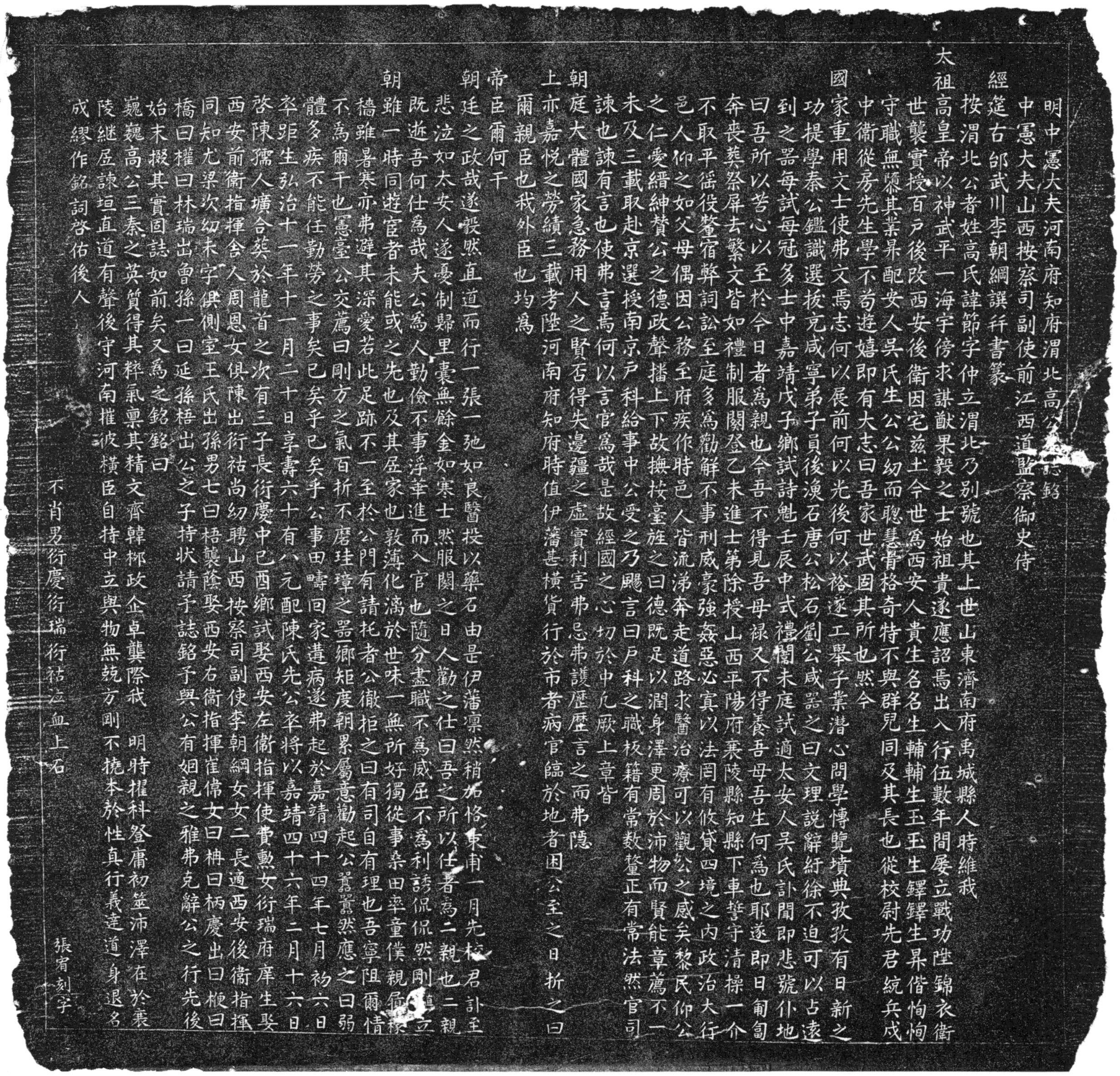

明中憲大夫河南府知府渭北高公墓誌銘
中憲大夫山西按察司副使前江西道監察御史侍
經筵古部武川李朝綱譔并書篆
按渭北公者姓高氏諱節字仲立渭北乃別號也其上世山東濟南府禹城縣人時維我
太祖高皇帝以神武平一海宇傍求謀猷果毅之士始祖貴遂應詔焉出入行伍數年間屢立戰功陞錦衣衛
世襲實授百戶後改西安後衛因宅茲土今世為西安人貴生名名生輔輔生玉玉生鐸鐸生杲偕恂恂
守職無隳其業杲配安人吴氏生公公幼而聰慧骨格奇特不與群兒同及其長也從校尉先君統兵戍
中衛從房先生學不苟遊嬉即有大志曰吾家世武固其所也然今
國家重用文士使弗文焉志何以展前何以光後何以裕遂工舉子業潛心問學博覽墳典孜孜有日新之
功提學秦公鑑識選拔充咸寧弟子員後渙石唐公松石劉公咸器之曰文理說辭紆徐不迫可以古遠
到之器每試每冠多士中嘉靖戊子鄉試詩魁壬辰中式禮闈未庭試適太安人吴氏訃聞即悲號仆地
曰吾所以苦心以至於今日者為親也今吾不得見吾母祿又不得養吾母吾生何為也耶遂即日匍匐
奔喪葬祭屏去繁文皆如禮制服闋登乙未進士第除授山西平陽府襄陵縣知縣下車誓守清操一介
不取平徭役釐宿弊詞訟至庭多為勸解不事刑威豪強姦惡必寘以法罔有攸貸四境之內政治大行
邑人仰之如父母偶因公務至府疾作時邑人皆流涕奔走道路求醫治療可以觀公之感矣黎民仰公
之仁愛縉紳贊公之德政聲播上下故撫按臺旌之曰德既足以潤身澤更周於沛物而賢能章薦不一
未及三載取赴京選授南京戶科給事中公受之乃颺言曰戶科之職板籍有常數釐正有常法然官司
諫也諫有言也使弗言焉何以言官為哉是故經國之心切於中凡厥上章皆
朝廷大體國家急務用人之賢否得失邊疆之虛實利害弗忌弗護歷歷言之而弗隱
上亦嘉悅之勞績三載考陞河南府知府時值伊藩甚横貨行於市者病官臨於地者困公至之日折之曰
爾親臣也我外臣也均為
帝臣爾何干
朝廷之政哉遂毅然直道而行一張一弛如良醫投以藥石由是伊藩凜然稍加格東甫一月先校君訃至
悲泣如太安人遂憂制歸里囊無餘金如寒士然服闋之日人勸之仕曰吾之所以仕者為二親也二親
既逝吾何仕為哉夫公為人勤儉不事浮華進而入官也隨分盡職不為威屈不為利誘侃侃然剛直立
朝雖一時同遊宦者未能或之先也及其居家也敦薄化漓於世味一無所好獨從事桑田率童僕親稼
穡雖暑寒亦弗避其深愛若此足跡不一至於公門有請托者公徹拒之曰有司自有理也吾寧阻爾情
不為爾干也憲臺公交薦曰剛方之氣百折不磨珪璋之器鄉矩度朝累屬意勸起公囂囂然應之曰弱
體多疾不能任勤勞之事矣已矣乎已矣乎公事田疇回家遘病遂弗起於嘉靖四十四年七月初六日
卒距生弘治十一年十一月二十日享壽六十有八元配陳氏先公卒將以嘉靖四十六年二月十六日
啓陳孺人壙合葬於龍首之次有三子長衍慶中己酉鄉試娶西安左衛指揮使費勲女衍瑞府庠生娶
西安前衛指揮舍人周恩女俱陳出衍祜尚幼聘山西按察司副使李朝綱女女二長適西安後衛指揮
同知尤梁次幼未字俱側室王氏出孫男七曰梧襲蔭娶西安右衛指揮崔偉女曰柟曰柄慶出曰梗曰
橋曰權曰林瑞出曾孫一曰延孫梧出公之子持狀請予誌銘予與公有姻親之雅弗克辭公之行先後
始末掇其實因誌如前矣又為之銘銘曰
巍巍高公三秦之英質得其粹氣稟其精文齊韓柳政企卓龔際我　明時擢科登庸初筮沛澤在於襄
陵繼屆諫垣直道有聲後守河南摧彼横臣自持中立與物無競方剛不撓本於性真行義達道身退名
成繆作銘詞啓佑後人
不肖男衍慶衍瑞衍祜泣血上石　張宥刻字

説 明

明隆慶元年（1567）二月刻。蓋佚。誌正方形。邊長66厘米。誌文楷書39行，滿行40字。李朝綱撰書并篆蓋。1979年西安市馬浮沱村出土。現存西安博物院。《新中國出土墓誌（陝西叁）》著録。

釋 文

明中憲大夫河南府知府渭北高公墓誌銘」

中憲大夫山西按察司副使前江西道監察御史侍」經筵古郃武川李朝綱撰并書篆」

按渭北公者，姓高氏，諱節，字仲立，渭北乃别號也。其上世山東濟南府禹城縣人。時維我」太祖高皇帝以神武平一海宇，傍求謀猷果毅之士，始祖貴遂應詔焉。出入行伍數年間，屢立戰功。陞錦衣衛」世襲實授百户，後改西安後衛，因宅玆土，今世爲西安人。貴生名，名生輔，輔生玉，玉生鐸，鐸生昇，偕恂恂」守職，無隳其業。昇配安人吴氏，生公。公幼而聰慧，骨格奇特，不與群兒同。及其長也，從校尉先君統兵戍」中衛。從房先生學，不苟遊嬉，即有大志，曰："吾家世武，固其所也。然今」國家重用文士，使弗文焉，志何以展？前何以光？後何以裕？"遂工舉子業，潛心問學，博覽墳典，孜孜有日新之」功。提學秦公鑑識選拔，充咸寧弟子員。後漁石唐公、松石劉公咸器之，曰：文理説辭，紆徐不迫，可以占遠」到之器。每試每冠多士。中嘉靖戊子鄉試詩魁。壬辰，中式禮闈。未庭試，適太安人吴氏訃聞，即悲號仆地」曰：吾所以苦心以至於今日者，爲親也。今吾不得見吾母，禄又不得養吾母，吾生何爲也耶？遂即日匍匐」奔喪。葬祭屏去繁文，皆如禮制。服闋，登乙未進士第，除授山西平陽府襄陵縣知縣。下車誓守清操，一介」不取。平徭役、釐宿弊。詞訟至庭，多爲勸解，不事刑威；豪强姦惡，必置以法，罔有攸貸。四境之内，政治大行」，邑人仰之如父母。偶因公務至府疾作，時邑人皆流涕，奔走道路，求醫治療，可以觀公之感矣。黎民仰公」之仁愛，縉紳贊公之德政，聲播上下，故撫按臺旌之曰：德既足以潤身，澤更周於沛物，而賢能章薦不一」。未及三載，取赴京選，授南京户科給事中。公受之，乃颺言曰：户科之職，板籍有常数，釐正有常法。然官司」諫也，諫有言也。使弗言焉，何以言官爲哉？是故經國之心切於中。凡厥上章，皆」朝庭大體、國家急務、用人之賢否得失、邊疆之虚實利害，弗忌弗護，歷歷言之而弗隱」。上亦嘉悦之。勞績三載，考陞河南府知府。時值伊藩甚横，貨行於市者病、官臨於地者困。公至之日，折之曰」："爾親臣也，我外臣也，均爲」帝臣，爾何干」朝廷之政哉！"遂毅然直道而行。一張一弛，如良醫投以藥石。由是伊藩凛然，稍加恪束。甫一月，先校君訃至」，悲泣如太安人。遂憂制歸里，囊無餘金，如寒士然。服闋之日，人勸之仕，曰："吾之所以仕者，爲二親也。二親」既逝，吾何仕爲哉夫！"公爲人勤儉，不事浮華。進而入官也，隨分盡職，不爲威屈，不爲利誘，侃侃然剛直立」朝。雖一時同遊宦者，未能或之先也。及其居家也，敦薄化漓，於世味一無所好。獨從事桑田，率童僕親履稼」穡，雖暑寒亦弗避，其深愛若此。足迹不一至於公門，有請托者，公徹拒之，曰："有司自有理也，吾寧阻爾情」，不爲爾干也。"憲臺公交薦曰："剛方之氣，百折不磨；珪璋之器，一鄉矩度。"朝累屬意勸起，公囂囂然應之曰："弱」體多疾，不能任勤勞之事矣。"已矣乎！已矣乎！公事田疇，回家遘病，遂弗起。於嘉靖四十四年七月初六日」卒，距生弘治十一年十一月二十日，享壽六十有八。元配陳氏，先公卒。將以嘉靖四十六年二月十六日」啓陳孺人壙，合葬於龍首之次。有三子：長衍慶，中己酉鄉試，娶西安左衛指揮使費勳女；衍瑞，府庠生，娶」西安前衛指揮舍人周恩女，俱陳出；衍祜，尚幼，聘山西按察司副使李朝綱女。女二：長適西安後衛指揮」同知尤梁；次幼，未字，俱側室王氏出。孫男七：曰梧，襲蔭，娶西安右衛指揮崔偉女；曰枏、曰柄，慶出；曰梗、曰」橋、曰權、曰林，瑞出。曾孫一，曰延，孫梧出。公之子持狀請予誌銘，予與公有姻親之雅，弗克辭。公之行，先後」始末掇其實，固誌如前矣。又爲之銘，銘曰」：

巍巍高公，三秦之英。質得其粹，氣禀其精。文齊韓柳，政企卓龔。際我明時，擢科登庸。初筮沛澤，在於襄」陵。繼居

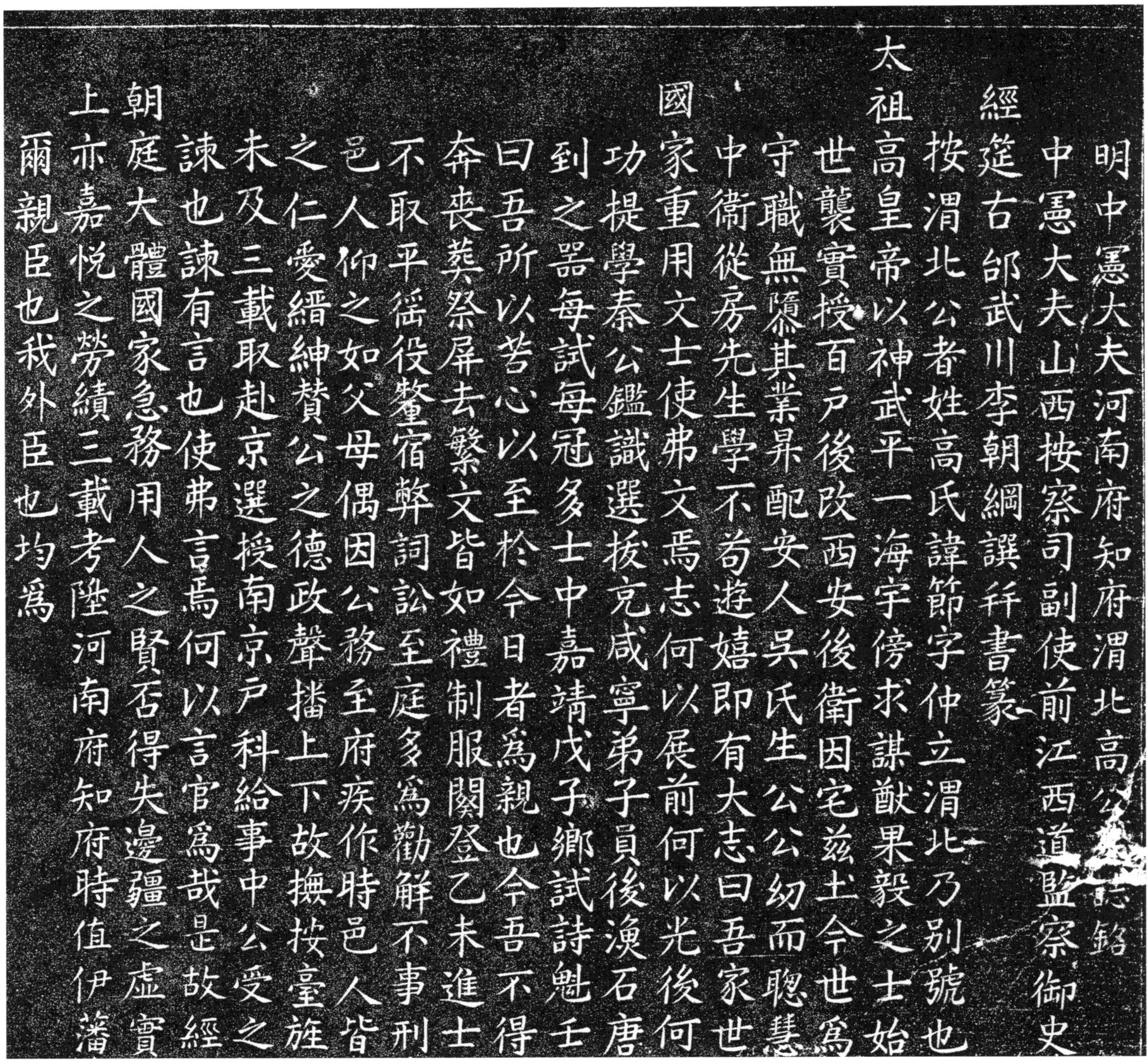

明中憲大夫河南府知府渭北高公誌銘
中憲大夫山西按察司副使前江西道監察御史
經筵右部武川李朝綱譔幷書篆
按渭北公者姓高氏諱節字仲立渭北乃别號也
太祖高皇帝以神武平一海宇傍求謀猷果毅之士始
世襲實授百户後改西安後衛因宅兹土今世爲
守職無隳其業畀配安人吳氏生公公幼而聰慧
中衛從房先生學不苟遊嬉即有大志曰吾家世
國家重用文士使弗文焉志何以展前何以光後何
功提學秦公鑑識選拔充咸寧弟子員後渙石唐
到之器每試每冠多士中嘉靖戊子鄉試詩魁壬
曰吾所以苦心以至於今日者爲親也今吾不得
奔喪葬祭屏去繁文皆如禮制服闋登乙未進士
不取平徭役釐宿弊詞訟至庭多爲勸解不事刑
邑人仰之如父母偶因公務至府疾作時邑人皆
之仁愛縉紳贊公之德政聲播上下故撫按臺旌
未及三載取赴京選授南京户科給事中公受之
諫也諫有言也使弗言焉何以言官爲哉是故經
朝庭大體國家急務用人之賢否得失邊疆之虛實
上亦嘉悅之勞績三載考陞河南府知府時值伊藩
爾親臣也我外臣也均爲

局部

諫垣，直道有聲。後守河南，摧彼横臣。自持中立，與物無競。方剛不撓，本於性真。行義達道，身退名」成。繆作銘詞，啓佑後人」。

不肖男衍慶、衍瑞、衍祜泣血上石

張宥刻字」

按

此誌題“嘉靖四十六年二月十六日啓陳孺人壙，合葬於龍首之次”，然嘉靖四十五年十二月，明世宗病逝，穆宗即位，次年改元隆慶。故實際并無嘉靖四十六年。此誌係預先刊刻，故仍用嘉靖年號而未改。

撰書者李朝綱，字振之，陝西武功人。正德十一年（1516）舉人，曾任聞喜縣令。雍正《陝西通志》有載。

625.1567　王載暨配劉氏合葬墓誌

明贈徵仕郎翰林院檢討文庵王公配封太孺人劉氏合葬墓誌銘

明贈徵仕郎翰林院檢討文菴王公配　封太孺人劉氏合葬墓誌銘
賜進士第
嘉議大夫
南京應天府府尹前提督翰林院四夷館少卿吏兵二科都給事中
賜一品服通家晚生長安王鶴譔
公姓王氏諱載字宗道别號文菴南京國子監祭酒槐野先生之父也先世邑平州人始祖
諱伯平者由進士任河南按察司副使洪武間左遷華州稅課局大使因家焉伯平生德息
生子二人長曰徽由天順壬子舉人任真定縣知縣次曰和和生六子其行五諱原者公之
父配碩人焦氏公之母也原生子二人長即公次諱軒號質菴公幼好儒讀書期大就以目
疾不能卒業剛直果毅恥與庸俗伍性至孝焦碩人嘗病瘵劇甚郡中醫不能治公禱神
覓藥遇異人授以方術乃自製藥以進焦病遂瘳父方直寡言公事之稍不當意即咄甚則
杖公笑而走俟少解跪前謝過朝夕必致肥甘以遂所欲誕辰則效萊子斑衣戲舞膝前識
古調勸觴焉與弟質菴敦睦諧怡至長子孫猶同爨不異親終偕力送塋盡禮備物鄉里稱
孝焉云嘉靖戊子二月二十四日以疾卒得壽五十又二配劉氏本郡望族性醇慈恭儉克
盡婦道事舅姑極其孝敬妯娌怡怡于于無反唇語文菴公卒自持家事教槐野先生誦讀
以夫遺業替日夜禱神默佑會歲侵持故紵衣易粟隣有嫠婦飢且死劉收養之至損直之
半以給曰即飢甚吾能活隣婦夭獨忍覩我乎於是聞者皆賢劉謂代隣婦報劉者必天也
丁酉槐野先生以檢討考績蒙
恩封劉為太孺人贈文庵公徵仕郎翰林院檢討如其官太孺人將御翟冠錦袍泣曰誰則種
之誰則食之一再御輒罷後槐野先生數數奉綺縠皆不御曰吾安此非性所安也蓋思文
菴公之教而恭儉又其天性故如此耳乙卯秋得半體不仁之疾時槐野先生在京師典順
天府鄉試事即疏請解官終養會遷南京國子監祭酒得馳歸省視抵家未十許日秦中地
大震屋垣皆壞值壓而卒太孺人則居牀褥間不傷也至癸亥十一月十六日乃卒壽七十
九矣始槐野先生馳歸省視時予以吏科都給事中北上過先生於閿鄉官署漏下三鼓驛
具食先生曰吾齋已三日矣為吾母故將禱於華山之神予歎美再三别去未幾有地震之
厄嗟乎天之不壽孝子乃如此也太孺人延生又九年終于正寢豈先生之神上告于天必
延母之壽如此也乎文菴公生于成化丁酉年八月十七日太孺人生于成化乙巳年二月
二十八日生子一曰維楨即槐野先生文章氣節見重當世娶東氏
封孺人卒繼娶郭氏封孺人女三二夭一適生員東夔孫男子一曰直孫女二一夭一聘四川
按察司副使南君軒子師仲墓在古城之原蓋祖地云銘曰
種封于原公視其生不眠其成孺人終之為翰為屏為國之楨徑寸者珠光輝精瑩彼蚌可
旌
綸音煌煌懿德是崇親以子榮我銘其幽貞石如瓊昭此令名
隆慶元年二月十六日葬
外孫東仲始抆淚書篆
不肖孫直泣血謹上石
蒲城楊進學刻

説 明

明隆慶元年（1567）二月刻。誌、蓋均正方形，尺寸相同。邊長均85厘米。蓋文6行，滿行5字，篆書“明贈徵仕」郎翰林院檢」討文庵王公」配封太孺」人劉氏合葬」墓誌銘」”。誌文楷書36行，滿行35字。王鶴撰文，東仲始書丹并篆蓋。1984年華縣城關鎮王家墳出土。現存渭南市華州區文廟大殿内。

釋 文

明贈徵仕郎翰林院檢討文庵王公配封太孺人劉氏合葬墓誌銘」

賜進士第」嘉議大夫」南京應天府府尹前提督翰林院四夷館少卿吏兵二科都給事中」賜一品服通家晚生長安王鶴撰」

公姓王氏，諱載，字宗道，別號文庵，南京國子監祭酒槐野先生之父也。先世昌平州人。始祖」諱伯牙者，由進士任河南按察司副使。洪武間，左遷華州税課局大使，因家焉。伯牙生德。德」生子二人：長曰徽，由天順壬子舉人任真定縣知縣；次曰和。和生六子，其行五諱原者，公之」父。配碩人焦氏，公之母也。原生子二人：長即公；次諱軒，號質庵。公幼好儒，讀書期大就，以目」疾不能卒業。剛直果毅，耻與庸俗人伍。性至孝，焦碩人常病痰劇甚，郡中醫不能治，公禱神」覓藥，遇異人授以方術，乃自製藥以進，焦病遂瘳。父方直寡言，公事之稍不當意，即咄，甚則」杖，公笑而走，俟少解，跪前謝過。朝夕必致肥甘，以適所欲。誕辰，則效萊子斑衣，戲舞膝前，歌」古調，勸觴焉。與弟質庵敦睦諧怡，至長，子孫誓同爨不異。親終，偕力送葬，盡禮備物，鄉里稱」孝友云。嘉靖戊子二月二十四日，以疾卒，得壽五十又二。配劉氏，本郡望族。性醇慈恭儉，克」盡婦道。事舅姑極其孝敬，妯娌怡怡于于，無反唇語。文庵公卒，自持家事，教槐野先生誦讀」。以夫逝業替，日夜禱神默佑。會歲侵，持故紵衣易粟。鄰有嫠婦飢且死，劉收養之，至捐直之」半以給，曰：“即飢甚，吾能活鄰婦，天獨忍斃我乎！”於是聞者皆賢劉，謂代鄰婦報劉者，必天也」。丁酉，槐野先生以檢討考績，蒙」恩封劉爲太孺人，贈文庵公徵仕郎、翰林院檢討，如其官。太孺人將御翟冠錦袍，泣曰：“誰則種」之，誰則食之。”一再御，輒罷。後槐野先生數數奉綺縠，皆不御，曰：“吾美此，非性所安也，蓋思文」庵公之教。”而恭儉又其天性，故如此耳。乙卯秋，得半體不仁之疾，時槐野先生在京師典順」天府鄉試事，即疏請解官終養。會遷南京國子監祭酒，得馳歸省視。抵家未十許日，秦中地」大震，屋垣皆壞，值壓而卒。太孺人則居牀褥間，不傷也。至癸亥十一月十六日，乃卒，壽七十」九矣。始，槐野先生馳歸省視時，予以吏科都給事中北上，遇先生於閿鄉官署，漏下三鼓，驛」具食，先生曰：“吾齋已三日矣，爲吾母故，將禱於華山之神。”予嘆美再三。別去未幾，有地震之」厄。嗟乎！天之不壽孝子乃如此也。太孺人延生又九年，終于正寢，豈先生之神上告于天，必」延母之壽如此也乎！文庵公生于成化丁酉年八月十七日，太孺人生于成化乙巳年二月」二十八日。生子一，曰維楨，即槐野先生，文章氣節見重當世。娶東氏」，封孺人，卒。繼娶郭氏，封孺人。女三，二夭，一適生員東夔。孫男子一，曰直。孫女二，一夭，一聘四川」按察司副使南君軒子師仲。墓在古城之原，蓋祖兆云。銘曰」：

種樹于原，公視其生，不視其成。孺人終之，爲翰爲屏，爲國之楨。徑寸者珠，光輝精瑩，彼蚌可」旌」。綸音煌煌，懿德是崇，親以子榮。我銘其幽，貞石如瓊，昭此令名」。

隆慶元年二月十六日葬」

外孫東仲始抆淚書篆」

不肖孫直泣血謹上石

蒲城楊進學刻」

按

誌主王載之子王維楨墓誌見本書609.1557條。

撰者王鶴見本書615.1561條。

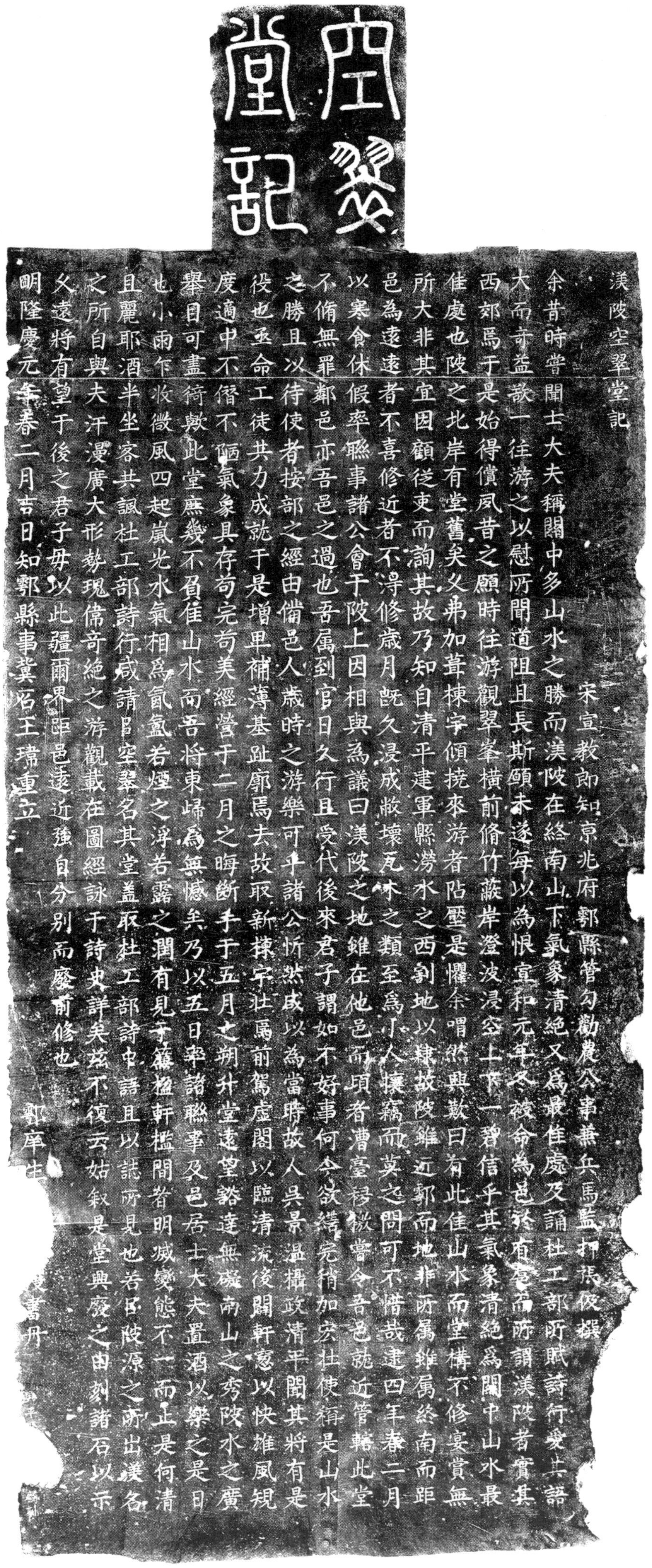

空翠堂記

渼陂空翠堂記

宋宣教郎知京兆府鄠縣管勾勸農公事兼兵馬監押張俊撰

余昔時嘗聞士大夫稱關中多山水之勝而渼陂在終南山下氣象清絕又為最佳處及誦杜工部所賦詩行愛其語大而奇益歆一往游之以慰所聞道阻且長斯願未遂每以為恨宣和元年冬被命為邑於有扈而所謂渼陂者實其西郊焉于是始得償夙昔之願時往游觀翠峯橫前脩竹蔽岸澄波浸空上下一碧信乎其氣象清絕為關中山水最佳處也陂之北岸有堂舊矣久弗加葺棟宇傾撓來游者阽壓是懼余喟然興歎曰有此佳山水而堂構不修宴賞無所大非其宜因顧從吏而詢其故乃知自清平建軍縣瀯水之西剗地以隸故陂雖近鄠而地非所屬雖屬終南而距邑為遠遠者不喜修近者不得修歲月既久浸成敝壞瓦木之類至為小人攘竊而莫之問可不惜哉逮四年春二月以寒食休假率縣事諸公會于陂上因相與為議曰渼陂之地雖在他邑而頃者漕臺移檄嘗令吾邑就近管轄此堂不脩無罪鄰邑亦吾邑之過也吾屬到官日久行且受代後來君子謂如不好事何今欲繕完稍加宏壯使稱是山水之勝且以待使者按部之經由備邑人歲時之游樂可乎諸公忻然咸以為當將故人吳景溫攝政清平聞其將有是役也亟命工徒共力成就于是增卑補薄基趾廓焉去故取新棟宇壯麗前駕虛閣以臨清流後闢軒窗以快雄風規度適中不僭不陋氣象具存苟完苟美經營于二月之晦斷手于五月之朔升堂遠望豁達無礙南山之秀陂水之廣舉目可盡猗歟此堂庶幾不負佳山水而吾將東歸為無憾矣乃以五日率諸縣事及邑居士大夫置酒以樂之是日也小雨乍收微風四起嵐光水氣相為氤氳若煙之浮若露之潤有見于簷楹軒檻間者明滅變態不一而止是何清且麗耶酒半坐客共諷杜工部詩行咸請以空翠名其堂蓋取杜工部詩中語且以誌所見也若以陂源之所出渼名之所自與夫汗漫廣大形勢瑰偉奇絕之游觀載在圖經詠于詩史詳矣茲不復云姑叙是堂興廢之由刻諸石以示久遠將有望于後之君子毋以此疆爾界距邑遠近強自分別而廢前修也

鄠庠生[illegible]度書丹

明隆慶元年春二月吉日知鄠縣事冀宿王璹重立

説 明

明隆慶庆元年（1567）二月重刻。碑圓首方座。通高204厘米，寬85厘米。額文2行，滿行2字，篆書“空翠」堂記」”。正文楷書19行，滿行45字。宋張伋撰文。現存西安市鄠邑區玉蟬街道陂頭村空翠堂院内。《户縣碑刻》著録。

釋 文

渼陂空翠堂記」

宋宣教郎知京兆府鄠縣管勾勸農公事兼兵馬監押張伋撰」

余昔時嘗聞士大夫稱關中多山水之勝，而渼陂在終南山下，氣象清絶，又爲最佳處。及誦杜工部所賦詩行，愛其語」大而奇，益欲一往游之，以慰所聞。道阻且長，斯願未遂，每以爲恨。宣和元年冬，被命爲邑於有扈，而所謂渼陂者，實其」西郊焉。于是始得償夙昔之願，時往游觀。翠峰横前，修竹蔽岸，澄波浸空，上下一碧，信乎其氣象清絶，爲關中山水最」佳處也。陂之北岸有堂，舊矣，久弗加葺，棟宇傾撓，來游者阽壓是懼，余喟然興嘆曰：“有此佳山水而堂構不修，宴賞無」所，大非其宜。”因顧從吏而詢其故，乃知自清平建軍縣澇水之西，割地以隸，故陂雖近鄠，而地非所屬，雖屬終南，而距」邑爲遠，遠者不喜修，近者不得修，歲月既久，浸成敝壞，瓦木之類至爲小人攘竊而莫之問，可不惜哉！逮四年春二月」，以寒食休假，率聯事諸公，會于陂上，因相與爲議曰：“渼陂之地雖在他邑，而頃者漕臺移檄，嘗令吾邑就近管轄。此堂」不修，無罪鄰邑，亦吾邑之過也。吾属到官日久，行且受代後來君子謂如不好事何。今欲繕完，稍加宏壯，使稱是山水」之勝，且以待使者按部之經由，備邑人歲時之游樂，可乎？”諸公忻然，咸以爲當。時故人吴景温攝政清平，聞其將有是」役也，亟命工徒，共力成就。于是增卑補薄，基趾廓焉；去故取新，棟宇壯焉。前駕虚閣以臨清流，後闢軒窗以快雄風，規」度適中，不僭不陋，氣象具存，苟完苟美。經營于二月之晦，斷手于五月之朔。升堂遠望，豁達無礙，南山之秀，陂水之廣」，舉目可盡。猗歟，此堂庶幾不負佳山水，而吾將東歸爲無憾矣！乃以五日，率諸聯事及邑居士大夫，置酒以樂之。是日」也，小雨乍收，微風四起，嵐光水氣，相爲氤氳，若煙之浮，若露之潤，有見于簾楹軒檻間者，明滅變態，不一而止，是何清」且麗耶！酒半，坐客共諷杜工部詩行，咸請以“空翠”名其堂，蓋取杜工部詩中語，且以誌所見也。若以陂源之所出渼名」之，所自與夫汗漫廣大、形勢瑰偉奇絶之游觀，載在圖經、詠于詩史詳矣，兹不復云。姑叙是堂興廢之由，刻諸石以示」久遠，將有望于後之君子，毋以此疆爾界距邑遠近，强自分别，而廢前修也」。

明隆慶元年春二月吉日

知鄠縣事冀石王瑋重立

鄠庠生□□□書丹

興平（下闕）麟刻」

按

此碑文爲宋代知鄠縣管勾勸農公事官張伋於宣和四年（1122）所撰，碑則爲明代隆慶元年（1567）鄠縣知縣王瑋所重立。空翠堂，在今西安市鄠邑區玉蟬街道陂頭村，取杜甫《渼陂行》“絲管啁啾空翠來”詩句而名。創建於宋宣和四年（1122）五月。明嘉靖丙寅（1566），御史方公新以使事過鄠，命知縣王瑋創修堂三楹、廚三楹，始具規模。

627.1567　五臺山静明宮記

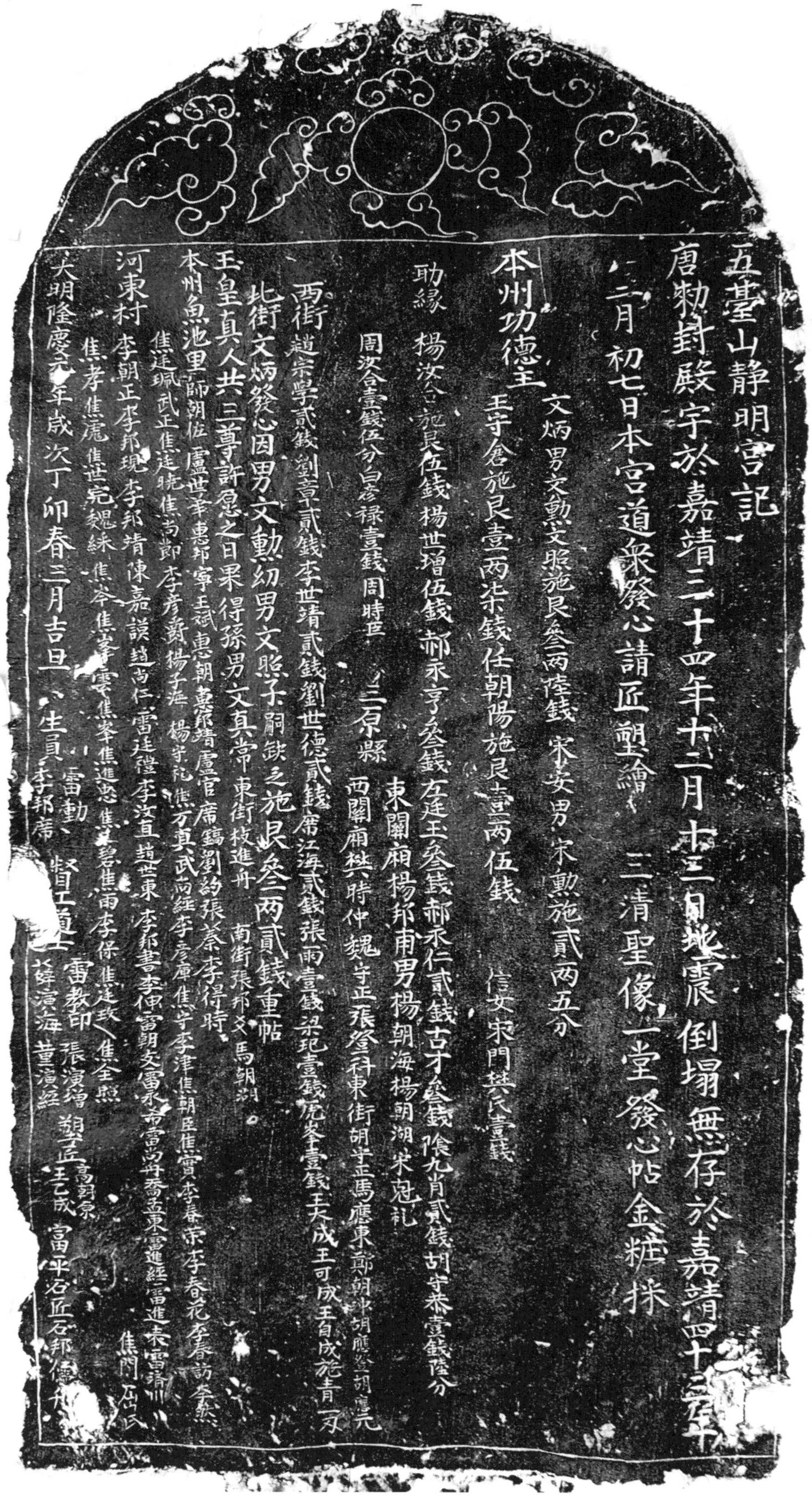
五臺山靜明宮記
唐勅封殿宇於嘉靖三十四年十二月十二日地震倒塌無存於嘉靖四十三年
二月初七日本宮道衆發心請匠塑繪 三清聖像一堂發心帖金粧採
文炳男文勳文照施艮叁兩陸錢 宋安男宋勲施貳兩五分 信女宋門樊氏壹錢
本州功德主 王守倉施艮壹兩柒錢任朝陽施艮壹兩伍錢
助緣 楊汝合施艮伍錢楊世增伍錢郝永亨叁錢左廷玉叁錢郝永仁貳錢古才叁錢喩九肖貳錢胡守恭壹錢陸分
周汝合壹錢伍分白彥祿壹錢周時芷 三原縣 東關廂楊邦甫男楊朝海楊朝湖宋彪礼
西關廂樊時仲魏守正張登科東街胡守正馬應東鄭朝仲胡應登胡應元
西街 趙宗學貳錢劉章貳錢李世靖貳錢劉世德貳錢席江海貳錢張雨壹錢梁玘壹錢虎峯壹錢王天成王可成王自成施青一石
北街文炳發心因男文勳幼男文照子嗣缺乏施艮叁兩貳錢重帖
玉皇真人共三尊許愿之日果得孫男文真常東街枝進舟 南街張邦爻馬朝湖
本州魚池里師朝佐盧世峯惠邦寧王斌惠朝惠邦靖盧官席鎬劉約張篆李得時
焦廷珮武正焦廷曉焦尚節李彥爵楊子海楊守祀焦方真武尚經李彥庫焦守李津焦朝臣焦實李春宗李春花李春訪李熊
河東村李朝正李邦璣李邦靖陳嘉謨趙尚仁雷廷禮李汝直趙世東李邦書李佩雷朝友雷永希雷尚舟喬孟東雷進經雷進表雷清川 焦門石氏
焦孝焦寵焦世寬魏絲焦岑焦峯雲焦峯焦進忠焦碧焦雨李保焦廷致焦全照
雷動 督工道士雷教印張演增 塑匠高朝泉王乙成 富平石匠石邦傑
大明隆慶元年歲次丁卯春三月吉旦 生員李邦席 薛演海董演經

説明

明隆慶元年（1567）三月刻。圓首。碑高90厘米，寬45厘米。額飾旭日祥雲紋。正文楷書16行，文字大小不一，滿行字數不等。現存銅川市藥王山博物館。《藥王山碑刻》著録。

釋文

五臺山静明宫記」

唐敕封殿宇於嘉靖三十四年十二月十三日地震，倒塌無存。於嘉靖四十三年」二月初七日，本宫道衆發心請匠，塑繪三清聖像一堂，發心帖金粧採」。

本州功德主：文炳，男文勳、文照，施銀叁两陸錢；宋安，男宋勳，施貳两五分」；王守倉施銀壹两柒錢；任朝陽施銀壹两伍錢；信女宋門樊氏壹錢」。

助緣：楊汝合施銀伍錢，楊世增伍錢，郝永亨叁錢，左廷玉叁錢，郝永仁貳錢，古才叁錢，陰九肖貳錢，胡守恭壹錢陸分」，周汝合壹錢伍分，白彦禄壹錢，周時巨□□。

三原縣：東關廂楊邦甫，男楊朝海、楊朝湖，宋尅礼」。西關廂樊時仲、魏守正、張登科。東街胡守正、馬應東、鄭朝沖、胡應登、胡應元」。西街趙宗學貳錢，劉章貳錢，李世靖貳錢，劉世德貳錢，席江海貳錢，張雨壹錢，梁玘壹錢，虎峯壹錢，王大成、王可成、王自成施青一刃」。北街文炳發心，因男文勳，幼男文照子嗣缺乏，施銀叁两貳錢，重帖」玉皇真人共三尊。許愿之日，果得孫男文真常。東街枝進舟，南街張邦爻、馬朝湖」。本州魚池里師朝佐、盧世華、惠邦寧、王斌、惠朝、惠邦靖、盧官、席鎬、劉約、張蓁、李得時」。河東村焦廷珮、武正、焦廷曉、焦尚節、李彦爵、楊子海、楊守礼、焦万真、武尚經、李彦庫、焦守、李津、焦朝臣、焦實、李春荣、李春花、李春訪、李然」、李朝正、李邦現、李邦靖、陳嘉謨、趙尚仁、雷廷禮、李汝直、趙世東、李邦書、李伸、雷朝支、雷永希、雷尚舟、喬孟東、雷進經、雷進表、雷濟川」、焦孝、焦彪、焦世完、魏綵、焦岑、焦峯雲、焦峯、焦進忠、焦□碧、焦雨、李保、焦廷玫、焦全照、焦門屈氏」。

大明隆慶元年歲次丁卯春三月吉旦

生員雷動、李邦席

督工道士雷教印、張演增、薛演海、董演經

塑匠高朝原、王乙成

富平石匠石邦儒刊」

按

據嘉靖《耀州志》記載，耀州五臺山，五臺對峙，頂平如臺。東曰瑞應、南曰起雲、西曰昇仙、北曰顯化、中曰齊天，號“北五臺”，與終南山之“南五臺”對應。山上有唐孫真人隱居石洞。此碑所記功德施財情況，是研究明代經濟、宗教文化的珍貴資料。

628.1568　創修道院穴居記

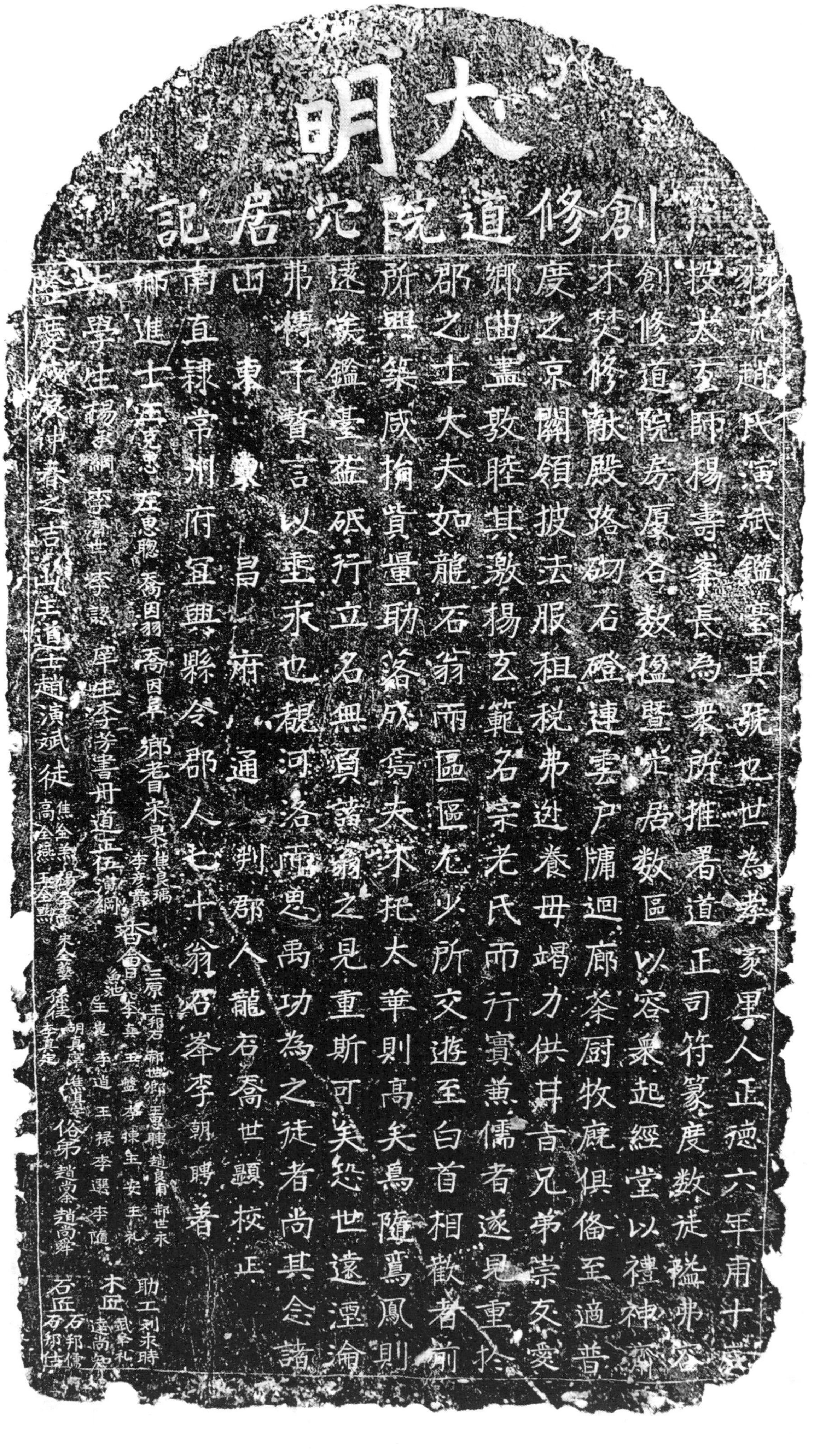
大明
創修道院穴居記
羽流趙氏演斌鑑臺其號也世為壽冢里人正德六年甫十歲
投太玄師楊壽峯長為衆所推署道正司符篆度數徒繼弗容
創修道院房廈各数楹暨穴居数區以容衆起經堂以禮神齋
沐焚修獻殿路砌石磴連雲戶牖迴廊荼厨牧廄俱備至適普
度之京闕領披法服祖稅弗逆養毋竭力供甘旨兄弟崇友愛
鄉曲盡敦睦其激揚玄範名宗老氏而行實兼儒者遂見重於
郡之士大夫如龍石翁而區區尤少所交遊至白首相歡者前
所與築咸捐貲量助落成焉夫沐托太華則高矣鳥隨鸞鳳則
遠矣鑑臺益砥行立名無負諸翁之見重斯可矣恐世遠湮淪
弗傳予贅言以垂永也覩河洛而思禹功為之徒者尚其念諸
山東東昌府通判郡人龍石喬世顯校正
南直隸常州府宜興縣令郡人七十翁石峯李朝聘著
鄉進士王克忠　左思聰　喬因羽　喬因阜　鄉耆晉宗杲　焦良璃　李彥貴　香會首三原　王邦右　郝世鄉　王思聘　趙良甫　郝世永　助工劉永時
太學生楊天綱　李齊世　李孝認　庠生李芳書　册道正伍廣綱　魯池　李真　王盤　李棟　王安　王礼　全泉　李道　王祿　李選　李隨　木匠武希礼　逵尚智
隆慶戊辰仲春之吉山主道士趙演斌　徒焦金美　楊金實　高全爲　王全點　宋全藝　孫徒胡真寧　焦真　李真定　俗弟趙尚　趙尚舜　石匠石邦儒　石邦佐

説 明

明隆慶二年（1568）二月刻。碑圓首方座。高123厘米，寬66厘米。額文上下二行，楷書“大明」創修道院穴居記」”。正文楷書15行，滿行24字。李朝聘撰文，李芳書丹。現存銅川市藥王山博物館。《藥王山碑刻》著録。

釋 文

羽流趙氏演斌，鑑臺，其號也，世爲孝家里人。正德六年，甫十歲」，投太玄師楊壽峰。長爲衆所推，署道正司符篆。度數徒，隘弗容」，創修道院房厦各數楹暨穴居數區以容衆，起經堂以禮神。齋」沐焚修，獻殿路砌，石磴連雲，户牖迴廊，茶厨牧厩，俱備至。適普」度之京闕，領披法服，租税弗逃，養母竭力供甘旨，兄弟崇友愛」，鄉曲盡敦睦。其激揚玄範，名宗老氏，而行實兼儒者，遂見重於」郡之士大夫，如龍石翁。而區區尤少所交遊至白首相歡者，前」所興築，咸捐貲量助落成焉。夫木托太華則高矣，鳥隨鸞鳳則」遠矣。鑑臺益砥行立名，無負諸翁之見重，斯可矣。恐世遠湮淪」弗傳，予贅言以垂永也。覩河洛而思禹功爲之徒者，尚其念諸」！

山東東昌府通判郡人龍石喬世顯校正」

南直隸常州府宜興縣令郡人七十翁石峰李朝聘著」

鄉進士王克忠、左思聰、喬因羽、喬因阜，鄉耆宋杲、焦良璃、李彦爵」，太學生楊承綱、李濟世、李認，庠生李芳書丹

道正伍演綱，香會三原王邦石、郝世鄉、王思聘、趙良甫、郝世永，魚池李真、王盤、李揀、王安、王礼、王崑、李道、王禄、李選、李隨」

隆慶戊辰仲春之吉

山主道士趙演斌，徒焦全羔、楊全□、宋全藝、高全燕、王全黝，孫徒胡真寧、焦真宇、李真定，俗弟趙尚余、趙尚舜」

助工刘永時，木匠武夆礼、達尚知，石匠石邦儒、石邦仕」

按

撰者李朝聘，耀州人。嘉靖貢生，曾任宜興知縣。嘉靖《耀州志》有載。萬曆《重修常州府志》卷九下《職官三·題名二·令佐表》有嘉靖二十五年（1546）宜興知縣李朝聘題名，誤爲“山東人”。此碑李朝聘自署“南直隸常州府宜興縣令”，當以此碑爲是。

629.1571　朱惟焍壙誌

皇明鎮
國將軍
華川宗
壙志銘

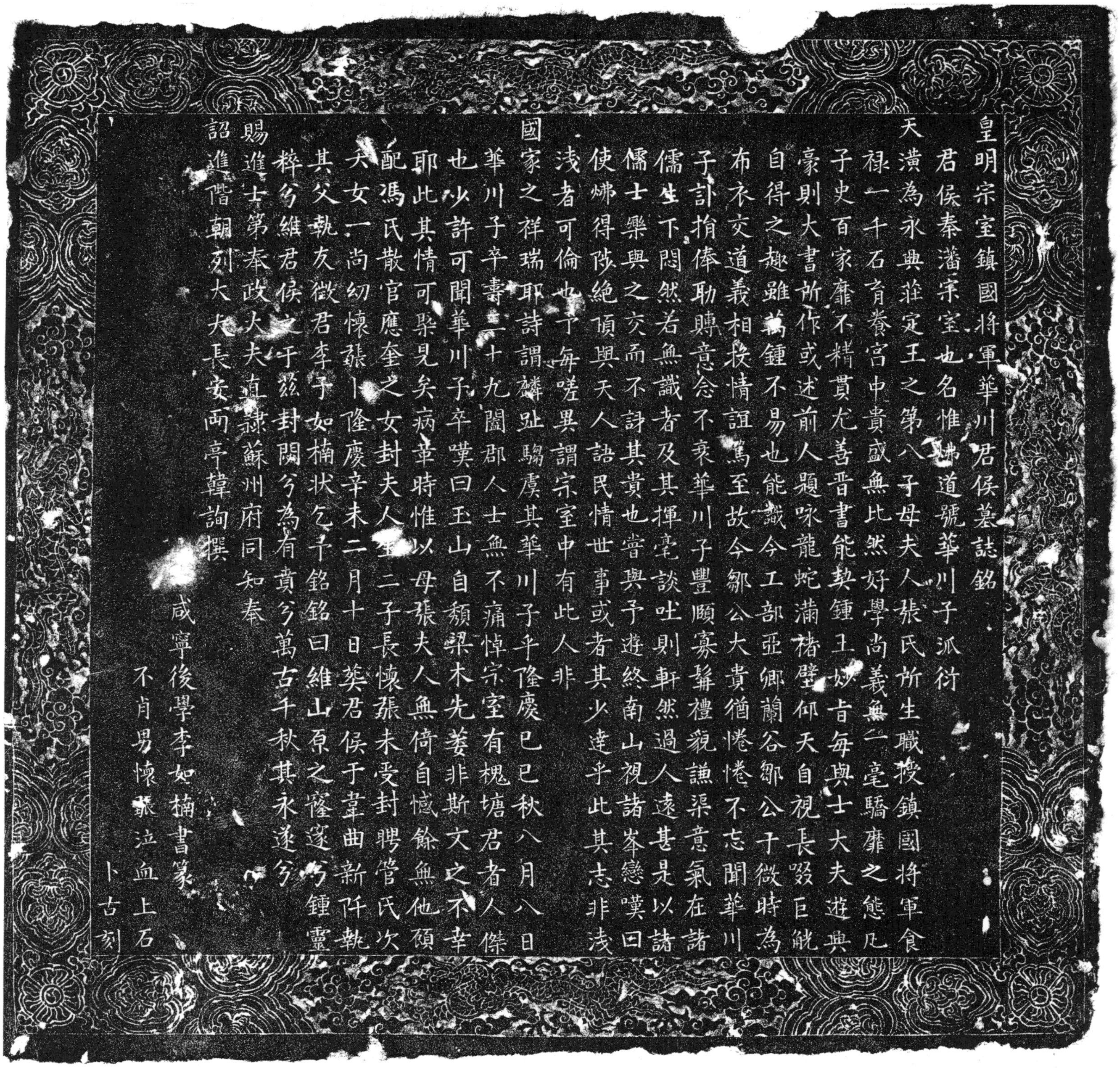
皇明宗室鎮國将軍華川君侯墓誌銘
君侯秦藩宗室也名惟焍道號華川子泒衍
天潢為永興莊定王之第八子母夫人張氏所生職授鎮國将軍食
祿一千石育養宮中貴盛無比然好學尚義無一毫驕靡之態凡
子史百家靡不精貫尤善晋書能契鍾王妙旨每與士大夫遊與
豪則大書所作或述前人題咏龍蛇滿楮壁仰天自視長啜巨觥
自得之趣雖萬鍾不易也能識今工部亞卿蘭谷鄒公于微時為
布衣交道義相投情誼篤至故今鄒公大貴猶惓惓不忘聞華川
子訃捐俸助賻意念不衰華川子豐頤寡鬚禮貌謙渠意氣在諸
儒生下悶然若無識者及其揮毫談吐則軒然過人遠甚是以諸
儒士樂與之交而不詫其貴也嘗與予遊終南山視諸峯巒嘆曰
使焍得陟絕頂與天人語民情世事或者其少達乎此其志非淺
淺者可倫也予每嗟異謂宗室中有此人非
國家之祥瑞耶詩謂麟趾騶虞其華川子乎隆慶己巳秋八月八日
華川子卒壽二十九闔郡人士無不痛悼宗室有槐塘君者人傑
也以許可聞華川子卒嘆曰玉山自頹梁木先萎非斯文之不幸
耶此其情可槩見矣病革時惟以母張夫人無倚自憾餘無他顧
配馮氏散官應奎之女封夫人生二子長懷張未受封聘管氏次
夭女一尚幼懷張卜隆慶辛未二月十日葬君侯于韋曲新阡執
其父執友徵君李子如楠狀乞予銘銘曰維山原之窿邃兮鍾靈
粹兮維君侯之于茲封閟兮為有貴兮萬古千秋其永遂兮
賜進士第奉政大夫直隸蘇州府同知奉
詔進階朝列大夫長安两亭韓詢撰
咸寧後學李如楠書篆
不肖男懷張泣血上石
卜古刻

説 明

明隆慶五年（1571）二月刻。誌、蓋均爲正方形。蓋邊長69厘米，誌邊長64厘米。蓋文4行，滿行3字，篆書“皇明鎮」國將軍」華川君」壙志銘」”。誌文楷書26行，滿行25字。韓詢撰文，李如楠書丹并篆蓋。誌、蓋四角飾寶相花，四周飾如意瑞龍祥雲紋。西安市長安區出土，具體時間不詳。現存西安博物院。《新中國出土墓誌（陝西叁）》著録。

釋 文

皇明宗室鎮國將軍華川君俟墓誌銘」

君俟，秦藩宗室也，名惟㷊，道號華川子。派衍」天潢，爲永興莊定王之第八子，母夫人張氏所生。職授鎮國將軍，食」禄一千石。育養宫中，貴盛無比。然好學尚義，無一毫驕靡之態。凡」子史百家，靡不精貫，尤善晋書，能契鍾、王妙旨。每與士大夫遊，興」豪則大書所作，或述前人題詠，龍蛇滿褚壁。仰天自視，長啜巨觥」，自得之趣，雖萬鍾不易也。能識今工部亞卿蘭谷鄒公于微時，爲」布衣交，道義相投，情誼篤至。故今鄒公大貴，猶惓惓不忘。聞華川」子訃，捐俸助賻，意念不衰。華川子豐頤寡髯，禮貌謙渠，意氣在諸」儒生下，悶然若無識者。及其揮毫談吐，則軒然過人遠甚。是以諸」儒士樂與之交，而不訏其貴也。嘗與予遊終南山，視諸峰戀（巒），嘆曰」：“使㷊得陟絶頂，與天人語民情世事，或者其少達乎。”此其志非淺」淺者可倫也。予每嗟異，謂宗室中有此人，非」國家之祥瑞耶！詩謂“麟趾騶虞”，其華川子乎！隆慶己巳秋八月八日」，華川子卒，壽三十九。闔郡人士無不痛悼。宗室有槐塘君者，人傑」也，少許可。聞華川子卒，嘆曰：玉山自頹，梁木先萎，非斯文之不幸」耶！此其情可概見矣。病革時，惟以母張夫人無倚自憾，餘無他顧」。配馮氏，散官應奎之女，封夫人，生二子：長懷埰，未受封，聘管氏；次」夭。女一，尚幼。懷埰卜隆慶辛未二月十日葬君俟于韋曲新阡。執」其父執友、徵君李子如楠狀，乞予銘，銘曰：

維山原之窿邃兮，鍾靈」粹兮。維君俟之于兹封閟兮，爲有賁兮。萬古千秋，其永遂兮」。

賜進士第奉政大夫直隸蘇州府同知奉」詔進階朝列大夫長安兩亭韓詢撰」

咸寧後學李如楠書篆」

不肖男懷埰泣血上石」

卜古刻」

按

誌主係永興莊定王之子。永興莊定王即朱秉欅，秦藩第五代永興王。正德六年（1511）以奉國將軍襲封，嘉靖十二年（1533）薨。《明史》卷一百《諸王世表第一》有載。

撰者韓詢，西安前衛人。嘉靖二十九年（1550）進士，仕至同知。萬曆《陝西通志》有載。

630.1571　隆慶五年司馬遷祠御祭碑

維
隆慶五年歲次辛未三月壬戌朔越祭日乙丑河南道監察御史張
士佩等謹以柔毛粢盛之儀致祭于
漢太史司馬公曰惟公學貫天人道窮今古百世文宗萬代良史士
佩等幸太史之鄉默承斯文之佑屆茲清明用伸掃祭尚
饗
是日也偕祭者舉人馬永亨張邦敬監生薛世勲生員馬秉禮馬永忠張
士愷段永亨楊惟聰張拱翼張邦美楊大略張士達馬永繼馬光述薛尚
友李衍楊一龍樊桐楊可賓張洪志張自新陳□敎張自省張士魁楊三
畏樊遇樊彬馬應麟楊一鳳郭存誠馬應禎□有九人既陳□卣踰閭東
覩時天朗氣清絲條在望倏焉古城之北大河之壖有鳥數□其羽若雪
其次若鴻遡飛而來徑祠前徐盤三五若朝若臨既復端翔祠簷閒漸亘
長空而西衆咸異之豈太史鑒濟濟之誠冀天鶩而來格耶抑文明開運
之禎耶不然斯鳥也胡為雍雍乎士佩特書以識之

説明

明隆慶五年（1571）三月刻。碑圓首方座。高145厘米，寬69厘米。正文楷書14行，滿行26字。張士佩撰文并書丹。碑額飾龍雲紋，碑身四周飾蔓草紋。現存韓城市司馬遷祠。

釋文

維」隆慶五年歲次辛未三月壬戌朔越祭日乙丑，河南道監察御史張」士佩等，謹以柔毛粢盛之儀，致祭于」漢太史司馬公曰：唯公學貫天人，道窮今古，百世文宗，萬代良史。士」佩等幸□太史之鄉，默承斯文之佑，屆兹清明，用伸掃祭。尚」饗」。

是日也，偕祭者舉人馬永亨、張邦敞，監生薛世勳，生員馬秉禮、馬永忠、張」士愷、段永亨、楊惟聰、張拱翼、張邦美、楊大略、張士達、馬永繼、馬光述、薛尚」友、李衍、楊一龍、樊桐、楊可贊、張洪志、張自新、陳□教、張自省、張士魁、楊三」畏、樊遵、樊彬、馬應麟、楊一鳳、郭存誠、馬應禎廿有九人，既陳牡鹵，踰閾東」觀。時天朗氣清，終條在望。倏焉古城之北，大河之壖，有鳥數□，其羽若雪」，其次若鴻，溯飛而來，徑祠前徐盤三五，若朝若臨，既復端翔祠暮間，漸亘」長空而西。衆咸異之，豈太史鑑濟濟之誠，導天鵝而来格耶？抑文明開運」之禎耶？不然，斯鳥也胡爲雍雍至哉！士佩特書以識之。

按

撰書者張士佩，字玫父，號濾濱，韓城芝川鎮人。明嘉靖三十五年（1556）進士，官至南京户部尚書。撰有《洗心恒性》《韓城縣志》等。今韓城文廟及司馬遷祠存有其所撰碑數通。